本书由中国政法大学全面依法治国研究院

"全面依法治国研究丛书" 基金资助出版

全面依法治国研究丛书

丛书主编·黄进

条约仲裁权的边界研究

鲁洋 著

中国政法大学出版社

2021·北京

图书在版编目（ＣＩＰ）数据

条约仲裁权的边界研究/鲁洋著. —北京：中国政法大学出版社，2021.9
ISBN 978-7-5764-0111-0

Ⅰ.①条…　Ⅱ.①鲁…　Ⅲ.①仲裁法－研究　Ⅳ.①D915.704

中国版本图书馆CIP数据核字(2021)第194253号

书　名	条约仲裁权的边界研究 TIAOYUE ZHONGCAIQUAN DE BIANJIE YANJIU
出版者	中国政法大学出版社
地　址	北京市海淀区西土城路 25 号
邮　箱	fadapress@163.com
网　址	http://www.cuplpress.com (网络实名：中国政法大学出版社)
电　话	010-58908466(第七编辑部) 010-58908334(邮购部)
承　印	固安华明印业有限公司
开　本	720mm×960mm　1/16
印　张	15.5
字　数	252 千字
版　次	2021 年 9 月第 1 版
印　次	2021 年 9 月第 1 次印刷
定　价	85.00 元

总　序

黄　进

新中国成立以来，特别是改革开放以来，我们党和国家一贯高度重视法治，开辟了中国特色社会主义法治道路，法治建设在诸多方面取得了辉煌成就。党的十八大以来，以习近平同志为核心的党中央从坚持和发展中国特色社会主义全局出发，站在新的历史起点，高瞻远瞩、审时度势地提出并形成了全面建成小康社会、全面深化改革、全面依法治国、全面从严治党的"四个全面"战略布局，特别是作出了全面依法治国的伟大决策和重要部署，提出了一系列全面依法治国的新理念新思想新战略，明确了全面依法治国的指导思想、发展道路、工作布局、重点任务，有力地推动了中国特色社会主义法治建设迈上新台阶。

"四个全面"战略布局，既有战略目标，也有战略举措，每一个"全面"都具有重大战略意义。全面建成小康社会是战略目标，这个目标已经在2020年实现，并新确定为"全面建设社会主义现代化国家"。全面深化改革、全面依法治国、全面从严治党是实现战略目标的三大战略举措。不全面深化改革，发展就缺少动力，社会就没有活力。不全面依法治国，国家和社会就不能有序运行，就难以实现社会和谐稳定、国家长治久安。不全面从严治党，党就做不到"打铁还需自身硬"，也就难以发挥好领导核心作用。为了实现战略目标，全面深化改革、全面依法治国、全面从严治党可谓任重而道远，永远在路上，唯有坚持不懈、扎实推进。

全面依法治国是坚持和发展中国特色社会主义的本质要求和重要保障。在"四个全面"战略布局中，做好全面依法治国各项工作意义十分重大。没有全面依法治国，我们就治不好国、理不好政，我们的战略布局就会落空。因此，要把全面依法治国放在"四个全面"的战略布局中来把握，深刻认识全面依法治国同其他三个"全面"的关系，努力实现"四个全面"相辅相成、相互促进、相得益彰。可以肯定地说，作为"四个全面"战略布局之一，全面依法治国得到了党中央的有力推进。党的十八届四中全会专门聚焦全面依法治国问题，审议通过了《中共中央关于全面推进依法治国若干重大问题的决定》，制定了推进全面依法治国的顶层设计、路线图、施工图。党的十九大对新时代推进全面依法治国提出了新目标新任务新要求，为了更好落实这些新目标新任务新要求，党中央决定成立中央全面依法治国委员会，用以健全党领导全面依法治国的制度和工作机制，强化党中央在科学立法、严格执法、公正司法、全民守法等方面的领导，更加有力地推动党中央决策部署贯彻落实。2020年党的历史上首次召开的中央全面依法治国工作会议，将习近平法治思想明确为全面依法治国的指导思想，全面总结了党的十八大以来法治建设取得的成就，深刻阐明了深入推进新时代全面依法治国的重大意义，系统阐述了新时代中国特色社会主义法治思想，科学回答了中国特色社会主义法治建设的一系列重大理论和实践问题，对当前和今后一个时期全面依法治国工作作出了战略部署。

中国政法大学是一所以法学教育、法治研究、法律服务为特色和优势的大学，被誉为"中国法学教育的最高学府"。在新时代全面依法治国的伟大实践中，中国政法大学自当奋发有为，勇往直前。2017年"五四"青年节前夕，习近平总书记到中国政法大学考察、座谈并发表了重要讲话。他从实现中华民族伟大复兴中国梦的战略高度，不仅深刻阐述了全面依法治国是一项长期而重大的历史任务，事关我们党执政兴国，事关人民幸福安康，事关党和国家事业发展，而且深刻阐述了法治人才培养在全面依法治国中的重要地位和作用，特别强调法治人才培养上不去，法治领域不能人才辈出，全面依法治国就不可能做好。习近平总书记在中国政法大学的重要讲话，充分体现了党和国家对全面依法治国的高度重视和对法学教育事业的亲切关怀，为政法院校坚持中国特色社会主义法治道路、办好人民满意的法学教育、培养德法兼修的高素质法治人才指明了前进方向、提供了根本遵循。

为了深入贯彻落实习近平法治思想，特别是习近平总书记考察中国政法大学重要讲话精神，切实推进全面依法治国，加强对全面依法治国全局性、战略性、基础性问题的研究，构建中国特色社会主义法治理论体系，培养全面依法治国所需要的卓越法治人才，建设全面依法治国一流高端智库，促进中国法治的国际传播，推动法治领域的国际交流与合作，中国政法大学于 2019 年组建了全面依法治国研究院（以下简称研究院）。研究院自建立以来，通过整合资源、统筹谋划、形成合力，积极承接国家法治领域的重大、热点、急需项目，围绕关于全面依法治国的战略决策部署，广泛研究了全面依法治国若干重大问题，致力于将研究院建设成为集人才培养、科学研究、智库咨询、公共服务、国际交流与合作为一体的新型综合性研究实体，打造成为研究习近平法治思想、全面依法治国新思想新理念新举措新实践和推进国家治理体系与治理能力现代化的新型高端智库。

为了实现自身的愿景和使命，研究院自强不息、追求卓越，尽力而为、量力而行，积极在全面依法治国领域有所作为、力争对法治中国建设作出贡献。比如，在中国法治的国际传播方面，研究院举办"中国法治的国际传播"年度学术研讨会、建成中国法律信息英文门户网站"China Justice Observer"、开辟"中国法治的国际观察"系列专栏、创设中国法英文视频公开课，形成了四大品牌。现在，研究院正在倾力打造"全面依法治国研究丛书"（以下简称丛书）项目。丛书将以助力全面依法治国贯彻落实为目标，以为党和国家提供高端智力支持和理论支撑为宗旨，以解决全面依法治国面临的实际问题为导向，积极鼓励和支持优秀的学术同仁和实务人士结合全面依法治国的实践，认真思考、深入研究，充分发挥聪明才智，充分表达真知灼见，共同为推动法治中国建设取得新进展、为推动全面依法治国取得新成就贡献智慧。丛书既是研究院展示科学研究成果的重要平台，也是与国内外同行进行学术交流的重要载体，还是法治高端智库建设的重要支撑，更是推进中国法治国际传播的重要依托。

"风声雨声读书声，声声入耳；家事国事天下事，事事关心。"我衷心期望，我国的文人墨客能够读书心系家国、作文惠及天下；我也衷心期望，丛书能为广大仁人志士建言献策创造平台、提供途径。

2021 年 9 月 10 日于北京

摘　要

南海仲裁案引发了国际法学界的广泛批判，其中理据之一是仲裁庭越权管辖和裁决。然而，要证明仲裁庭越权，就离不开论证仲裁庭的权力边界。南海仲裁案基于条约而发生，仲裁庭享有并行使条约仲裁权，所以分析南海仲裁庭的权力边界，可以通过研究条约仲裁权的边界来实现，这便是本书选题的初衷。由于条约仲裁权并非产生于南海仲裁的个案当中，而是产生于所有基于条约而发生的仲裁当中，故而本书的理论应当普适于所有条约仲裁。

第一章主要界定条约仲裁权的概念。通过对条约仲裁权的基础、属性与权能、主体与客体的详细分析，本书将条约仲裁权界定为：仲裁庭、仲裁机构或其他仲裁支持与监督机构在条约作为全部或部分仲裁合意之实现方式的仲裁活动中享有并行使的，对国家、国际组织、国家的特定地区或者私人之间的投资、贸易、条约的解释与适用、领土主权、环境等争端进行居中裁判的国际权力或国内权力，具体包括案件管辖权、程序管理权、实体裁决权和裁决效力权四类权能。

第二章主要研究条约仲裁权边界的划定。作为一种权力，条约仲裁权边界的划定遵循权力边界划定的一般理论，即由法律所作的限制而划定。无论条约仲裁权作为国际权力还是国内权力，对其进行限制的法律都包括国际法和国内法。其中，限制条约仲裁权的国际法包括国际条约、国际习惯和一般法律原则，而限制条约仲裁权的国内法包括仲裁地法和当事国法。这些不同的法律从不同的方面对条约仲裁权所作的限制进行汇总，就划定了条约仲裁权的最终边界。

第三章主要研究条约仲裁权边界的遵循。划定的条约仲裁权边界只是静态的边界，要确保条约仲裁权主体在边界内行权，还需要它们遵循这些边界。当条约仲裁权主体具有自觉遵循的主观意愿时，应当识别所有限权的法律规范以及不同规范的效力等级和类型，并依据特定的位序规则和解释规则适用这些规范；当条约仲裁权主体欠缺自觉遵循的主观意愿时，应当设置权力、权利、程序、责任等监督机制，使它们不敢、不能或不易僭越条约仲裁权的边界。

第四章主要研究条约仲裁权越界的矫正。当条约仲裁权越界后，应当对越界行为进行积极或消极矫正。积极矫正包括条约仲裁裁决撤销机制、拒绝承认与执行机制以及上诉纠错机制。这些机制均由当事方主动向法律规定的实施主体申请，并由实施主体依据法律规定的实施条件和实施程序进行。消极矫正则由当事国依据本国的超条约国内法，直接拒绝履行遵从与之相违的条约仲裁裁决的条约义务，从而消解条约仲裁权越界的支配力量，最终实现矫正目的。

关键词：条约仲裁　权力边界　超条约国内法

主要缩略语表

《纽约公约》	1958 年《承认及执行外国仲裁裁决公约》
《华盛顿公约》	1965 年《关于解决国家与他国国民之间投资争端公约》
《条约法公约》（1969）	1969 年《维也纳条约法公约》
《海洋法公约》	1982 年《联合国海洋法公约》
《条约法公约》（1986）	1986 年《关于国家和国际组织间或国际组织相互间条约法的维也纳公约》
《美国—埃及投资协定》	1986 年《美利坚合众国与埃及阿拉伯共和国关于鼓励和保护投资的条约》
《印尼—埃及投资协定》	1994 年《印度尼西亚共和国政府和阿拉伯埃及共和国政府关于促进和保护投资的协定》
《香港—瑞典投资协定》	1994 年《香港（特别行政区）政府与瑞典王国政府关于促进和保护投资的协定》
《印度—塞浦路斯投资协定》	2002 年《印度共和国政府与塞浦路斯共和国政府就相互促进和保护投资的协定》
《黎巴嫩—韩国投资协定》	2006 年《黎巴嫩共和国和大韩共和国关于促进和相互保护投资协定》
《中国—韩国投资协定》	2007 年《中华人民共和国政府和大韩民国政府关于促进和保护投资的协定》
《中国—法国投资协定》	2007 年《中华人民共和国政府和法兰西共和国政府关于相互促进和保护投资的协定》
《贸法会示范法》	2006 年《联合国国际贸易法委员会国际商事仲裁示范法》
《ICSID 仲裁规则》（2006）	2006 年《解决投资争端国际中心仲裁规则》
《贸法会仲裁规则》（2013）	2013 年《联合国国际贸易法委员会仲裁规则》
《ICC 仲裁规则》（2021）	2021 年《国际商会仲裁规则》

续表

《爱沙尼亚共和国宪法》	1992 年《爱沙尼亚共和国宪法》
《中国领海及毗连区法》	1992 年《中华人民共和国领海及毗连区法》
《英国仲裁法》	1996 年《英国仲裁法》
《荷兰民诉法（仲裁篇）》	2015 年《荷兰民事诉讼法》仲裁篇
《瑞典仲裁法》	2019 年《瑞典仲裁法》
我国《宪法》	1982 年通过并经 1988 年、1993 年、1999 年、2004 年、2018 年五次修正的《中华人民共和国宪法》
我国《刑事刑诉法》	2018 年《中华人民共和国刑事诉讼法》
BIT	Bilateral Investment Treaty（双边投资条约）
CRCICA	Cairo Regional Center for International Commercial Arbitration（国际商事仲裁开罗区域中心）
DSU	Understanding on Rules and Procedures Governing the Settlement of Disputes（《关于争端解决的规则与程序的谅解》）
ECT	Energy Charter Treaty（《能源宪章条约》）
ICC	International Chamber of Commerce（国际商会）
ICSID	International Centre for Settlement of Investment Disputes（解决投资争端国际中心）
NAFTA	North American Free Trade Agreement（《北美自由贸易协定》）
PCA	Permanent Court of Arbitration（常设仲裁院）
SCC	Arbitration Institute of the Stockholm Chamber of Commerce（斯德哥尔摩商会仲裁院）
WTO	World Trade Organization（世界贸易组织）

目　录

前　言

一、选题的提出

本书选题的提出，源于对南海仲裁案的思考。众所周知，2013 年年初，菲律宾依据《海洋法公约》第十五部分和附件七的规定，以我国为被申请人提起了举世瞩目的南海仲裁案。经过逾三年的仲裁程序，该案仲裁庭（以下简称南海仲裁庭）于 2016 年作出最终裁决，对菲律宾的诉求几乎照单全收。[1]关于该案，我国明确表示不接受、不参与；[2]关于该案裁决，我国也明确表示不接受、不承认。[3]我国之所以主张如此立场，重要理由之一是仲裁庭越权管辖并越权裁决。正如中国国际法学会在《南海仲裁案裁决之批判》一书的结论部分批判的那样：

> "仲裁庭无视菲律宾所提仲裁事项涉及中菲领土和海洋划界争端的事实，罔顾中菲两国通过谈判解决有关争端的协议，越权管辖和作出裁决。这是仲裁庭在处理本案中的根本错误所在。"[4]

所谓越权，即指"僭越权力的边界"。根据逻辑，要论证"僭越权力的边界"，就必须首先论证"权力的边界"这个前提性问题。若后者尚未得以论证，则前者之论证必定属于无源之水、无本之木，难以具有说服力。然而，

---

〔1〕　参见徐崇利："国际争端的政治性与法律解决方法"，载《国际政治研究》2018 年第 2 期。

〔2〕　参见"中华人民共和国外交部关于应菲律宾共和国请求建立的南海仲裁案仲裁庭关于管辖权和可受理性问题裁决的声明"，载《人民日报》2015 年 10 月 31 日，第 7 版。

〔3〕　参见"中华人民共和国外交部关于应菲律宾共和国请求建立的南海仲裁案仲裁庭所作裁决的声明"，载中国外交部网站，https://www.fmprc.gov.cn/web/zyxw/t1379490.shtml，最后访问时间：2021 年 1 月 15 日。

〔4〕　中国国际法学会：《南海仲裁案裁决之批判》，外文出版社 2018 年版，第 391 页。

若一般性地从法理学和法哲学意义上研究"权力的边界",则显得过于泛泛,对于论证南海仲裁庭越权与否显然欠缺针对性;但若仅就南海仲裁庭的权力边界进行研究,又显得过于狭隘,使得本书的理论欠缺一定范围内的普适性。因此,有必要选择一个中观层面的权力边界问题进行研究,从而不仅确保所论之题能在可观的范围内得以适用,而且能够对南海仲裁庭越权之论证提供前提性的理论铺垫。经过反复斟酌,笔者认为,"条约仲裁权的边界研究"正是一个恰当的中观层面的选题。这是因为:一方面,南海仲裁属于基于条约(《海洋法公约》)而发生的仲裁活动,南海仲裁庭享有并行使的仲裁权属于基于条约而发生的仲裁活动中的仲裁权(以下简称条约仲裁权),因此研究"条约仲裁权的边界"一方面能够对论证南海仲裁庭越权与否提供前提性的理论铺垫;另一方面由于条约仲裁权并非产生于南海仲裁的个案当中,而是产生于所有基于条约而发生的仲裁类型当中,所以研究"条约仲裁权的边界"能够在所有基于条约而发生的仲裁活动中具有普适性。

除了以上两点原因之外,研究"条约仲裁权的边界"还考虑了研究的必要性和可行性。在笔者的阅读范围之内,尚未发现任何学者就本书相同或相近的论题展开过研究。至于为何如此,笔者认为可能有以下原因。

第一,目前国内外学术界已经形成了割裂仲裁法学开展研究的局面,其中商事仲裁、投资仲裁、国际公法仲裁的划分成为主流。[1]这在一定程度上导致研究视角难以扩展到以其他标准进行仲裁划分上来,从而忽视了对条约仲裁这一以其他标准划分仲裁类别的研究。[2]

第二,当前不仅一级法学学科项下分为诸多二级法学学科,而且国际法学科项下还分为国际公法、国际私法和国际经济法三个方向。这种学科划分导致不同学科、不同方向的理论融合不足,许多学者仅对某个学科、某个方向非常精通,而对其他学科、其他方向相对陌生。然而,"条约仲裁权的边界"至少涉及权力边界理论(主要属于法理学与法哲学的研究范畴)、条约法理论(主要属于国际公法的研究范畴)和仲裁法理论(主要属于国际私法的研究范畴),因此需要结合三大理论进行分析。这就导致许多学者难以意识到条约仲裁权边界的研究意义,或者即使有所意识,却容易望而却步。

---

〔1〕 参见鲁洋:"论宏观仲裁法学的构建",载《吉首大学学报(社会科学版)》2018年第4期。

〔2〕 参见鲁洋:"论宏观仲裁法学的构建",载《吉首大学学报(社会科学版)》2018年第4期。

可喜的是，近年来学术界和实务界已经开始注意条约仲裁，一些学术论著[1]和个别国际条约或规则[2]已经开始使用条约仲裁的表述。然而令人遗憾的是，这些学术论著如出一辙地以投资条约仲裁为背景分析条约仲裁，似乎条约仲裁只是投资条约仲裁的代名词而已，这显然是以偏概全的。更加令人费解的是，许多学者虽然使用了"条约仲裁"一词，但笔者发现他们并未针对条约仲裁进行任何基础理论的阐述，而是主要遵循投资仲裁的传统研究路径开展研究，未能挖掘出研究条约仲裁更多的价值和意义。所以，可以说学术界对于条约仲裁这一范畴的基础理论研究还十分欠缺。正是基于以上研究现状，笔者认为研究"条约仲裁权的边界"具有必要性和可行性。

首先，就必要性而言，本书选题属于条约仲裁的基础理论问题。通过本书的研究和论证，不仅会对条约仲裁的理论空缺进行一定的填补，更重要的是会对研究条约仲裁基础理论的价值和意义作出例证，从而激发学术界研究条约仲裁这一范畴的兴趣，并逐步填补相关的理论空白。此外，长期以来国际上对于仲裁理论的阐述仍以发达国家为主，中国法学界原创的仲裁理论比较罕见。而欠缺仲裁理论创新就意味着丧失国际仲裁话语权，其对我国的负面影响可谓巨大。鉴于目前国内外对条约仲裁的研究之不足，如果我国学者率先对此范畴展开理论探讨，可能会成为我国在仲裁领域的理论创新之举，为我国赢取条约仲裁领域的国际仲裁话语权打下基础。笔者希望本书的研究能够发挥抛砖引玉之效，此其一。其二，随着我国的崛起并更多地参与国际

---

[1]　比如石慧：《投资条约仲裁机制的批判与重构》，法律出版社 2008 年版；王燕："国际投资条约仲裁审查标准之反思"，载《法学》2013 年第 6 期；杨玲："论条约仲裁裁决执行中的国家豁免——以 ICSID 裁决执行为中心"，载《法学评论》2012 年第 6 期；郭玉军："论国际投资条约仲裁的正当性缺失及其矫正"，载《法学家》2011 年第 3 期；余劲松："国际投资条约仲裁中投资者与东道国权益保护平衡问题研究"，载《中国法学》2011 年第 2 期；Berk Demirkol, "Non-treaty Claims in Investment Treaty Arbitration", *Leiden Journal of International Law*, Volume 31, No. 1, 2018; Susan D. Franck, Linsey E. Wylie, "Predicting Outcomes in Investment Treaty Arbitration", *Duke Law Journal*, Volume 65, No. 3, 2018; Abhijit P. G. Pandya, Andy Moody, "Legitimate Expectations in Investment Treaty Arbitration: An Unclear Future", *Tilburg Law Review*, Volume 15, No. 1, 2010; Stanimir A. Lexandrov, "Breaches of Contract and Breaches of Treaty: The Jurisdiction of Treaty-based Arbitration Tribunals to Decide Breach of Contract Claims in SGs v. Pakistan and SGs v. Philippines", *Journal of World Investment & Trade*, Volume 5, No. 4, 2004。

[2]　比如《联合国投资人与国家间基于条约仲裁透明度公约》和《贸易法委员会投资人与国家间基于条约仲裁透明度规则》。See UN Website, https://uncitral. un. org/sites/uncitral. un. org/files/media-documents/uncitral/en/transparency-convention-e. pdf, https://uncitral. un. org/sites/uncitral. un. org/files/media-documents/uncitral/en/rules-on-transparency-e. pdf, last visited on January 15, 2021.

事务，各种涉华的仲裁案件也层出不穷，这些案件很多都是基于条约发生的仲裁案件，比如涉华的投资仲裁案、南海仲裁案等。事实上，我国在诸多条约仲裁案件中表现得比较被动，特别是在国际舆论方面受到很大的制约，其中一个关键原因就是我国提出的法律理由尚有不足。因此，研究"条约仲裁权的边界"并形成相关的理论，将有利于指导我国因应条约仲裁实践。

其次，就可行性而言，一方面表现为研究对象具有可行性。本书的研究对象是"条约仲裁权的边界"，其中主要涉及条约仲裁和权力的边界两个重要范畴。关于条约仲裁，虽然学术界对其基础理论的研究十分欠缺，但是已有的研究过少不等于条约仲裁的范畴本身不能成立。相反，从学术界和实务界对"投资条约仲裁"一词的使用可以证明，至少该范畴是得到学术界和实务界认可的。换言之，研究条约仲裁这一对象本身是可行的。关于权力的边界，目前学术界已经有一定的研究成果，虽然相比于与之关联的权利边界范畴而言，对权力边界的研究略显单薄，但是并不影响对其研究的可行性。另一方面表现为研究路径具有可行性。法学研究的路径，很大程度上是基于已有的研究成果，通过推理、演绎、归纳等方式进行拓展和延伸。虽然目前学术界对于条约仲裁的基础理论研究十分欠缺，难以找到现成的研究成果作为参考，但并不表示研究"条约仲裁权的边界"不具有研究路径上的可行性。因为本书主要结合权力边界理论、条约法理论和仲裁法理论进行分析，而关于这三大理论，学术界已经形成比较丰富的学术成果，它们都为本书的研究提供了必要的资料。目前学术界尚未关注的仅仅是如何结合这三大理论分析本书选题，而这正是笔者在前人研究的基础上拟进行的开创性研究之所在。

二、研究的视角

将"条约仲裁权的边界"进行简单的文字拆解，我们不难发现，其内含"权力的边界""条约""仲裁"三大要素。而从法学学科类别来看，权力的边界一般属于法理学和法哲学研究的内容，条约一般属于国际公法学项下的条约法学研究的内容，仲裁一般属于国际私法学项下的仲裁法学研究的内容。因此，研究"条约仲裁权的边界"必然离不开法理学与法哲学、条约法学、仲裁法学的研究视角。

(一) 法理学与法哲学的研究视角

条约仲裁权归根结蒂是一项权力，权力是条约仲裁权的本质属性。作为法理学与法哲学中的重要范畴，权力之研究自然需要具备法理学与法哲学的视角，需要结合该学科已有的研究成果，运用该学科的思维与方法进行分析和论证。

在法理学与法哲学领域，一般意义上界定权力概念的论述并不鲜见。童之伟教授认为权力源于人民权利，系由人民让渡部分权利给国家代为行使而形成，国家代为行使的部分被称为权力，人民保留的部分仍被称为权利。[1]漆多俊教授则认为权力就是对人与人之间的利益进行权衡的力量，而经权力权衡之后的利益就是权利。[2]孙国华教授等则对权力持有不同的看法，其认为权力就是一种支配人或资源的力量，而权力一旦具有了合法性，就变为权利了。[3]在西方学者的论著中，关于权力的论述比较著名的有马克斯·韦伯在《经济与社会》一书中所作的"权力意味着在一种社会关系里哪怕是遇到反对也能贯彻自己意志的任何机会，不管这种机会是建立在什么基础之上"的概念界定。[4]另外，卢梭在《社会契约论》中认为，根据社会契约，每个人转让出他的权利、他的财产以及他的自由的一部分给共同体，使得共同体获得了主权。[5]卢梭的观点可以说是童之伟教授关于权力观点的来源。

此外，本书研究的对象是"条约仲裁权的边界"，而关于权力的边界问题，法理学与法哲学领域也不乏相关的论述。比如，潘爱国发表于《金陵法律评论》2011 年第 1 期的论文《论公权力的边界》论述了公权力边界的确定、公权力的越界与规制等问题；再如谢佑平、江涌发表于《东方法学》2010 年第 2 期的《论权力及其制约》一文，对如何制约权力进行了充分的论证。

可以说，以上这些著述为本书从法理学和法哲学视角研究"权力的边界"提供了丰富的参考资料。然而，笔者仔细阅读此类文献之后，发现它们对本书拟研究的主要内容的分析并不具体。本书研究条约仲裁权的目的是确保条

---

[1]　参见童之伟："法权中心的猜想与证明——兼答刘旺洪教授"，载《中国法学》2001 年第 6 期。

[2]　参见漆多俊："论权力"，载《法学研究》2001 年第 1 期。

[3]　参见王莉君、孙国华："论权力与权利的一般关系"，载《法学家》2003 年第 5 期；孙国华、孟强："权力与权利辨析"，载《法学杂志》2016 年第 7 期。

[4]　参见［德］马克斯·韦伯：《经济与社会》（上卷），林荣远译，商务印书馆 1997 年版，第81 页。

[5]　参见［法］让·雅克·卢梭：《社会契约论》，徐强译，中国社会科学出版社 2009 年版，第46~47 页。

约仲裁权在边界内行使，而为实现这一目的，必须从以下三个步骤进行：第一步是划定条约仲裁权的边界，第二步是采取措施使权力主体遵循条约仲裁权的边界，第三步是对僭越条约仲裁权边界的行为进行矫正。经过这三步，可以说就能确保条约仲裁权在边界内行使了。基于这种逻辑下的写作安排，那么权力的边界理论也应当着重阐述权力边界的划定、遵循以及越界矫正这三个问题。然而，目前有关权力边界的文献很少直接针对这三个问题展开论述，即使有些论文与之相关，但分析得也不够具体，最主要的问题是操作性不强，从而可能导致确保权力主体在边界内行权的目的难以实现。正因为如此，笔者对与权力边界具有共同之处的一个概念——权利边界——也进行了关注，并且发现关于权利边界，学术界展开过不少讨论。但学者们研究权利边界，主要是从研究权利的限制开始。比如，根据德国法学家罗伯特·阿列克西教授关于权利限制的内在理论和外在理论的总结，张平华教授指出，外在理论下权利的边界是权利自身能力射程的最大范围，而法律对权利的限制属于对权利边界的压缩；内在理论下权利的边界则是法律限制之后形成的权利得以行使的范围。[1]由于权力本源于权利，所以对于权利边界的讨论，对研究权力边界具有重要的参考价值。

（二）条约法学的研究视角

若以仲裁合意的形式为标准，我们可以把依据私人间契约（或称合同）发生的仲裁称为契约仲裁，依据国家或国际组织间的条约发生的仲裁称为条约仲裁。[2]虽然契约与条约在一定程度上具有类似之处，但是两者存在差别应属共识，分别对两者进行调整的合同法与条约法存在差别也应属共识。既然如此，相比于契约仲裁权，条约就属于条约仲裁权的根本特征，而条约法学也就应当属于研究条约仲裁权时必备的研究视角。

条约法学是国际公法学中非常重要也比较成熟的分支。虽然条约法学理论博大精深、纷繁复杂，但并非所有理论都可在本书中得以运用。笔者认为，至少以下相关理论是可以运用的。

第一，条约的识别理论。既然条约仲裁权产生于基于条约而发生的仲裁

---

〔1〕 参见张平华："私法视野里的权利限制"，载《烟台大学学报（哲学社会科学版）》2006年第3期。

〔2〕 参见鲁洋："论宏观仲裁法学的构建"，载《吉首大学学报（社会科学版）》2018年第4期。

活动当中，那么作为一种具有法律效力的规范类型，满足哪些要素才能构成条约，也即如何识别条约，是界定条约仲裁权的必要条件。因此，条约的识别理论属于本书必将运用的理论。

第二，条约的适用和解释理论。既然属于条约仲裁权，那么条约必定会对该权力的边界进行划定。于是，当条约仲裁权主体有自觉遵循权力边界的主观意愿时，要对其遵循提供方法指引，就会涉及如何适用和解释条约，以判断条约对条约仲裁权边界的划定。所以，条约的适用和解释理论也属于本书必将运用的理论。

第三，条约与国内法的关系理论。行使条约仲裁权的最终结果是作出条约仲裁裁决，而遵从条约仲裁裁决的义务一般来自条约的规定。作为国家的当事方，在判断是否应当履行遵从裁决的条约义务时，不仅需要适用条约，还需要适用国内法。所以，条约与国内法的关系理论就成为本书从当事国遵从裁决的角度探讨"条约仲裁权的边界"时必将运用的理论。

就以上条约相关的理论而言，学术界已经形成十分充足的研究成果。不同学者的观点可能不同，但这些研究成果都可以作为本书的参考资料。由于相关文献过多，在此不一一列举各文献的主要观点。

（三）仲裁法学的研究视角

仲裁作为一种独立的法律活动，与诉讼、调解、立法、执法等其他法律活动有着根本区别。这些区别决定了仲裁属于条约仲裁权的核心功能。换言之，条约仲裁权是一项用以进行"居中裁判"的权力，而非其他权力。因此，研究条约仲裁权还离不开仲裁法学的视角。毫无疑问，有关仲裁法学的理论可谓汗牛充栋，笔者认为，至少以下理论可以在本书中运用。

第一，仲裁的法律适用理论。由于权力的边界由法律的限制而划定，所以仲裁所适用的法律必定对仲裁权进行限制，从而划定仲裁权的边界。因此，仲裁的法律适用理论属于本书必将运用的理论。

第二，仲裁地的理论。仲裁地是开展仲裁的法律上的地点，仲裁地决定仲裁程序法属于国际共识，也普遍存在于各国的仲裁立法当中。因此，仲裁地的理论在论证仲裁地法为何以及如何限制条约仲裁权时将予以运用。

第三，仲裁裁决的司法审查理论。仲裁裁决的撤销、承认与执行、上诉审查都是仲裁法中常见的司法审查制度。这些制度对于纠正仲裁裁决的错误具有非常重要的意义。条约仲裁权越界的后果之一是仲裁裁决错误，所以司法审查将构成对条约仲裁权越界行为进行矫正的方式之一，而相关理论将在研究条约仲裁权越界的矫正时予以运用。

第四，仲裁庭自裁管辖的理论。一般而言，对仲裁案件是否享有管辖权应由仲裁庭自行决定，这也是国际通行的仲裁庭自裁管辖的原则。然而，并不是说仲裁庭具有自裁管辖权，其他机构就不能对该权力的行使进行审查。关于仲裁庭自裁管辖的理论，将在论证南海仲裁庭管辖权越界矫正时予以运用。

以上与仲裁相关的理论，学术成果也非常丰富，同样是本书重要的参考资料。鉴于相关文献过多，笔者也不一一列举各文献的主要观点。

最后需要说明的是，由于"条约仲裁权"同时具有"权力"属性、"条约"特征和"仲裁"功能，所以从以上视角研究"条约仲裁权的边界"时，应当将不同领域的理论有机结合，而不能人为地割裂这些理论，否则难以实现研究之目的。

三、研究的进路

研究的进路主要分析推进本书研究的路径。这条路径首先包括研究的理论起点，其次包括研究的逻辑脉络，最后包括研究的具体方法。这些内容共同展现了本书研究的进路。

（一）研究的理论起点

任何具有理论价值的研究无疑都是在前人研究的基础之上进行拓展和延伸。"条约仲裁权的边界"之研究始于对权力的分析，而关于权力的本源，古今中外形成了强力说、天意说、祖传世袭说、社会契约说、阶级斗争说等诸多学说。[1]在这些学说当中，本书选择在当今世界占据主导地位的社会契约说作为理论起点，并依据社会契约说的权力本源理论展开全文的论证。

1. 国内社会契约说与国内权力的本源

经典的社会契约说是基于国内社会而提出的，可以说是国内社会契约说。该学说的集大成者当属法国思想家卢梭。该学说关于权力本源的主要观点通

---

〔1〕 参见漆多俊："论权力"，载《法学研究》2001 年第 1 期。

俗地表达出来即是：权利是人与生俱来的，人们只是为了集中更大的力量处理公共事务、增进共同福祉，才通过共同缔结社会契约的形式，将部分权利委托给国家（具体表现为国内公共机构）代为行使。[1]于是，这部分被委托给国家行使的权利就被称为权力，而人们保留给自己的权利则仍被称为权利。显然，这里的社会契约仅指一国之内的社会契约；权利仅指国内权利，即一国的人民享有的权利；权力也仅指国内权力，即国内公共机构代为行使的权力。根据国内社会契约说，我们不难看出，国内权力的本源是人民与生俱来的权利，正是人民让渡权利才形成了权力。

2. 国际社会契约说与国际权力的本源

然而，若仅基于国内社会而探求权力的本源是不够的，因为当今世界已经出现国内社会与国际社会的分野。国际社会中存在着国际权力，即国际公共机构基于国际法而享有并由国际公共机构或者特定情况下的特定国家行使的权力。[2]关于国际权力的本源，一些学者根据经典社会契约论提出了国际社会契约理论。比如，何志鹏教授认为：

> "作为一种实践方式，它[3]是主权国家之间通过明示或默示的同意行为将一定的主权权能委托给国际组织机构或国际体制……作为一个思想方式和意识观念，国际社会契约是指一种对于国际社会现状和未来发展方向的理解维度，具体体现为国家之间可能通过共同签订社会契约的方式转让权力、形成机构、协调行动、配置资源，处理共同面临的问题。"[4]

显然，类比国内权力的产生过程，在国际社会契约理论下，国家委托给国际组织机构或国际体制（以下简称国际公共机构）行使的主权权能就是国际权力。国家让渡主权权能的过程就是国际权力形成的过程，国家主权就是国际权力的本源。

---

〔1〕　参见［法］让·雅克·卢梭：《社会契约论》，徐强译，中国社会科学出版社2009年版，第20~23页。

〔2〕　参见蔡从燕：《类比与国际法发展的逻辑》，法律出版社2012年版，第194~199页。

〔3〕　"它"指国际社会契约。

〔4〕　何志鹏："国际社会契约：法治世界的原点架构"，载《政法论坛》2012年第1期。

3. 国内权力与国际权力的比较

根据国内权力与国际权力的本源和形成过程，笔者对两者进行以下比较。

第一，让渡权利的主体不同。在国内权力的形成过程中，让渡权利的主体是作为自然人的人民；而在国际权力的形成过程中，让渡权利的主体是国家。国际社会契约"由国家作为契约主体，而不是由跨国公司、非政府组织之类行为体参与，也不是由穿透国家的人民之间所签署"。[1]

第二，受让权利的主体不同。在国内权力的形成过程中，受让人民权利的主体是国内公共机构；而在国际权力的形成过程中，受让国家权利的主体是国际公共机构。当然，在缺乏行使特定国际权力的国际公共机构，或者既有的国际公共机构未能有效地行使国际权力时，可能由特定国家行使国际权力。[2]

第三，被让渡的权利性质不同。在国内权力的形成过程中，被让渡的是人民在国内社会与生俱来的权利，属于"天赋的人权"；而在国际权力形成的过程中，被让渡的是国家在国际社会与生俱来的权利，属于"天赋的主权"。

第四，国内权力与国际权力所依托的法律不同。在国内权力的形成过程中，人民让渡权利所依托的是国内法，国内社会契约的表现形式也是国内法；而在国际权力的形成过程中，国家让渡权利所依托的是国际法，国际社会契约的表现形式也是国际法，包括国际条约、国际习惯和一般法律原则等。

总而言之，本书选取的是国内社会契约说与国际社会契约说中有关国内权力的本源和国际权力的本源之理论，作为本书研究"条约仲裁权边界"的理论起点。正是基于这一理论起点，后续的研究才得以展开。

(二) 研究的逻辑脉络

严密的逻辑脉络是一部学术著作必不可少的要素，而本书对"条约仲裁权边界"的研究，也遵循着特定的逻辑脉络。

本书第一章界定"条约仲裁权的概念"。研究"条约仲裁权的边界"，应当首先明确何为条约仲裁权。然而，对于这一概念，学术界尚未形成共识意见，也未作出权威界定。所以，本书开篇第一章就对条约仲裁权的特征进行

---

〔1〕 何志鹏："国际社会契约：法治世界的原点架构"，载《政法论坛》2012年第1期。

〔2〕 参见蔡从燕：《类比与国际法发展的逻辑》，法律出版社2012年版，第198~199页。

详细的分析，并以此为基础对条约仲裁权的概念进行全面的界定。

本书第二章研究"条约仲裁权边界的划定"。研究"条约仲裁权边界"的核心目的无疑是要确保条约仲裁权主体在权力边界内行权。既然如此，研究的第一步自然是划定条约仲裁权的边界，只有划定了条约仲裁权的边界，条约仲裁权主体在边界内行权才有基础。

本书第三章研究"条约仲裁权边界的遵循"。为了确保条约仲裁权主体在权力边界内行权，仅仅划定权力边界是不够的，因为这样划定的边界属于静态的边界，不能指引和监督条约仲裁权主体遵循边界。所以，研究的第二步应当是分析条约仲裁权主体应如何遵循条约仲裁权的边界，这也是关键的一步。

本书第四章研究"条约仲裁权越界的矫正"。虽然划定了条约仲裁权的边界，也对条约仲裁权主体遵循权力边界进行了指引和监督，但是依然不能杜绝权力越界的情形发生。一旦条约仲裁权发生越界，如何对越界行为进行矫正，也是条约仲裁权边界研究必不可少的内容。所以，"条约仲裁权越界的矫正"是条约仲裁权边界研究的第四步。

显然，本书的四章内容联系紧密、逻辑严谨，充分展现了本书研究的逻辑脉络，体现了本书的逻辑性和条理性。

(三) 研究的具体方法

法学研究离不开科学的研究方法。在本书的研究中，同样运用了诸多研究方法。这些方法首先表现为传统方法，它们包括但不限于：

(1) 文义分析法。主要涉及对国际法或国内法条文的分析、解读等。

(2) 类比分析法。在国际法研究中，类比是一种合理的研究方式。[1]类比其实就是取其同者而用之，取其异者而改之。条约仲裁权基于条约发生，而条约与国内法中的契约可以类比；条约仲裁作为一种仲裁类别，与其他仲裁类别（例如商事仲裁）可以类比；条约仲裁权是一种权力，而权力与权利具有许多共性，因此两者也可以类比；最后，条约仲裁权可能属于国际权力，也可能属于国内权力，而国际权力与国内权力同样可以类比。所以，类比分析法将是本书运用的一种非常重要的研究方法。

---

〔1〕　关于类别方法在国际法研究中的合理性及其运用示例，可以参见蔡从燕：《类比与国际法发展的逻辑》，法律出版社 2012 年版。

（3）案例分析法。国际法的研究总是和国际法案例相结合的。本书研究的条约仲裁本身就是处理案件的方式，而与条约仲裁类似的国际法院诉讼也是处理案件的方式，它们都会形成案例。因此，本书的分析不能离开对国际案例的援引和分析，案例分析法也是本书运用的传统方法之一。

除了上述传统研究方法之外，本书还采用一种重要的研究方法，即跨学科理论结合的研究方法。如前文所述，论证本书的选题，必须将法理学与法哲学领域的权力边界理论、国际公法学领域的条约法理论，以及国际私法学领域的仲裁法理论相结合进行分析。这种跨学科理论结合的方法在当下的法学研究中较为新颖，因此本书将其归于新型的研究方法之列。

四、创新与不足

本书的研究存在许多创新之处。可以说，这是本书的核心价值之所在。然而，囿于笔者现有的学力和国际法现有的理论框架，本书的研究也存在一些不足之处。

（一）创新之处

本书的创新之处包括研究方法的创新和研究成果的创新。所谓研究方法的创新，主要是指上文所述的跨学科理论结合的方法，这是不同于传统研究方法的新型研究方法，在此不再赘述。以下主要就研究成果的创新进行介绍。由于当前关于条约仲裁这一范畴的基础理论研究十分欠缺，所以本书的研究成果大部分都具有创新性。

本书第一章详细论证了条约仲裁权的主要特征，并基于此全面界定了条约仲裁权的概念，这些研究成果具有创新性。

本书第二章、第三章、第四章分别论证了条约仲裁权边界的划定、遵循以及越界矫正等理论。笔者基于现有阅读范围，未发现有学者对这些理论进行过论证，所以可以说这三章的论证也具有创新性。

（二）不足之处

本书的研究还存在一些不足。其中最主要的不足是文中一些"脑洞大开"的观点可能与当今国际法学的主流观点相左，从而可能会引发学术界对本书的批判。这主要是指本书第二章提出的当事国超条约国内法划定条约仲裁权边界的观点，以及第四章提出的当事国依据超条约国内法而拒绝履行遵从条约仲裁裁决的义务，从而实现对条约仲裁权越界的消极矫正的观点。对于这些观点的提出，笔者也曾怀揣矛盾之心：一方面，如果所提观点与主流观点相左，是否直接意味着本书观点的谬误，甚至本书选题的失败？另一方面，笔者始终赞同"学术的价值在于创新而不在于守陈"，[1]所谓的"脑洞大开"从另一个角度来看不正是一种创新吗？当然，这种创新必须具有合理性，必须符合许多国家的实践和预期。因此，即使与主流观点相左，笔者依然大胆地提出这些观点，以求教于方家。

另外一点主要的不足是本书对案例的援引存有缺憾。这里主要是指本书第四章有关美国依据超条约国内法对国际法院审判权越界的行为进行消极矫正的实例分析。虽然援引美国这一做法具有较高的可比性，但若能找到某个国家依据超条约国内法对条约仲裁庭的仲裁权越界行为进行消极矫正的实例，就会有更好的论证效果。然而囿于笔者学力有限，目前尚未找到这样的仲裁案例。

此外，本书在语言、论证、逻辑等方面可能还存在一些欠缺。笔者期望随着学力和阅历的增长，未来能够对这些不足之处进行弥补和完善。

---

〔1〕　童之伟："法权中心的猜想与证明——兼答刘旺洪教授"，载《中国法学》2001 年第 6 期。

第一章

条约仲裁权的概念

正如美国著名的法哲学大师博登海默（Edgar Bodenheimer）所说，概念是解决法律问题必需的工具。[1]因此，研究条约仲裁权的边界必须首先界定条约仲裁权的概念。其实，"条约仲裁权"并不是一个晦涩难懂的词语，简单地说，它就是基于条约而发生的仲裁活动中的仲裁权。然而，对这一概念的理解若仅止步于此还远远不够，因为其无法全面地展现条约仲裁权的主要特征，从而也无法使我们准确地认知条约仲裁权并以此为基础对其边界展开研究。所以，本章将通过对条约仲裁权的基础、属性和权能、主体和客体等方面的主要特征进行详细阐释，以期周延地界定条约仲裁权的概念。

第一节 条约仲裁权的基础

条约仲裁权是基于条约而发生的仲裁活动（Treaty-based Arbitration，以下简称条约仲裁）中的仲裁权，故其基础当属条约仲裁。然而，何为条约仲裁并非一个可以轻松作答的问题。目前，学术界和实务界虽对"条约仲裁"一词有所提及，但有关条约仲裁的系统的概念界定和理论阐释仍"乏作可陈"。而且存在一个比较奇怪的现象：无论是学术著述还是实务文献，提及条约仲裁时几乎不约而同地与投资条约仲裁相关联，对其进行理论研究或实务探讨也几乎如出一辙地以投资条约仲裁为背景。不管出现该现象是因为研究者们有意地限定了研究范围，还是无意地疏忽了其他条约仲裁实践，普遍以投资条约仲裁为语境研究条约仲裁的做法很可能给人一种错觉，即所谓条约仲裁大致等同于投资条约仲裁，条约仲裁实践也主要处理投资者与东道国之

---

[1] Edgar Bodenheimer, *Jurisprudence*: *The Philosophy and Method of the law*（*Revised Edition*），Harvard University Press, 1974, p. 381.

间的投资争端。事实上，条约仲裁绝不仅限于投资条约仲裁，还包括诸多其他类型的仲裁。比如，依据《海洋法公约》附件七进行的仲裁活动，无疑也属于条约仲裁实践之一。因此，只有摆脱在投资条约仲裁的特定语境下进行研究的思维惯性，寻找更具有普遍意义的界定方法，才能全面准确地把握条约仲裁权的基础——条约仲裁。

一、条约仲裁的终极归属

条约仲裁归根结蒂是一项仲裁活动，故其终极归属非"仲裁"莫属。作为独立且自成体系的法律实践活动，仲裁与其他法律实践活动相比自有其独到之处，笔者择其要点而述之。

（一）仲裁的基础形态

仲裁的基础形态是指开展这项法律实践活动最基本的模式，它是区别仲裁和其他法律实践活动最本质的特征，也是一切与仲裁相关的具体理论得以证成、具体制度得以建立的根源。无论何种类型的仲裁实践，也无论仲裁的具体制度如何分化，仲裁的基础形态都将保持一致；如果仲裁的基础形态发生了根本改变，就无法称之为仲裁了。[1]

著名的国际仲裁法专家加里·伯恩（Gary B. Born）教授在考察了诸家观点之后，认为对仲裁最全面、最准确且事实上被普遍接受的定义如下。

> "仲裁系指如此过程：当事人基于共同意愿将一项争端提交一个由或为当事人选定的非政府决定者，其依据能让当事人发表意见的中立的裁判程序作出一项最终解决争端的有约束力的决定。"[2]

根据该定义，加里·伯恩教授归纳出仲裁的基本要素为：（1）一项共同达成的约定；（2）提交争端；（3）由或为当事人选定的非政府决定者；（4）作出有约束力的决定以解决争端；（5）依据能让当事人发表意见的裁判程序。[3]

---

〔1〕　参见鲁洋："论宏观仲裁法学的构建"，载《吉首大学学报（社会科学版）》2018 年第 4 期。

〔2〕　See Gary B. Born, *International Commercial Arbitration*（*Third Edition*），Kluwer Law International, 2021, p. 318.

〔3〕　See Gary B. Born, *International Commercial Arbitration*（*Third Edition*），Kluwer Law International, 2021, p. 318.

上述定义或许最为全面并广为接受，但若将其作为仲裁基础形态的提炼，不仅有失简洁，而且难谓精准。因为基础形态作为仲裁活动最基本的模式以及区别于其他法律实践活动最本质的特征，应在仲裁领域内"放之四海皆准，置之古今不变"；而上述定义虽在绝大多数情况下适用，但难免在特定的仲裁法律制度下或随着仲裁法律制度的发展而有所不适。比如，虽然一般而言仲裁决定者所作的决定是"最终解决争端的有约束力的决定"，但是《英国仲裁法》却原则上允许仲裁当事人就仲裁裁决的法律问题上诉至法院（有学者称之为"法律问题可上诉原则"）[1]，并且许多学者也在探讨建立国际投资仲裁上诉机制的必要性和可行性。[2]这些都证明仲裁决定的终局性和约束力并非金科玉律、不可或缺，因而难以成为仲裁基础形态的一部分。笔者依此方法甄选并考虑表述的简洁后认为，将仲裁的基础形态界定为"争端当事方约请第三方居中裁判"[3]更加贴切。唯其是所有仲裁必须遵循的基本模式，是仲裁区别于其他法律实践活动的本质特征。但凡不具备该基础形态的法律活动都将被"仲裁家族"拒之门外。

（二）仲裁的核心目的

既然仲裁的基础形态是"争端当事方约请第三方居中裁判"，那么我们自然应当追问，为何当事方要约请第三方居中裁判呢？或者说，当事方寻求开展仲裁活动的核心目的是什么呢？明确仲裁的核心目的对仲裁权边界的划定与遵循必有裨益，因为若仲裁权的行使方式将导致偏离仲裁所应达到的核心目的，则该方式必定欠妥。

从加里·伯恩教授界定的仲裁概念中不难看出，当事方之所以同意将争端交由第三方居中裁判，是因为当事方希望第三方能够帮助他们解决争端。故从表面上看，"解决争端"或者"定分止争"正是仲裁的目的。然而，如果进一步追问"当事方为何希望解决他们之间的争端"，那么最根本的原因莫

---

〔1〕 参见李洪积、马杰、崔强："论英国仲裁法下法律问题可上诉原则——厦船重工案评析"，载《北京仲裁》2010 年第 2 期。

〔2〕 See Susan D. Franck, "The Legitimacy Crisis in Investment Treaty Arbitration: Privatizing Public International Law Through Inconsistent Decisions", *Fordham Law Review*, Volume 73, No. 4, 2005; 参见肖军："建立国际投资仲裁上诉机制的可行性研究——从中美双边投资条约谈判说起"，载《法商研究》2015 年第 2 期。

〔3〕 参见鲁洋："论宏观仲裁法学的构建"，载《吉首大学学报（社会科学版）》2018 年第 4 期。

过于他们希望避免"由争端引发冲突，从而打破彼此间的和平状态"。在国际法领域，无论是《联合国宪章》第 33 条、《和平解决国际争端总议定书（订正本）》第三章、《和平解决国际争端公约》（1907）第四部分，还是一些其他的多边和双边条约，仲裁都作为解决国际争端的和平方式被列出。[1]国际社会在国际争端解决领域赋予仲裁以和平使命，希望通过仲裁解决国际争端，以维护和平的国际环境。即使在国内社会，仲裁实际上也扮演着和平维护者的角色，因为国家支持并建立仲裁制度的目的（至少在很大程度上）是希望当事方通过仲裁解决争端，避免任何一方擅自使用私力救济而引发言语、肢体甚至武力冲突，而这显然是维持当事方和平状态的一条路径。正是因为如此，史蒂芬·施瓦韦尔（Stephen M. Schwebel）教授才会如此盛赞仲裁：

> "仲裁解决国际争端已在和平解决国际争端方面取得大量成功，无论这项争端发生于国家之间，国家与国际组织之间，国家与外国投资者之间，国家与其他外国申请者之间，还是事实上发生于不同国籍的商事当事人之间……它也有益于和平的国际关系。"[2]

史蒂芬·施瓦韦尔教授一语道破仲裁在维护和平方面既是众望所归，又已不负众望的事实。因此，若用一个词语来概括仲裁的核心目的，必非"和平"莫属。

(三) 仲裁的合法性来源

关于仲裁，还有一个值得思考的问题是，第三方居中裁判争端的行为何以具有合法性？或者说，仲裁活动的合法性来源是什么？

众所周知，现代仲裁活动得以开展，首先离不开当事方之间的仲裁合意（主要表现为仲裁条款或仲裁协议），即当事方同意将争端提交第三方居中裁判的共同意愿。仲裁合意的达成方式主要包括两类：（1）契约（合同）形式，主要表现为私人与私人之间、国家与私人之间通过签订契约（合同）达成的仲裁合意。国家或国际组织以私人身份相互签订创设国内法义务的合同，

---

[1] See Manuel Indlekofer, *International Arbitration and the Permanent Court of Arbitration*, Kluwer Law International, 2013, pp. 147-192.

[2] Stephen M. Schwebel, "Introduction", in Ulf Franke, Annette Magnusson, Joel Dahlquist. ed. , *Arbitrating for Peace: How Arbitration Made a Difference*, Kluwer Law International, 2016, p. 6.

其中的仲裁条款或仲裁协议也属于契约（合同）形式的仲裁合意。（2）条约形式，主要表现为国家与国家之间、国家与国际组织之间、国际组织与国际组织之间通过缔结条约达成的仲裁合意。除了仲裁合意之外，仲裁并非存在于法律真空当中，现代仲裁活动还受到法律的调整。[1]笔者将所有规范仲裁活动、调整仲裁关系的法律统称为仲裁法律，无论其事实上以"仲裁法""民事诉讼法"还是"国际私法"冠名，也无论其集中于统一的法典或单行法律中，还是分散在不同的法典或单行法律中。此外，鉴于国内法和国际法中均存在仲裁法律，笔者将存在于国内法中的仲裁法律简称为国内仲裁法（Domestic Arbitration Law），将存在于国际法中的仲裁法律简称为国际仲裁法（International Arbitration Law）。

笔者认为，仲裁的合法性既来源于仲裁合意，又来源于仲裁法律。其中，仲裁法律为仲裁活动提供合法性不难理解，因为任何依据法律开展的活动都具有合法性，仲裁活动亦不例外。而将仲裁合意当作仲裁合法性的来源之一则可能引发"若仲裁合意本身不是法律，何以能为仲裁提供合法性"的质疑。对此，我们不妨分别来看：若以条约形式达成仲裁合意，鉴于条约本身就是对缔约方具有法律约束力的国际法，故条约仲裁合意自然能为仲裁提供合法性；若以契约形式达成仲裁合意，虽然人们一般不将契约视为法律，但合法的契约在当事人之间产生的约束力受到法律的确认和保护，而基于契约仲裁合意进行的仲裁活动也为法律允许和保护，故契约仲裁合意也能为仲裁提供合法性。

二、条约仲裁的根本特征

条约仲裁是基于条约而发生的仲裁活动之简称，[2]"基于条约"（treaty-based）正是条约仲裁的根本特征，是条约仲裁同其他仲裁相区别的根本标志。那么，"基于条约"具体指什么？与条约存在何种关系就属于"基于条

---

〔1〕 See Nigel Blackaby, et al., *Redfern and Hunter on International Arbitration* (*Sixth Edition*), Oxford University Press, 2015, p. 156.

〔2〕 参见杨玲："论条约仲裁裁决执行中的国家豁免——以 ICSID 裁决执行为中心"，载《法学评论》2012 年第 6 期。See Stanimir A. Lexandrov, "Breaches of Contract and Breaches of Treaty: The Jurisdiction of Treaty-based Arbitration Tribunals to Decide Breach of Contract Claims in SGs v. Pakistan and SGs v. Philippines", *Journal of World Investment & Trade*, Volume 5, No. 4, 2004.

约"？下面就此问题展开分析。

（一）条约的识别标准

在《条约法公约》（1969）中，"条约"一词被界定为：

"国家间所缔结而以国际法为准之国际书面协定，不论其载于一项单独的文书或两项以上相互有关之文书内，亦不论其特定名称如何。"[1]

随着条约缔结主体的不断扩张，在《条约法公约》（1986）中，[2]"条约"一词则被界定为：

"（1）一个或更多国家和一个或更多国际组织间，或（2）国际组织相互间以书面缔结并受国际法支配的国际协议，不论其载于一项单独的文书或两项或更多有关的文书内，亦不论其特定名称为何……"

可以说，将上述两部公约所界定的条约主体予以合并后，就构成"条约"一词的权威定义。笔者根据该定义并参照安东尼·奥斯特（Anthony Aust）教授的观点，总结出条约的如下六大要素，也就是判断一项文书是否构成条约的六大标准。

（1）条约是一项国际协定。一项协定要想成为条约，其必须具备国际性；不具备国际性的协定（如不具有任何国际因素的合同）无法构成条约。[3]

（2）条约必须由国家与国家、国家与国际组织、国际组织与国际组织缔结。非在这些主体间缔结的协定（如私人之间或者私人与国家之间签订的合同）不能构成条约。需要说明的是，某些协定允许国家的特定地区（如中国香港地区、中国澳门地区）成为缔约方而不影响其条约地位。

（3）条约以书面形式缔结。关于书面形式，既包括打印出来的文本形式，

---

〔1〕 中华人民共和国外交部条约法律司编：《中华人民共和国多边条约集》（第七集），法律出版社 2002 年版，第 175 页。

〔2〕 需要说明的是，虽然《条约法公约》（1986）尚未生效，但是除了条约缔结主体之外，其对条约概念的界定与《条约法公约》（1969）完全一致。而从条约缔结实践看，国际组织已经成为许多条约的缔结主体。因此，将《条约法公约》（1986）所作的条约定义纳入考虑范畴，以扩大《条约法公约》（1969）规定的条约缔结主体范围，并无不妥。

〔3〕 See Anthony Aust, *Modern Treaty Law and Practice* (*Second Edition*), Cambridge University Press, 2007, pp. 17-18.

也包括电报、电传、传真信息、电子邮件等形式。质言之，只要能使文本处于一种永久的、可读的形式，就属于条约所要求的书面形式。[1]

（4）条约受国际法支配。根据国际法委员会的评注，受国际法支配是指条约包含创设国际法义务的意图。若无此意图，就不能构成条约。创设国际法义务的意图也将条约同国家或国际组织之间签订的仅受国内法支配的合同相区别开来。[2]

（5）条约可以载于一项单独的文书或两项或更多有关的文书内。条约的经典形式是单独文书，但国际社会也存在两个或多个文书构成的条约（一些重要的条约还可能包括附属文书）。[3]

（6）条约没有特定的名称。因此不能仅根据国际协定的名称来判断其是否属于条约，而应当考察其他标准。[4]

（二）条约与仲裁的可能关系

由于条约既属于国际协议，又属于国际法律，所以条约在仲裁中既可以是仲裁合意的实现方式，又可以是仲裁法律的表现形式。这是分析条约与仲裁之可能关系的前提。

1. 条约作为仲裁合意的实现方式

根据当代的条约仲裁实践，条约作为仲裁合意的实现方式有两种情形，即条约作为全部仲裁合意的实现方式和作为部分仲裁合意的实现方式。具体而言：

（1）条约作为全部仲裁合意的实现方式。条约作为全部仲裁合意的实现方式是指以条约达成完整的仲裁合意，包括以条约形式作出仲裁要约和仲裁承诺。这种完整的仲裁合意可以表现为条约中的仲裁条款或者以条约达成的仲裁协议。前者比如《中国—法国投资协定》第 10 条。[5]该条属于《中国—

---

[1] See Anthony Aust, *Modern Treaty Law and Practice* (*Second Edition*), Cambridge University Press, 2007, pp. 19-20.

[2] See Anthony Aust, *Modern Treaty Law and Practice* (*Second Edition*), Cambridge University Press, 2007, pp. 20-21.

[3] See Anthony Aust, *Modern Treaty Law and Practice* (*Second Edition*), Cambridge University Press, 2007, pp. 22-23.

[4] See Anthony Aust, *Modern Treaty Law and Practice* (*Second Edition*), Cambridge University Press, 2007, pp. 23-24.

[5] 参见中国商务部网站，http://tfs.mofcom.gov.cn/article/h/au/201007/20100707041031.shtml，最后访问时间：2021 年 1 月 15 日。

法国投资协定》这部双边条约中的一项仲裁条款，而且其所表达的仲裁合意是完整的，任一缔约方可在条件成就时直接依据该条提起仲裁。后者则比如在"就《美国著作权法》第 110 条第 5 款诉诸世界贸易组织争端解决谅解第25 条的仲裁案"（United States - Section 110（5）of *the US Copyright Act*：Recourse to Arbitration under Article 25 of the DSU）中，[1]美国和欧盟签订的进行仲裁的书面协定。[2]由于该仲裁协议完全符合条约的六大要素，所以其亦属于一项条约，并且其内容构成完整的仲裁合意。

（2）条约作为部分仲裁合意的实现方式。现代仲裁实践中还存在这样的条约条款：其自身并不构成完整的仲裁合意，但其作出了同意仲裁的要约，只要特定争端方作出承诺，完整的仲裁合意随即达成。这种情形主要体现在投资者与东道国之间的投资仲裁合意中，比如《印尼—埃及投资协定》第 9条。[3]该条作出了缔约国同意将其与另一缔约国的投资者之间的投资争端提交仲裁的意思表示。但由于投资者并非条约缔约方，所以该条无法在东道国与投资者之间达成完整的仲裁合意，只能构成东道国单方作出的仲裁要约。[4]根据 ICSID 的仲裁实践，投资者可以通过向 ICSID 申请仲裁作出接受仲裁的承诺，从而达成完整的仲裁合意。[5]这种东道国以条约作出仲裁要约，投资者在争端发生后作出仲裁承诺进而达成仲裁合意的现象，被一些学者称为无默契仲裁。[6]显然，在这种无默契仲裁中，条约仅作为部分仲裁合意——要约——的实现方式。

2. 条约作为仲裁法律的表现形式

现代仲裁实践中，条约还可以作为规范仲裁活动、调整仲裁关系的仲裁

---

〔1〕 See WTO, *WT/DS160/ARB25/1*, 9 November 2001.

〔2〕 See WTO, *WT_DS160_15*, 3 August 2001.

〔3〕 See International Investment Agreement Navigator, https://investmentpolicy. unctad. org/international-investment-agreements, last visited on January 15, 2021.

〔4〕 See Christoph H. Schreuer, et al. , *The ICSID Convention：A Commentary（Second Edition）*, Cambridge University Press, 2009, p. 205.

〔5〕 See Christoph H. Schreuer, et al. , *The ICSID Convention：A Commentary（Second Edition）*, Cambridge University Press, 2009, p. 212.

〔6〕 See Jan Paulsson, "Arbitration Without Privity", *ICSID Review - Foreign Investment Law Journal*, Volume 10, No. 2, 1995；参见杨彩霞、秦泉："国际投资争端解决中的无默契仲裁初探"，载《比较法研究》2011 年第 3 期；参见张建："对无默契仲裁管辖权正当性的反思——以中国参与国际投资争议解决的实践为视角"，载《西部法学评论》2017 年第 5 期。

法律而发挥作用。最典型的以条约形式表现的仲裁法律莫过于《华盛顿公约》。若投资者依据《印尼—埃及投资协定》第 9 条[1]以东道国为被申请人向 ICSID 申请仲裁，那么《印尼—埃及投资协定》第 9 条就是东道国作出的同意仲裁的要约，投资者申请仲裁的行为就是其作出的接受仲裁的承诺，而《华盛顿公约》则是规范仲裁活动、调整仲裁关系的仲裁法律。

(三) 条约仲裁中条约与仲裁的关系

既然条约既可以是全部或部分仲裁合意的实现方式，又可以是仲裁法律的表现形式，那么当条约在仲裁中扮演怎样的角色时，相应的仲裁就能被称为条约仲裁呢？在笔者的阅读范围内，仅发现杨玲博士曾就此问题作过简略的回答：

　　　　"所谓基于条约的仲裁，是指提起仲裁的依据为主权国家间条约中的仲裁条款，它区别于以合同中仲裁协议为仲裁依据的方式。"[2]

显然，杨玲博士认为的条约仲裁系指以条约作为仲裁合意之实现方式的仲裁。然而，这样的回答不尽如人意：一方面，她未能详细分析如此认定条约仲裁的理由；另一方面，从上下文看，她也仅以投资条约仲裁为语境讨论条约仲裁，不免有以偏概全之嫌。因此，笔者拟就该问题进行比较详细的分析。但需要说明的是，由于目前学术界和实务界尚未对条约仲裁的概念作出权威界定，所以现阶段对该问题之回答必定见仁见智，不同的答案，只有取舍之别，而无对错之分，关键在于取舍的理由是否充分。

1. 条约作为仲裁合意的实现方式和作为仲裁法律的表现形式之取舍

条约既可以作为仲裁合意的实现方式，又可以作为仲裁法律的表现形式，并且两种功能互不排斥。因此，按照排列组合原理，条约仲裁的判断标准存在以下四种可能：(1) 只要条约作为仲裁合意的实现方式，其就属于条约仲裁，至于其是否作为仲裁法律的表现形式在所不问；(2) 只要条约作为仲裁法律的表现形式，其就属于条约仲裁，至于其是否作为仲裁合意的实现方式

---

〔1〕　See International Investment Agreement Navigator, https://investmentpolicy. unctad. org/international-investment-agreements, last visited on January 15, 2021.

〔2〕　杨玲："论条约仲裁裁决执行中的国家豁免——以 ICSID 裁决执行为中心"，载《法学评论》2012 年第 6 期。

在所不问；（3）只要条约作为仲裁合意的实现方式或者作为仲裁法律的表现形式，其就属于条约仲裁；（4）只有条约既作为仲裁合意的实现方式又作为仲裁法律的表现形式，其才属于条约仲裁。

在以上四种可能的判断标准中，笔者采取第（1）种标准。因为条约仲裁作为一个学术概念，其判断标准应以具备一定的稳定性为宜。标准（2）（3）（4）都需要以仲裁法律是否为条约来判断其是否属于条约仲裁，但现代仲裁实践出于对当事人意思自治的尊重，一般都允许当事人约定仲裁法律。显然，仲裁法律的确定受当事人主观意愿的影响较大。若将仲裁法律是否为条约作为条约仲裁的判断标准，那么条约仲裁的构成与否也将受到当事人主观意愿的较大影响，从而具有较大的随机性。相比之下，标准（1）仅以"条约作为仲裁合意的实现方式"为判断标准，而这种仲裁合意只能由作为条约主体的国家或国际组织达成，具有身份的特定性。毋庸置疑，客观身份比主观意愿更加稳定。所以，采取标准（1）就能避免标准（2）（3）（4）的主观随机性，使得条约仲裁的判断标准更加稳定。

当然，采取标准（1）可能引发这样的质疑：既然本书的研究逻辑是通过将权力边界理论、条约法理论和仲裁法理论相结合，论证如何恪守边界恰当地行使条约仲裁权，那么采取标准（1）是否会遗漏对一些同样受三大理论影响但却未被划入条约仲裁权范畴的仲裁权之分析？比如，投资者与东道国通过签订投资合同将争端提交 ICSID 仲裁时，由于仲裁合意并非通过条约实现，所以该仲裁不属于标准（1）项下的条约仲裁，相关的仲裁权也就不属于条约仲裁权。但是，该仲裁以《华盛顿公约》为仲裁法律，故而相关仲裁权也必定受权力边界理论、条约法理论和仲裁法理论的影响。若不将这种仲裁权纳入条约仲裁权的范畴，是否会使本书研究的条约仲裁权有失周延？对于以上质疑，笔者认为不必过虑。因为基于稳定性的考虑而采取标准（1）仅是笔者所作的取舍而已。虽然标准（1）下的条约仲裁权可以结合三大理论进行分析，但并不意味着凡能结合这三大理论进行分析的仲裁权都必须纳入条约仲裁权的范畴，也不否定本书结合这三大理论对条约仲裁权进行分析的方法和结论可以被其他仲裁权借鉴。所以，没有必要因分析方法的通用性而强求整合，更何况这种整合还要以牺牲条约仲裁权判断标准的稳定性为前提。

2. 条约作为全部仲裁合意的实现方式和部分仲裁合意的实现方式之取舍

条约可以作为全部仲裁合意的实现方式，也可以作为部分仲裁合意的实现方式，但两者是排他的。因此，按照排列组合原理，在"条约作为仲裁合意的实现方式"的一级标准之下，还可细分三项次级标准：（1）只有条约作为全部仲裁合意的实现方式，其才属于条约仲裁；（2）只有条约作为部分仲裁合意的实现方式，其才属于条约仲裁；（3）无论条约作为全部仲裁合意的实现方式，还是作为部分仲裁合意的实现方式，其都属于条约仲裁。

在这三项次级标准中，笔者采纳次级标准（3）。这是因为，无论条约实现全部还是部分的仲裁合意，该条约都只能由国家或国际组织缔结，具有身份的特定性。因此，三项次级标准都无欠缺稳定性之虞。在此前提下，自然越广泛地将能同时适用权力边界理论、条约法理论和仲裁法理论的仲裁权纳入条约仲裁权的范畴，就越能扩大本书研究对象的范围，从而也就越具有合理性。显然，次级标准（3）最符合这一原则，此其一。其二，本书之所以选择相对生僻的条约仲裁权作为研究对象，是希望通过结合三大理论进行研究的全新方法，对条约仲裁实践予以指导。当前，无论以条约作为全部还是部分仲裁合意的实现方式，相关实践均屡见不鲜。在没有其他限制因素的情况下，显然采取次级标准（3）能尽量扩大本书理论指导的实践范围，从而更加符合本书研究的初衷与意旨。

综上所述，在本书的研究中，条约仲裁是指以条约实现全部或部分仲裁合意的仲裁，此乃条约仲裁权的基础。

第二节　条约仲裁权的属性和权能

条约仲裁权本质上是一项权，而"权"字，一可解读为权利，二可解读为权力；并且，基于国内社会与国际社会的分野，权利/权力又可细分为国内权利/权力与国际权利/权力。此外，无论是权利还是权力，皆表现为具体的权能。那么，条约仲裁权的属性究竟是国内权利/权力，还是国际权利/权力？其又有哪些具体权能？本节将针对这些问题展开分析。

一、条约仲裁权的属性

在国内社会中，权利是人民与生俱来的，属于"天赋的人权"；人民通过社会契约将部分权利让渡给国家（具体表现为国内公共机构）代为行使，这部分被让渡的权利称为（国内）权力，人民保留下来的权利仍称为（国内）

权利。而在国际社会中，国家天赋的权利是主权，国家通过国际社会契约将部分主权让渡给国际公共机构代为行使，这部分被国家让渡的主权称为（国际）权力，国家保留下来的主权则是（国际）权利。可见，区分国内权利/权力、国际权利/权力的首要标准在于它们的本源和形成过程。因此，不妨依据这一标准来判断条约仲裁权的属性。

（一）条约仲裁权的形式来源

权利与权力往往存在表面的、形式的来源（以下简称形式来源）。比如在法治社会中，权利与权力往往由法律规定，法律就是它们的形式来源。形式来源虽然不同于本源，但由于不同的形式来源背后体现着不同的本源——比如以国内法为形式来源的权利之本源是人民与生俱来的权利（人权），并且是人民权利减去委托给国内公共机构代为行使之部分的余数中由法律承认和保护的部分；[1]以国际法为形式来源的权力之本源则是国家与生俱来的权利（主权），并且是由国家委托给国际公共机构代为行使的部分——所以探寻特定权利或权力的本源，可以从分析它们的形式来源出发。因此，笔者在探寻条约仲裁权的本源之前，先分析其形式来源。

在现代仲裁实践中，仲裁权一方面来源于当事人的授予，另一方面来源于法律的授予。[2]前者表现为仲裁合意，后者表现为仲裁法律。条约仲裁权属于一种仲裁权，因此也具有仲裁合意与仲裁法律两个形式来源。

1. 仲裁合意作为条约仲裁权的形式来源

仲裁合意是当事方同意将争端提交第三方居中裁判的共同意思表示，是仲裁基础形态中必不可少的要素。条约仲裁同样基于当事方的仲裁合意而发生，缺失当事方共同的意思表示，条约仲裁活动就无法开展，条约仲裁权也无从产生。因此，条约仲裁权形式来源于仲裁合意则是理所当然，仲裁合意属于条约仲裁权的一类形式来源具有坚实的法理基础。如前所述，条约仲裁的仲裁合意主要通过两种方式达成：（1）当事方直接以条约达成完整的仲裁合意。（2）一当事方通过条约作出仲裁要约，另一当事方通过申请仲裁的行为作出仲裁承诺，从而达成完整的仲裁合意。需要说明的是，所谓形式来源

---

〔1〕　参见童之伟：“法权中心的猜想与证明——兼答刘旺洪教授”，载《中国法学》2001 年第 6 期。

〔2〕　See Nigel Blackaby, et al., *Redfern and Hunter on International Arbitration* (*Sixth Edition*), Oxford University Press, 2015, pp. 306-308.

于仲裁合意不仅包括形式来源于仲裁条款或者仲裁协议的明文规定，而且包括形式来源于仲裁规则，因为后者之确定实际上取决于仲裁合意中对仲裁规则或者仲裁机构的选择。换言之，仲裁规则可以视为仲裁合意内容的一部分。

2. 仲裁法律作为条约仲裁权的形式来源

如前文指出，仲裁法律是规范仲裁活动、调整仲裁关系的法律，它们为仲裁活动提供合法性，使其得到法律的承认与保护。仲裁法律的这种规范与调整功能势必会对仲裁权主体在居中裁判时可做或可不做的行为作出规定，相当于赋予它们以仲裁权。当仲裁法律规范条约仲裁活动、调整条约仲裁关系时，那么其赋予的仲裁权自然属于条约仲裁权。所以仲裁法律成为条约仲裁权的另一类形式来源顺理成章，同样具有坚实的法理基础。

3. 仲裁合意与仲裁法律作为条约仲裁权形式来源的关系

有学者在分析国际商事仲裁权的来源时曾指出，国际商事仲裁权分别来源于当事人授权和法律授权，这两类授权之间存在相互补充与相互限制的关系。[1]条约仲裁权虽与国际商事仲裁权存在许多区别，但因其同样既来源于当事方授权（仲裁合意），又来源于法律授权（仲裁法律），所以两类授权之间相互补充和相互限制的关系与国际商事仲裁权并无明显二致。

（1）仲裁合意与仲裁法律作为条约仲裁权形式来源的互补关系。条约仲裁案件的情况千差万别，需要处理的程序和实体事项也纷繁复杂。为了顺利完成仲裁，条约仲裁权主体所需要的具体权力往往名目众多。然而，无论是仲裁合意还是仲裁法律，授予条约仲裁权主体的具体权力皆难达到事无巨细的程度。因此，仲裁合意的授权与仲裁法律的授权之间可以形成互补关系，从而尽量避免在授权范围上百密一疏。比如，在依据《华盛顿公约》进行的投资者与东道国投资条约仲裁中，虽然作为仲裁法律的《华盛顿公约》关于条约仲裁权主体的权力仅有比较稀疏的规定，[2]但基于仲裁合意而得以适用的 ICSID 仲裁规则对条约仲裁权主体的权力则有更为详细的规定，从而弥补了《华盛顿公约》授权的不足。

（2）仲裁合意与仲裁法律作为条约仲裁权形式来源的互限关系。既然仲

---

〔1〕 参见胡荻：《国际商事仲裁权研究》，法律出版社 2015 年版，第 66~68 页。

〔2〕 See Lucy Reed, Jan Paulsson, Nigel Blackaby, *Guide to ICSID Arbitration*, Kluwer Law International, 2010, p. 123.

裁合意与仲裁法律都可以授予仲裁权，那么不同形式来源的仲裁权之间就可能出现不一致甚至冲突的情形。此时，仲裁合意的授权与仲裁法律的授权之间可能会出现相互限制的关系。比如，虽然《华盛顿公约》授予 ICSID 机构及其仲裁庭处理直接因投资而产生的任何法律争端的权力，但是当事方可以通过仲裁合意对这一权力进行限缩。由于此时的仲裁合意系由东道国以条约形式作出的仲裁要约和投资者以申请仲裁的方式作出的仲裁承诺共同达成，所以这种限缩可以分为两种方式：一种是东道国在仲裁要约中对同意 ICSID 处理的投资争端范围进行限缩；另一种是投资者在仲裁承诺中对同意 ICSID 处理的投资争端范围进行限缩。[1]但无论采取何种限缩路径，实际上都属于仲裁合意对仲裁法律赋予的案件管辖权进行限制。

（二）条约仲裁权的本源

因为条约仲裁权的形式来源并不单一，不同形式来源的背后所体现的本源也不尽相同，所以条约仲裁权的本源必定不会单一。具体包括国家主权和人民权利两类本源。

1. 本源于国家主权

条约仲裁权的形式来源包括仲裁合意，而仲裁合意全部或部分由条约实现。当仲裁合意全部由条约实现时，条约实现仲裁合意的过程正是国家向条约仲裁权主体让渡国家主权的过程。当仲裁合意部分由条约实现时，国家通过条约作出仲裁要约的过程无疑也是向条约仲裁权主体让渡主权的过程。然而问题是，此时仲裁合意的实现还离不开私人（如投资者）以申请仲裁的行为作出的仲裁承诺。换言之，此时源于仲裁合意的条约仲裁权中还有一部分来源于私人让渡的权利。那么，这是一种什么权利呢？显然，私人让渡这种权利的后果是其将受到第三方居中裁判的约束。于是根据逻辑可知，私人让渡的应是让渡前不受第三方居中裁判约束的权利（只有让渡了这项权利，才会产生前述后果）。然而，这项权利并非私人基于国内法而获得的国内权利，而是其作为一类国际法主体从条约中获得的国际权利：因为国家在条约中同意私人自主决定是否作出仲裁承诺，所以私人所享有的"不受第三方居中裁

---

〔1〕 See Christoph H. Schreuer, et al., *The ICSID Convention：A Commentary（Second Edition）*, Cambridge University Press, 2009, p. 230, 233-236.

判约束”的权利正是从条约允许其不作出仲裁承诺而获得，属于国际权利。但是，私人并非条约缔结方，其从条约获得的国际权利实质上是享有和行使其母国的国际权利而已，因此私人让渡国际权利的本质仍是其母国让渡主权，只不过这种让渡由私人代为行使，后果由私人承担罢了。[1]由此可知，无论条约全部还是部分作为仲裁合意的实现方式，形式来源于仲裁合意的条约仲裁权均本源于国家主权。

除了仲裁合意之外，条约仲裁权的形式来源还包括仲裁法律，而仲裁法律又包括国际仲裁法。当条约仲裁权形式来源于国际仲裁法时，由于国际仲裁法背后所体现的仍是国家对主权的让渡，所以此类条约仲裁权亦本源于国家主权。

2. 本源于人民权利

还有一种情况，即条约仲裁权形式来源于国内仲裁法。比如，在依据《印尼—埃及投资协定》第9条第3款[2]提交CRCICA进行的投资条约仲裁中，如果当事方约定仲裁地为开罗，那么埃及仲裁法作为仲裁地的国内仲裁法将规范相关的仲裁活动，调整相关的仲裁关系，从而成为条约仲裁权的形式来源之一。由于国内仲裁法背后体现的是该国人民对其与生俱来的权利之让渡，所以形式来源于国内仲裁法的条约仲裁权本源于人民权利。

（三）条约仲裁权的权力属性

通过分析条约仲裁权的本源，其形成过程也就跃然纸上了，即通过让渡国家主权或人民权利而形成。正是基于这一让渡过程，条约仲裁权之权力属性自然毋庸置疑。然而，由于权力包括国内权力和国际权力，那么条约仲裁权究竟属于国内权力还是国际权力呢？如前所述，国内权力与国际权力的主

---

[1] 是否可以认为私人在让渡之前享有的“不受第三方居中裁判约束”的权利属于私人与生俱来的权利，是天赋人权，而不是基于条约获得国际权利呢？假设如此，私人向条约仲裁权主体让渡的权利就是其天赋人权，而不是基于条约获得的国际权利，也就不再是其母国让渡主权了。对此，笔者认为，此时私人享有的权利是与国家相对的权利，因而存在于国际社会。但天赋人权的理论目前还不是国际法律秩序的理论根源，因为当今的国际法律秩序依然以国家主权的妥协和让步为前提，私人在国际社会中享有权利归根结蒂是各自国家主权相互让步和妥协的结果，而不是其与生俱来享有权利的结果。

[2] See International Investment Agreement Navigator, https://investmentpolicy.unctad.org/international-investment-agreements, last visited on January 15, 2021.

要区别在于本源不同：本源于人民让渡之部分人权的权力属于国内权力，本源于国家让渡之部分主权的权力属于国际权力。因此，形式来源于仲裁合意和国际仲裁法的条约仲裁权，因其本源于国家向条约仲裁权主体（该主体此时以国际公共机构的身份存在）让渡的主权，所以属于国际权力；而形式来源于国内仲裁法的条约仲裁权，因其本源于人民向条约仲裁权主体（该主体此时以国内公共机构的身份存在）让渡的人权，所以属于国内权力。概言之，条约仲裁权因其形式来源不同，既可能属于国际权力，也可能属于国内权力。

二、条约仲裁权的权能

"权能"一词在法学论著中并不鲜见，但主要集中于所有权领域。比如王利明教授等认为：

> "所有权的权能也称'所有权的内容'或者'所有权的作用'，它包括积极权能与消极权能，前者是指所有人享有的作为的权利，后者是指所有人针对其他的人享有的要求他们不作为的权利。"[1]

当然，也有学者跳出所有权领域，[2]甚至跳出权利领域[3]使用"权能"一词。因此笔者认为，用条约仲裁权的权能表示条约仲裁权的具体内容未尝不可。

(一) 条约仲裁权的存续期间

条约仲裁权是为居中裁判而享有并行使的权力，故其势必有特定的存续期间。鉴于条约仲裁权主体从事条约仲裁活动的全过程正是条约仲裁程序的全过程，也只有在这个过程中享有并行使的权力才属于仲裁权，所以笔者认为，条约仲裁权的存续期间正是条约仲裁程序的整个过程，即始于仲裁程序的启动，止于仲裁程序的终结。关于条约仲裁程序的启动时间和终结时间，往往规定于仲裁法律和仲裁合意（包括仲裁规则）当中，所以应当依据二者在个案中的具体关系进行具体分析。

---

〔1〕 王利明等：《民法学》，法律出版社 2017 年版，第 375 页。
〔2〕 参见徐兴祥："知识产权权能结构法律分析"，载《法治研究》2014 年第 7 期。
〔3〕 参见李建明："优化权能结构：检察权优化配置的实质"，载《河南社会科学》2011 年第 2 期。

（二）条约仲裁权的权能范围

虽然条约仲裁权是一项居中裁判的权力，但若将其权能范围狭义地理解为仅包括条约仲裁权主体进行实体裁决的权力，则有失偏颇。因为仲裁本身是一个过程，并非只有实体裁决的几个瞬间。实体裁决权不能孤立地存在，只有经过特定程序之后，实体裁决权的行使才具有合法性，才能依托程序公正尽可能地接近乃至达到实体公正。正如乔欣教授所说：

> "仲裁权既然是一种公正的裁决权，那么，它就应该包括能够公正地解决纠纷所必不可少的一切权力。"[1]

因此，条约仲裁权除了包括实体裁决权这一项权能之外，还应当包括为了公正裁决并使实体裁决权得以合法行使所必不可少的其他权能。

（三）条约仲裁权的具体权能

在条约仲裁程序启动至终结的全过程中，虽然涉及许多具体权能，但是归结起来可以分为案件管辖权、程序管理权、实体裁决权和裁决效力权四类。

1. 条约仲裁案件管辖权

条约仲裁案件管辖权是指条约仲裁权主体管辖条约仲裁案件的权力，这是审理和裁判条约仲裁案件的前提。正因如此，在条约仲裁实践中，仲裁庭一般需要先确定其对案件具有管辖权之后，才能就实体问题作出认定和裁决。至于条约仲裁权主体对案件是否具有管辖权，取决于仲裁申请方所提仲裁请求是否处于条约仲裁权主体可以审理和裁决的范围之内，而这一范围主要由仲裁合意与仲裁法律共同确定。比如，作为仲裁法律的《华盛顿公约》第25条第1款[2]将条约仲裁权主体可以审理和裁决的范围限定为直接因投资而产生并经双方书面同意提交给中心的法律争端，而作为仲裁合意的《中国—法国投资协定》第10条[3]将条约仲裁权主体可以审理和裁决

---

[1] 乔欣：《仲裁权论》，法律出版社2009年版，第21页。

[2] 参见中华人民共和国外交部条约法律司编：《中华人民共和国多边条约集》（第六集），法律出版社1994年版，第50页。

[3] 参见中国商务部网站，http://tfs.mofcom.gov.cn/article/h/au/201007/20100707041031.shtml，最后访问时间：2021年1月15日。

的范围限定为有关协定的解释和适用的争端。只有案件处于仲裁合意和仲裁法律划定的范围之内，条约仲裁权主体才能行使管辖权，才能审理和裁决相关案件。

2. 条约仲裁程序管理权

条约仲裁的全过程存在诸多特定程序。如果不能合法有效地管理这些程序，条约仲裁将无法进展，条约仲裁裁决也就无法公正地作出。因此，为了管理仲裁程序，条约仲裁权主体必须具备相应的程序管理权。根据条约仲裁实践，程序管理权包括但不限于以下具体权力。

（1）仲裁员任命权。何人担任仲裁员无疑与案件最终结果直接相关，因此，仲裁员任命权是一项非常重要的程序管理权。一般而言，仲裁合意或者仲裁法律会规定当事方有权选择一定数量的仲裁员，并有权共同选择首席仲裁员。然而，当事方未按期选定仲裁员或未按期共同选定首席仲裁员时，任命权由谁享有和行使，不同仲裁合意或仲裁法律的规定或有不同。比如，《华盛顿公约》第 38 条[1]规定仲裁员任命权由 ICSID 主席享有并行使，《海洋法公约》附件七第 3 条第（e）项[2]规定仲裁员任命权由国际海洋法法庭的庭长或年资次深的法官（特殊情况下）享有并行使，《中国—法国投资协定》第 10 条[3]则规定仲裁员任命权由联合国秘书长享有并行使。

（2）管辖权认定权。虽然案件管辖权是独立于程序管理权的权能类别，但当事人提出管辖权异议后，对管辖权异议作出认定的权力则是一项重要的程序管理权。对此，国际仲裁公约、国内仲裁法、司法决定、机构仲裁规则以及国际仲裁裁决几乎普遍采纳仲裁庭自裁管辖的原则，[4]即由仲裁庭享有并行使这项程序管理权。

（3）仲裁员回避决定权。当事人对仲裁员的任职资格和能力存有异议并申请仲裁员回避时，决定仲裁员应否回避的权力无疑也是一项重要的程序管理

---

〔1〕　参见中华人民共和国外交部条约法律司编：《中华人民共和国多边条约集》（第六集），法律出版社 1994 年版，第 54~55 页。

〔2〕　参见中华人民共和国外交部条约法律司编：《中华人民共和国多边条约集》（第四集），法律出版社 1987 年版，第 434 页。

〔3〕　参见中国商务部网站，http://tfs.mofcom.gov.cn/article/h/au/201007/20100707041031.shtml，最后访问时间：2021 年 1 月 15 日。

〔4〕　See Gary B. Born, *International Commercial Arbitration*（*Third Edition*），Kluwer Law International, 2021, p. 1144.

权。《ICC 仲裁规则》（2021）第 14 条第 3 款[1]规定仲裁员回避的决定权由仲裁院享有并行使；《ICSID 仲裁规则》（2006）第 9 条第 4 款[2]和第 5 款[3]则规定这一权力根据不同情形分别由未被提出异议的仲裁员或者 ICSID 主席享有并行使。

（4）开庭审理权。仲裁庭对案件进行开庭审理，并在庭审中调查案件事实、听取当事人意见的权力，也是一项重要的程序管理权，且一般由仲裁法律或仲裁规则予以规定。

（5）其他程序管理权。条约仲裁程序管理权除了以上几项具体权力之外，还包括许多其他权力，比如仲裁地决定权、仲裁语言决定权、要求文件开示权、要求证人出庭权、聘请专家权等。[4]

3. 条约仲裁实体裁决权

条约仲裁的直接目的是对当事方之间的争端进行居中裁判，因此对争端进行实体裁决的权能——实体裁决权——可以说是条约仲裁权项下最核心的一类权能。然而需要注意的是，实体裁决并非只有作出最终裁决结果这一行为，而应当包括从认定事实到适用法律再到作出裁决结果的完整过程。因此，条约仲裁实体裁决权也应当包括一系列相关的权力，比如：

（1）证据和意见采信权。条约仲裁权主体要作出最终的裁决结果，必须先对案件事实进行认定，而案件事实必须通过证据和意见才能被尽量还原。所以，证据和意见的采信是认定事实的关键，采信与否则是条约仲裁权主体的权力，属于一项实体裁决权。

（2）事实认定权。证据和意见的采信可以指引但不能决定事实的认定。所以最终如何认定案件事实也是条约仲裁权主体的权力，也属于一项实体裁决权。

---

〔1〕 参见 ICC 网站，https://iccwbo. org/content/uploads/sites/3/2021/02/icc-2021-arbitration-rules-2014-mediation-rules-chinese-version. pdf，最后访问时间：2021 年 1 月 15 日。

〔2〕 参见 ICSID 网站，https://icsid. worldbank. org/en/Documents/icsiddocs/ICSID%20Convention%20English. pdf#search=icsid%20convention，最后访问时间：2021 年 1 月 15 日。

〔3〕 参见 ICSID 网站，https://icsid. worldbank. org/en/Documents/icsiddocs/ICSID%20Convention%20English. pdf#search=icsid%20convention，最后访问时间：2021 年 1 月 15 日。

〔4〕 See Nigel Blackaby, et al. , *Redfern and Hunter on International Arbitration (Sixth Edition)*, Oxford University Press, 2015, pp. 309-319.

（3）法律适用权。裁决结论是条约仲裁权主体在认定事实的基础上适用法律的结果。因此，法律适用权（包括适用何种法律、如何解释和适用法律条文等具体内容）也是条约仲裁权主体的权力，属于一项实体裁决权。

（4）是非责任决定权。在事实认定和法律适用的基础上，条约仲裁权主体还可以就争端当事方之间的是非曲直、责任划分作出决定，因此这项决定是非责任的权力也属于一项实体裁决权。

（5）裁决建议与修改权。实践中，在裁决作出之前，一些仲裁机构可以根据仲裁规则的规定对裁决形式进行修改，并就裁决实体问题向仲裁庭提供建议。笔者认为这也属于一项实体裁决权。此外，在裁决作出后，仲裁庭有可能根据仲裁法律或仲裁规则享有并行使修改仲裁裁决的权力。此时，从启动修改到完成修改的过程属于仲裁程序的恢复过程，而这种修改裁决的权力也应属于一项实体裁决权。

4. 条约仲裁裁决效力权

裁决效力权是指使得仲裁裁决具有法律效力的权力。学者们一般不将这项权力作为仲裁权的一项权能列出。比如，乔欣教授在分析仲裁权的内容（权能）时并未提及这项权能，[1]胡荻博士在分析国际商事仲裁权的内容时也未提及这项权能。[2]然而笔者认为，一份合法作出的裁决必定具备特定的法律效力。从条约仲裁权主体的权力角度看，为何其作出的裁决可以具有如此法律效力呢？这是因为条约仲裁权主体享有使得裁决具有法律效力的权力。因此，条约仲裁裁决效力权也应是条约仲裁权的一项权能，它于仲裁裁决作出的同时行使，从而也存在于仲裁程序的全过程之中。

第三节　条约仲裁权的主体和客体

既然条约仲裁权属于一项权力，那么其应当由谁行使，并针对谁发生作用呢？这些是界定条约仲裁权的概念无法回避的问题，本节将就这两个问题展开分析。

---

〔1〕　参见乔欣：《仲裁权论》，法律出版社2009年版，第22页。

〔2〕　参见胡荻：《国际商事仲裁权研究》，法律出版社2015年版，第70页、第89页、第125页。

一、条约仲裁权的主体

条约仲裁权作为一项权力，必定由特定的人员或机构享有并行使，笔者将它们统称为条约仲裁权的主体。根据仲裁合意与仲裁法律，条约仲裁权的主体主要包括仲裁庭、仲裁机构以及仲裁支持与监督机构三类。

（一）仲裁庭

由于当事方之间的争端由仲裁庭进行实体裁判，许多仲裁程序事项也由仲裁庭决定，所以学术界和实务界公认仲裁庭是享有和行使仲裁权的主体。比如乔欣教授就明确指出，不论是根据仲裁立法、仲裁理论还是仲裁实践，仲裁庭都是仲裁权的主体。[1]

无独有偶，西方学者凡论及仲裁权时，也几乎皆以仲裁庭为权力主体展开讨论，[2]可见他们也认为仲裁庭是仲裁权的主体。由于条约仲裁权亦属于仲裁权，所以条约仲裁庭也应当是条约仲裁权的主体，这一点自无疑义。

（二）仲裁机构

仲裁机构是否属于条约仲裁权的主体，该问题可能存在一定的争议。比如乔欣教授认为仲裁权的主体只能是仲裁庭，而不包括仲裁机构。[3]然而，笔者认为这种观点过于绝对。虽然仲裁庭是最主要的仲裁权主体，但是特定的仲裁机构在特定的情况下也可能享有并行使一定的仲裁权，从而成为仲裁权的主体。

以本书所讨论的条约仲裁权为例。因为条约仲裁权包括条约仲裁案件管辖权、条约仲裁程序管理权、条约仲裁实体裁决权、条约仲裁裁决效力权四项权能，并且条约仲裁权既形式来源于仲裁合意，又形式来源于仲裁法律，所以只要仲裁合意或者仲裁法律授予仲裁机构任何一项条约仲裁权能，仲裁机构就享有并行使条约仲裁权，从而成为条约仲裁权的主体。事实上，这种对仲裁机构的授权并不鲜见。比如《华盛顿公约》第 38 条[4]的规定明确了

---

[1] 参见乔欣：《仲裁权论》，法律出版社 2009 年版，第 19 页。

[2] See Nigel Blackaby, et al., *Redfern and Hunter on International Arbitration*, Oxford University Press, 2015, pp. 306–319.

[3] 参见乔欣：《仲裁权论》，法律出版社 2009 年版，第 19 页。

[4] 参见中华人民共和国外交部条约法律司编：《中华人民共和国多边条约集》（第六集），法律出版社 1994 年版，第 54~55 页。

当事方未按规定时间和方式组成仲裁庭时，ICSID 主席（代表 ICSID 机构）具有任命仲裁员的权力。如何任命仲裁员并组建仲裁庭显然属于仲裁程序管理的事项，相关权力也属于一项程序管理权。因此，在以《华盛顿公约》为仲裁法律的条约仲裁中，ICSID 机构因享有并行使仲裁员任命权而成为条约仲裁权的主体。

再如，哈萨克斯坦与土耳其、印度尼西亚与古巴、乌兹别克斯坦与奥地利、黎巴嫩与韩国等国家之间签订的 BIT 将 ICC 作为投资仲裁机构的选择之一。[1]如果投资者依据上述 BIT 以东道国为被申请人向 ICC 申请仲裁，且双方未就仲裁规则另有约定，那么 ICC 仲裁规则就是该案适用的仲裁规则。[2]根据前述《ICC 仲裁规则》（2021）第 14 条第 3 款[3]的规定，当事人提出仲裁员回避之后，ICC 国际仲裁院享有根据一定的程序决定仲裁员应否回避的权力；而根据该规则第 34 条，[4]仲裁院还享有在裁决作出前对裁决书的形式进行修改以及就实体问题提醒仲裁庭注意的权力。显然，仲裁员回避决定权属于一项程序管理权。而对裁决书的形式进行修改并就实体问题提醒仲裁庭注意的权力属于一项实体裁决权，因为前者实际上涉及对裁决书说理形式和说理方式的修改，后者实际上行使着裁决建议权并可能在很多情况下直接影响到仲裁庭的实体裁决。[5]因此，在依据《ICC 仲裁规则》（2021）进行的条约仲裁中，ICC 国际仲裁院享有并行使着部分程序管理权和部分实体裁决权，从而也属于条约仲裁权的主体。

根据以上分析可知，仲裁机构在特定情况下享有并行使特定的条约仲裁权能，从而也属于条约仲裁权的一类主体。因此，绝对地将仲裁机构排除在条约仲裁权主体范围之外，是失之武断的。

---

〔1〕　参见鲁洋："论'一带一路'国际投资争端解决机构的创建"，载《国际法研究》2017 年第 4 期。

〔2〕　ICC 仲裁规则也确实是投资条约仲裁可能适用的仲裁规则之一。See Christopher F. Dugan, et al. , *Investor-State Arbitration*, Oxford University Press, 2008, pp. 79-80.

〔3〕　参见 ICC 网站，https://iccwbo. org/content/uploads/sites/3/2021/02/icc-2021-arbitration-rules-2014-mediation-rules-chinese-version. pdf，最后访问时间：2021 年 1 月 15 日。

〔4〕　参见 ICC 网站，https://iccwbo. org/content/uploads/sites/3/2021/02/icc-2021-arbitration-rules-2014-mediation-rules-chinese-version. pdf，最后访问时间：2021 年 1 月 15 日。

〔5〕　See W. Laurence Craig, William W. Park, Jan Paulsson, *International Chamber of Commerce Arbitration (Third Edition)*, Oceana Publications, Inc. , 2000, pp. 378-380.

(三) 仲裁支持与监督机构

在条约仲裁实践中，可能还存在一些与条约仲裁相关但又不属于仲裁机构或仲裁庭的其他机构，它们或者对条约仲裁的程序予以支持，或者对条约仲裁的结果进行监督。前者诸如《海洋法公约》附件七第 3 条第（e）项[1]规定的有权在特定情况下指派仲裁员的国际海洋法法庭庭长或年资次深法官（代表国际海洋法法庭），后者诸如《华盛顿公约》第 52 条第 3 款[2]规定的有权根据特定情形撤销裁决或裁决中任何部分的专门委员会。那么，这些支持与监督机构能否成为条约仲裁权的主体呢？笔者认为对这一问题不能一概而论，必须具体情况具体分析，该问题的关键不在于其属于怎样的机构，而在于其是否在特定情形下享有并行使条约仲裁权的任何一项权能。比如上述由庭长或年资次深的法官代表的国际海洋法法庭，虽然其并非仲裁机构或仲裁庭，但其享有并行使的指派仲裁员的权力属于《海洋法公约》附件七授予的一项条约仲裁程序管理权。所以国际海洋法法庭在享有和行使这项权力时就成了条约仲裁权的主体。再如上述专门委员会，由于其所行使的决定是否撤销裁决的权力存在于仲裁程序完结之后，所以相关权力不属于条约仲裁权的任何权能，该专门委员会也就不属于条约仲裁权的主体。

最后需要说明的是当事方能否成为条约仲裁权主体的问题。有学者认为，国际商事仲裁权具有权利和权力双重属性，前者基于双方当事人之间的分裂对抗关系并表现为一种程序选择权，后者基于仲裁庭和当事人之间的裁决服从关系并表现为一种社会司法权。[3]当事人享有国际商事仲裁权中的程序选择权，具体而言就是选择以仲裁方式解决他们之间的商事争端的权利。[4]如果按照这种逻辑进行类推，那么似乎当事方也可以成为条约仲裁权的主体，享有并行使一定的条约仲裁权。然而，笔者并不接受这种观点。因为"仲裁"二字展开后意为"居中裁判"，所以仲裁权也就是"居中裁判之权"。只有实际进行居中裁判以及为居中裁判而必需的案件管辖、程序管理，并使裁决具

---

[1] 参见中华人民共和国外交部条约法律司编：《中华人民共和国多边条约集》（第四集），法律出版社 1987 年版，第 434 页。

[2] 参见中华人民共和国外交部条约法律司编：《中华人民共和国多边条约集》（第六集），法律出版社 1994 年版，第 58 页。

[3] 参见张春良："国际商事仲裁权的性态"，载《西南政法大学学报》2006 年第 2 期。

[4] 参见张春良："国际商事仲裁权的性态"，载《西南政法大学学报》2006 年第 2 期。

有效力的权力，才能称为仲裁权。但当事人选择仲裁方式解决争端的权利并非此类"居中裁判之权"。并且，既然是居中裁判，自然就区分裁判的主体和被裁判的客体。当事人作为被裁判的客体，不可能同时担任裁判的主体并享有居中裁判之权。因此，笔者认为当事人不属于条约仲裁权的主体。

二、条约仲裁权的客体

关于仲裁权的客体，乔欣教授认为是"仲裁权所指向并能发挥作用、产生一定后果的范围"，概言之，则是当事人提交仲裁解决的具体的争议事项。[1]这一定义本身并无明显欠妥之处，但将仲裁权的客体概括为"当事人提交仲裁解决的具体争议事项"则是以偏概全的。因为仲裁权"所指向并能发挥作用、产生一定后果的范围"除了包括"提交仲裁解决的具体的争议事项"之外，还应当包括将这些事项提交仲裁解决的当事方。两者共同构成了仲裁权的客体。笔者将前者称为"事项客体"，将后者称为"人员/机构客体"。

（一）条约仲裁权的人员/机构客体

条约仲裁权作为一项权力，必定作用于特定的人员或机构（以自然人身份出现的属于人员，以法人或其他组织身份出现的属于机构），而它们正是争端的当事方。这些人员/机构客体具体包括以下几类。

1. 国家

国家是最重要的国际法主体，也是最主要的条约缔结主体。国家通过缔结条约的方式达成仲裁合意或者作出仲裁要约，从而成为条约仲裁的当事方。可以说，条约仲裁权最主要的机构客体就是国家。关于国家以条约达成仲裁合意或作出仲裁要约的情形，实践中比比皆是，此处暂付阙如。

2. 国际组织

国际组织也是重要的国际法主体，同时也是重要的条约缔结主体。从理论上来说，国际组织与国家之间或者国际组织相互之间缔结条约达成仲裁合意或者作出仲裁要约的情形都应当存在。然而，相比于国家，国际组织作此

---

〔1〕　乔欣：《仲裁权论》，法律出版社 2009 年版，第 20 页。

行为的情形明显罕见。[1]在此，笔者试举两例。

（1）国际组织与国家之间签订条约达成仲裁合意的实例。WTO 规则附件二 DSU 第 21 条第 3 款[2]第（c）项属于 WTO 成员以条约形式达成的一项仲裁合意。由于作为区域经济一体化组织的欧盟属于 WTO 成员之一，所以（c）项在欧盟这一国际组织与其他 WTO 成员之间就构成了条约仲裁的合意。

（2）国际组织之间签订条约达成仲裁合意的实例。ECT 第 27 条[3]第 2 款和第 3 款属于 ECT 成员以条约形式达成的一项仲裁合意。由于欧盟和欧洲原子能共同体都属于 ECT 成员之一，[4]所以第 2 款和第 3 款在这两个国际组织之间就构成了条约仲裁的合意。

根据以上实例可以看出，国际组织可以通过缔结条约而达成仲裁合意，也可以作出仲裁要约，所以国际组织也可以成为条约仲裁权的机构客体。

3. 国家的特定地区

一些特定地区虽然并不具有完整的主权，不属于国际法上的国家，但它们基于特定的历史原因或所在国的制度而在特定领域内享有一定的对外缔约权（比如我国香港特别行政区）。[5]这些特定地区也可以成为特定条约的缔结主体，并通过缔结条约达成仲裁合意或作出仲裁要约。比如《香港—瑞典

---

〔1〕 在《国际法委员会报告（2016 年）》的附件 A《国际组织作为当事方的国际争端解决》中，迈克尔·伍德爵士认为，国际组织参与仲裁的"主要问题是，国际组织在多大程度上必须或实际上能够将它们与国家或与其他国际组织之间的国际性冲突提交仲裁"。言外之意是国际组织将与之相关的国际争端提交国际仲裁的意愿不高。并且据其观察，截至 2016 年，"在公共领域，好像只有四起国际组织与国家之间的仲裁"。虽然这个数据也许不够准确，但是此类仲裁案件数量较少应是不争的事实。参见国际法委员会第六十八届会议的报告，第 382 页，载联合国网站，https://legal. un. org/ilc/reports/2016/chinese/a_71_10. pdf，最后访问时间：2021 年 1 月 15 日。

〔2〕 参见鲍志才编：《世界贸易组织法典》，四川辞书出版社 2001 年版，第 45~46 页。

〔3〕 参见 ECT 网站，https://www. energychartertreaty. org/fileadmin/DocumentsMedia/Founding_Docs/ECT-cn. pdf，最后访问时间：2021 年 1 月 15 日。

〔4〕 1994 年，ECT 由三个欧洲区域经济一体化组织签署：欧洲煤钢共同体、欧洲原子能共同体以及欧洲共同体（由原欧洲经济共同体更名而来）。2002 年 6 月 23 日，《欧洲煤钢共同体条约》到期，欧洲原子能共同体和欧洲共同体依然以区域经济一体化组织的身份作为 ECT 的缔约方。2009 年 12 月，《欧洲联盟运行条约》生效，欧洲联盟取代并承继了欧洲共同体。自此，ECT 的区域经济一体化组织缔约方仅剩下欧洲联盟和欧洲原子能共同体。See Crina Baltag, The Energy Charter Treaty：The Notion of Investor, Kluwer Law International, 2012, pp. 58-60.

〔5〕 参见陈雪梅："论香港特别行政区参加国际组织和国际条约的权力和限制"，载《法学杂志》2007 年第 4 期。

投资协定》第 9 条〔1〕就是我国香港特别行政区以条约形式作出的仲裁要约。如果瑞典投资者依据该条款申请仲裁，仲裁合意随即达成。除此之外，该协定第 10 条〔2〕还规定了我国香港特别行政区与瑞典王国就双方之间有关协定解释和适用的争端提交仲裁的合意。这些实例表明，诸如我国香港特别行政区这样不具有国家主权的特定地区，在特定情况下也可以通过条约达成仲裁合意或者作出仲裁要约，从而成为条约仲裁权的机构客体。

4. 私人

私人不具有缔结条约的身份，无法通过缔结条约达成仲裁合意或者作出仲裁要约。然而，私人同样可以成为条约仲裁权的人员/机构客体。这是因为在东道国通过条约作出仲裁要约的情况下，投资者可以通过申请仲裁的行为作出接受仲裁的承诺，从而成为该条约仲裁的当事方。此时的条约仲裁权不仅作用于东道国，而且作用于投资者，以私人身份出现的投资者也因此成为条约仲裁权的人员/机构客体。

（二）条约仲裁权的事项客体

条约仲裁权作为一项权力，还将针对特定的事项发挥作用，它们就是条约仲裁权的事项客体。这些事项客体往往体现在相应的仲裁合意或仲裁法律当中，常见的类型包括以下几种。

1. 投资争端

投资者与东道国之间的投资条约仲裁可算作最常见的条约仲裁实践，而它们一般针对特定的投资争端展开。换言之，投资争端是相关条约仲裁权的事项客体。比如，根据《华盛顿公约》第 25 条第 1 款〔3〕的规定，相关条约仲裁权的事项客体是"直接因投资而产生的任何法律争端"，而不包括其他类型的争端。除此之外，国家在双边投资条约中所作的仲裁要约可能进一步限定作为条约仲裁权事项客体的投资争端，比如将其限定为有关征收或者征收

---

〔1〕　See International Investment Agreement Navigator, https://investmentpolicy. unctad. org/international-investment-agreements, last visited on January 15, 2021.

〔2〕　See International Investment Agreement Navigator, https://investmentpolicy. unctad. org/international-investment-agreements, last visited on January 15, 2021.

〔3〕　参见中华人民共和国外交部条约法律司编：《中华人民共和国多边条约集》（第六集），法律出版社 1994 年版，第 50 页。

后的补偿款的投资争端。[1]

2. 贸易争端

贸易争端也是国际社会常见的争端形式。在 WTO 的争端解决机制中，条约仲裁也被运用于解决与贸易相关的争端。比如 DSU 第 21 条第 3 款[2]以及第 22 条第 6 款[3]的规定。显然，这两个条款都达成了完整的仲裁合意，并对仲裁事项进行了限定，从而确定了相应的条约仲裁权的事项客体。由于这两款规定所限定的事项从本质上都与当事方的贸易政策有关，所以可将其事项客体称为贸易争端。

3. 条约的解释或适用争端

关于条约的解释或适用争端也是条约仲裁权经常处理的一类争端，实践中条约仲裁合意或条约仲裁法律也不乏此类规定。比如，依据《海洋法公约》第 279 条[4]的规定，《海洋法公约》附件七项下的仲裁庭所享有并行使的条约仲裁权的事项客体就是条约的解释或适用争端。

4. 领土主权争端

在 PCA 的仲裁实践中，有不少领土主权纠纷通过仲裁方式解决。为了使这些争端可以提交仲裁，当事方一般会签订含有仲裁条款的双边协定。这些双边协定满足条约的所有构成要件，属于一项条约。所以，依据这些协议发生的仲裁属于条约仲裁，相应的仲裁权也属于条约仲裁权。比如 PCA 管理的厄立特里亚国—埃塞俄比亚边界委员会案（案件号：2001-01）。当事国在签订的《埃塞俄比亚联邦民主共和国政府与厄立特里亚国政府协议》第 4 条第 2 款规定：

> "当事方同意成立一个由五名成员组成的中立边界委员会，该委员会有权依据相关的殖民条约（1900，1902 和 1908）和可适用的国际法划定

---

[1]　See Paul Peters, "Dispute Settlement Arrangements in Investment Treaties", *Netherlands Yearbook of International Law*, Volume 22, 1991.

[2]　参见鲍志才编：《世界贸易组织法典》，四川辞书出版社 2001 年版，第 45~46 页。

[3]　参见鲍志才编：《世界贸易组织法典》，四川辞书出版社 2001 年版，第 48~49 页。

[4]　参见中华人民共和国外交部条约法律司编：《中华人民共和国多边条约集》（第四集），法律出版社 1987 年版，第 271~272 页。

殖民条约边界。该委员会无权依据公允善良的原则作出决定。"[1]

显然，依据该条款，边界委员会享有就当事方领土主权争端进行条约仲裁的权力，所以相应条约仲裁权的事项客体属于领土主权争端。

5. 环境争端

在 PCA 的仲裁实践中，还有一些环境争端通过仲裁方式予以解决。比如 PCA 管理的铁莱茵仲裁案（案件号：2003-2），该案的产生基于比利时与荷兰通过互换照会达成的如下仲裁协议：

> "比利时王国与荷兰王国达成约定，将关于重新激活铁莱茵的争端提交由位于海牙的常设仲裁院协助组成的仲裁庭，并由仲裁庭就以下联合制式声明中的问题作出有约束力的决定。"[2]

该互换照会也满足条约的全部构成要件，属于一项条约，所以依据该仲裁协议而发生的仲裁属于条约仲裁，相应的仲裁权属于条约仲裁权，而环境争端正是该条约仲裁权的事项客体。

除了以上几类常见的事项客体之外，根据仲裁合意或仲裁法律的不同规定，可能还存在一些其他类型的事项客体。[3] 而形式来源于特定仲裁合意或仲裁法律的条约仲裁权，只能针对相应的事项客体发挥作用。

本章小结

本章从条约仲裁权的基础、条约仲裁权的属性和权能、条约仲裁权的主体和客体三个维度对条约仲裁权的主要特征进行了详细分析。

首先，条约仲裁权的基础是条约仲裁。一方面，这一基础的终极归属是仲裁。仲裁以当事方约请第三方居中裁判为基础形态，以维护当事方之间的

---

[1] 参见 PCA 网站，http://www.pcacases.com/web/sendAttach/786，最后访问时间：2021 年 1 月 15 日。

[2] 参见 PCA 网站，http://www.pcacases.com/web/sendAttach/469，最后访问时间：2021 年 1 月 15 日。

[3] 更多关于条约仲裁的客体类型和相关案例可参见 Manuel Indlekofer, *International Arbitration and the Permanent Court of Arbitration*, Kluwer Law International, 2013, pp. 247–272.

和平状态为核心目的，以仲裁合意与仲裁法律为合法性来源。另一方面，这一基础的根本特征是基于条约。根据笔者的取舍，在本书所讨论的条约仲裁中，基于条约是指条约作为全部或部分仲裁合意的实现方式，而不问其是否作为仲裁法律的表现形式。

其次，条约仲裁权的属性是权力。其中，形式来源于仲裁合意和国际仲裁法的条约仲裁权，因其本源是国家主权，故属于国际权力；形式来源于国内仲裁法的条约仲裁权，因其本源是人民权利，故属于国内权力。条约仲裁权的权能包括案件管辖权、程序管理权、实体裁决权和裁决效力权四类权能，每类权能项下还可以细分诸多具体的权力。

最后，条约仲裁权的主体包括仲裁庭、仲裁机构以及一些特定的仲裁支持与监督机构；条约仲裁权的人员/机构客体则包括国家、国际组织、国家的特定地区和私人，事项客体则包括投资争端、贸易争端、条约的解释与适用争端、领土主权争端、环境争端等。

综合以上主要特征，本书将条约仲裁权的概念界定为：仲裁庭、仲裁机构或其他仲裁支持与监督机构在条约作为全部或部分仲裁合意的实现方式的仲裁活动中享有并行使的，对国家、国际组织、国家的特定地区或者私人之间的投资、贸易、条约的解释与适用、领土主权、环境等争端进行居中裁判的国际权力或国内权力，具体包括案件管辖权、程序管理权、实体裁决权和裁决效力权四类权能。

第二章

条约仲裁权边界的划定

无论是国内权力还是国际权力，要确保其在边界内行使，首先必须划定其边界。只有权力的边界得以划定，权力主体遵循权力边界才有前提，对权力越界行为进行矫正也才有标准。具有权力属性的条约仲裁权自然亦不例外：只有划定了条约仲裁权的边界，条约仲裁权主体遵循该边界才有前提，对相应的越界行为进行矫正也才有标准。因此，条约仲裁权边界的划定是条约仲裁权边界研究中的基础部分。那么，应当如何划定条约仲裁权的边界呢？本章将就这一问题展开研究。

第一节　权力边界划定的一般理论

权力的边界是法理学和法哲学领域的重要范畴，其是指权力得以行使的最大范围。一种权力可能在相同或不同情形下针对不同或相同的对象发挥作用，或者可抽象地表达为权力朝着不同的方向发挥作用。而在向每一个方向发挥作用时，权力都应受到法律的限制，使其作用力度达到一个最远点之后就不能再往前了。这个最远点就是权力在这个方向上能够行使的最大限度，而将权力在不同方向上作用力度的最远点连接起来所形成的"线"，就是权力的边界。权力只要在这条边界线内行使，就不构成越权；一旦超越这条边界线，就会构成越权。权力边界的划定（即确定权力可以行使的最大范围）是权力边界研究中不可或缺的内容。既然条约仲裁权属于一种权力，那么条约仲裁权边界的划定理应适用权力边界划定的一般理论。因此，本节将对权力边界划定的一般理论进行阐释，以便为条约仲裁权边界的划定提供理论铺垫和方法指导。本节主要回答以下三个问题：第一，为什么必须为权力划定边界，即划定权力边界的缘由是什么？第二，怎样为权力划定边界，即划定权力边界的方法是什么？第三，相比于国内权力边界的划定（法理学通常仅以国内权力为对象研究权力的边界问题），国际权力边界的划定有哪些异同呢？

一、划定权力边界的缘由

在日常生活中，应为权力划定边界似乎是一个不证自明的公理而为人们普遍认可。但若非要刨根问底，追问为何必须划定权力的边界，也许很多人都无法轻松地回答。然而，不明缘由，如何作为呢？所以，必须在明晰划定权力边界的缘由之后，再探讨划定权力边界的方法，才有意义和价值。笔者认为，划定权力的边界至少有以下四个方面的缘由。

（一）划定权力边界是权力本源的必然结果

权力的本源不同于权力的形式来源，它是指权力最根本的来源，这种来源跳出了法律或其他形式载体，属于一种终极意义上的来源。漆多俊教授将中外历史中关于权力本源的各种理论和观点大致概括为以下几种类型。（1）强力说，或称暴力说、霸权说，认为国家权力是某些个人（领袖人物）及以之为核心的集团凭仗强力开创、争夺而形成的。（2）天意说、神授说，认为国家权力是"上天"或某个最高神授予某些个人的。（3）祖传世袭说，认为现政权的权力从历代祖宗、圣贤沿袭而来。（4）民意（民授）说、社会契约说，认为人生而享有权利，权利乃自然形成，即所谓"天赋人权"；人们为了保护和实现自我的自然权利，也为了社会的安全与和谐，自愿（通过契约）放弃、转让部分权利而建立国家，形成国家权力。（5）社会实践说、阶级斗争说，认为国家权利应源于、反映和代表人民的意志，只不过人是具有社会属性（而不仅是自然属性）的，在阶级社会里人都分属于不同的阶级，国家权力只是统治阶级意志的体现。[1]在上述理论和学说中，强力说、天意说和祖传世袭说都已成为历史，人们很难再认同这些说法的合理性。社会契约说则在当今世界占据主导地位，对学术界产生了最广泛和最深远的影响。虽然有学者对该学说的某些具体假设或具体主张提出过批判，比如批判"天赋人权"思想的形而上学和神秘主义，[2]但权力本源于人民的授予和认可、代表人民意志的观点几乎成为人们的共识。法国《人权宣言》第3条规定："国民

---

〔1〕 参见漆多俊："论权力"，载《法学研究》2001年第1期。

〔2〕 参见鲁品越、王永章："从'普世价值'到'共同价值'：国际话语权的历史转换——兼论两种经济全球化"，载《马克思主义研究》2017年第10期。

是一切主权之源；任何个人或任何集团都不具有任何不是明确地从国民方面取得的权力。"[1]美国《独立宣言》的前言部分写明："我们认为这些真理是不言而喻的：人人生而平等，他们都从他们的'造物主'那里被赋予了某些不可转让的权利，其中包括生命权、自由权和追求幸福的权利。为了保障这些权利，所以才在人们中间成立政府。而政府的正当权力，系得自被统治者的同意。"[2]我国《宪法》第 2 条也明确规定："中华人民共和国的一切权力属于人民。"

既然权力本源于人民的授予和认可，那么权力主体享有不受限制、没有边界的权力就是不可想象的，人民不可能授予权力主体这样的权力。正如卢梭所言：

> "主权权力尽管是完全绝对的、完全神圣的、完全不可侵犯的，但是它却不会超过也不能超过公共契约的界限；并且每个人都可以根据自己所愿来处置那些依据契约留给他的财物和自由。由此可以得出结论：主权者在任何时候都无权施加给某个臣民比其他臣民更大的负担，因为每当这种事情发生时，就造成了对个人的不平，主权者的权力就不再有效。"[3]

基于以上原因，笔者认为，为权力划定边界是权力本源于人民授予和认可的必然结果。

（二）划定权力边界是权力特性的首要规制

关于权力，马克斯·韦伯认为其是"将一个人的意愿强加于其他人之行为的可能性"，[4]拥有权力意味着"在一种社会关系里哪怕是遇到反对也能贯彻自己意志的任何机会"。[5]权力这种使自己的意愿得以实现的力量具有一定的特性，有学者将其归纳为以下四点，"第一，权力具有权威性，其自身具有的强大能量主要来自权力对社会的物质、精神或文化等稀缺资源的控制，

---

[1]　王德禄、蒋世和编：《人权宣言》，求实出版社 1989 年版，第 14 页。

[2]　王德禄、蒋世和编：《人权宣言》，求实出版社 1989 年版，第 9 页。

[3]　[法] 让·雅克·卢梭：《社会契约论》，徐强译，中国社会科学出版社 2009 年版，第 50 页。

[4]　Max Weber, *On Law in Economy and Society*, Edited and Annotated by Max Rheinstein, Translated by Edward Shils and Max Rheinstein, Harvard University Press, 1967, p. 323.

[5]　[德] 马克斯·韦伯：《经济与社会》（上卷），林荣远译，商务印书馆 1997 年版，第 81 页。

以此对他人施加影响力、支配力，达到按照权力主体意志所要求达到的目的；第二，权力具有垄断性，一经被某一组织或个人掌握，就会具有垄断倾向；第三，权力具有腐蚀性，其本身就是一种资源，一种可以同其他资源进行交换的资源，一种可以带来巨大利益的资源，这正是产生权力腐败的根源；第四，权力具有膨胀性，其既可以用来积极为人民服务，也可以滥用，作为交易工具，用来攫取物质或精神私利"。[1]

虽然权力的授予和行使对一个社会而言必不可少，其也能发挥推进社会进步的积极作用，但是权力的以上四种特性决定其必须受到一定的规制。若权力不受规制，必定会被滥用，从而很可能成为侵犯公民权利的恶魔和危害社会福祉的毒瘤。"权柄从来都是一把双刃剑，既可以用来支配资源和他人，也可能在支配的同时伤及无辜，甚至最终损坏、毁灭权力本身。"[2]古往今来，权力不受规制造成的灾难屡见不鲜，发人深省。这些灾难反复验证了孟德斯鸠的那句名言：

> "自古以来的经验表明，所有拥有权力的人，都倾向于滥用权力，而且不用到极限决不罢休。"[3]

所以，为了充分发挥权力的积极作用，抑制权力的消极作用，必须采取措施对权力进行规制，而首要的措施就是为权力划定边界，确保其在边界内行使，不越界，不逾矩。从这个意义上讲，划定权力的边界正是权利特性的首要规制，也是有效抑制权力特性的消极作用的必备措施。

(三) 划定权力边界是法治国家的根本要求

在国家产生之后的历史长河中，如何最有效地治理国家成为中外历代先贤们孜孜以求的重要问题。其中，依法治国、建立法治国家的思想早在古希腊时期就被提出。古希腊法治思想的集大成者柏拉图被认为是人类历史上第一个提出"依法治国"理念的原创性思想家。[4]他说："当一个人摹仿有技

---

〔1〕 钱容德："依法治国的着力点：明晰权力边界"，载《科学社会主义》2015年第6期。

〔2〕 葛洪义、王文琦："基于权力视角的法治对象之辨"，载《湖北社会科学》2016年第3期。

〔3〕 [法]孟德斯鸠：《论法的精神》(上卷)，许明龙译，商务印书馆2012年版，第185页。

〔4〕 参见温晓莉："人治向法治敞亮的辩证法——柏拉图'哲王治国'思想与法治的关系"，载《法学》2007年第10期。

艺的人并依照法律进行统治时，我们就称他为国王；并且只要他依法治国，无论他的统治是基于政治的主张抑或是基于渊博的知识，我们都会赋予他国王的称号。"[1]法治思想在中国也源远流长，战国时期的商鞅被认为是中国历史上当之无愧的法治开创者。[2]此后，经过中外诸国几千年的不断实践和反复试错，当今世界上的文明国家几乎普遍认为，依法治国是人类所探寻出的优良治国方案中必不可少的手段，故而建立法治国家也成为政治精英们普遍追求的政治理想。

那么，建设法治国家的关键是什么呢？张文显教授认为："法治国家本质上属于政治范畴，建设法治国家的着力点是在政治层面实现国家治理法治化，特别是把国家各项权力（包括立法权力、行政权力、司法权力、监督权力等）纳入法治范围，在法治轨道上运行。"[3]钱容德博士也认为："法治真正内涵是对公共权力的约束、管理和治理。判定一个国家是否是法治国家，关键看公共权力与法律之间的关系，即权力是在法律规定的框架之内运行，还是权力凌驾于法律之上。"[4]葛洪义教授等甚至认为："法治是专门针对国家权力或行政权力专断而预设的。既然法治的目的在于保证个人的自由和权利，其前提就是使国家权力或行政权力在应然的范畴内活动。"[5]对此，西方学者的观点也大同小异。比如博登海默同样认为："法律的进步作用之一乃是约束和限制权力，而不论这种权力是私人权力还是政府权力。在法律统治的地方，权力的自由行使受到了规则的阻碍，这些规则迫使掌权者按一定的行为方式行事。"[6]

由此可见，中外学界已基本达成一致共识，即建设法治国家的关键在于对权力进行限制，只有将权力关进制度的笼子里，依法享有权力、行使权力，国家才具备成为法治国家的基本前提。而对权力进行限制实质上就是为权力划定边界，并且确保权力在边界内行使。因此，划定权力边界也是法治国家的根本要求。

---

〔1〕　［古希腊］柏拉图：《政治家》，原江译，云南人民出版社 2004 年版，第 101 页。

〔2〕　参见宋玲："商鞅'法治'思想与中国传统社会治理"，载《比较法研究》2015 年第 1 期。

〔3〕　张文显："法治与国家治理现代化"，载《中国法学》2014 年第 4 期。

〔4〕　钱容德："依法治国的着力点：明晰权力边界"，载《科学社会主义》2015 年第 6 期。

〔5〕　葛洪义、王文琦："基于权力视角的法治对象之辨"，载《湖北社会科学》2016 年第 3 期。

〔6〕　Edgar Bodenheimer, *Jurisprudence*：*The Philosophy and Method of the Law*（*Revised Edition*），Harvard University Press, 1974, p. 279.

(四) 划定权力边界是和谐社会的重要保障

无论哪个时代，无论哪个国家，也无论它们使用什么样的表述，社会和谐无疑都是政府与人民共同追求的目标。只有社会和谐，人民才能安居乐业、幸福生活，国家才能长治久安、繁荣富强。一个和谐的社会，其外在形态应当是有序、安全和稳定，其存在前提应当是多元、开放和互动，其内核应当是理性、人本和认同，而其目标应当是合作、互助和自由。[1]

然而，一个社会要达至和谐并非易事，它涉及诸多方面的平衡与协调，其中非常重要的一项就是社会各主体之间权力与权利的平衡与协调。我们知道，社会主体在社会当中或享有权力，或享有权利，或兼而有之。如果权力和权利的行使不能达至和谐，那么个人与个人之间、个人与政府之间、政府与社会组织之间，甚至社会各组织之间、政府各部门之间都可能发生冲突。一个冲突不断、矛盾不绝的社会，绝不可能成为一个和谐的社会。因此，为了确保社会秩序有条不紊，社会主体各行其道、各得其所，首先就必须确保权力与权利能够"和谐相处"，而这又以权力与权利在各自特定的范围内行使为前提。于是，为权力和权利划定边界就不可避免。但两者之中，为权力划定边界又是重中之重。因为从过往经验来看，普通公民从来不是法治的主要威胁，真正威胁法治的是公共权力或其行使者。一个社会有法不依、执法不严、司法不公、以权压法、以言代法等现象常非普通公民所为，而是权力部门和权力主体所为。[2]换言之，在权力与权利的较量中，权力总是以强者的面孔出现，经常超越其应有的边界对权利进行侵犯，从而打破原本和谐相处的状态。如果一个社会的公共权力明显地越位、错位，社会关系紧张，社会矛盾一触即发，那么这个社会就处于失调状态，就不可能成为和谐社会。[3]因此，为权力划定边界在实现和谐社会的过程中具有更为重要的意义，它是和谐社会的重要保障。这正如学者张立国所言：

"在一个现代化社会中，社会活动高度复杂化、多元化和自主化，市场组织和社会组织得到充分发育，政府和各种市场主体、社会主体都有

---

〔1〕 参见罗豪才、宋功德："和谐社会的公法建构"，载《中国法学》2004 年第 6 期。

〔2〕 参见钱容德："依法治国的着力点：明晰权力边界"，载《科学社会主义》2015 年第 6 期。

〔3〕 参见罗豪才、宋功德："和谐社会的公法建构"，载《中国法学》2004 年第 6 期。

发挥功能和作用的边界，公共权力的能力也是有限的，它必须对自己的活动范围作出选择，确定哪些职能由政府负责而哪些活动政府无需干预，明确各种权力的内外部界限，让有限的公共权力资源在依法运行中发挥最大作用。"[1]

二、划定权力边界的方法

划定权力边界的缘由明晰之后，接下来需要探讨的就是如何划定权力的边界，即划定权力边界的方法。事实上，相比于认知重要性，寻求方法往往更为关键和困难。"百多年来，人们并非不知限制权力的重要性，而是苦于找不到限制权力的良方。"[2]这里所谓的"限制权力"就是为权力划定边界。

（一）权力边界由法律所作限制而划定

据笔者调研，在法哲学意义上一般性地探讨如何划定权力边界的著述并不多见。但作为一个相关的问题，如何划定权利的边界则被不少学者关注和讨论。考虑到权利与权力存在诸多共性，因此，也许可以借助权利边界的划定理论推演出权力边界的划定理论。笔者将沿着这个设想努力。

1. 权利边界的划定理论

学者们对权利边界的关注源于他们对权利冲突是否存在以及如何解决等问题的思考，而他们对权利边界的理解则主要从权利边界与权利限制（法律对权利的限制）的关系角度进行分析。比如，张平华教授就提出这样的疑问："权利边界是因权利限制而产生，抑或未经限制就事先存在权利边界？如果权利边界本身包含限制，则权利内含消除潜在冲突的机制，所谓的权利冲突也就不可能存在；如果权利边界并不包含限制，则主体行使自由时必存在与他人的自由相冲突的可能，限制成为化解权利冲突的对策。"[3]所以，不妨从权利限制理论来探讨权利的边界。

（1）关于权利限制的两种理论。关于权利限制，学术界存在外在理论和

---

〔1〕 张立国："国家治理现代化中的公共权力边界调整"，载《吉首大学学报（社会科学版）》2016 年第 4 期。

〔2〕 葛洪义、王文琦："基于权力视角的法治对象之辨"，载《湖北社会科学》2016 年第 3 期。

〔3〕 张平华："私法视野里的权利限制"，载《烟台大学学报（哲学社会科学版）》2006 年第 3 期。

内在理论的分野。德国法学家罗伯特·阿列克西教授对这两种理论有比较清晰的介绍：

> "权利之限制的概念似乎存在两个事物：权利及其限制。它们之间存在一定的特殊类型的关系，即限制的关系。如果这样思考权利及其限制的关系，那么必先存在未受限制的权利本身，然后存在施加限制后所留下的东西，也即受限的权利。这种观点被称为'外在理论'，通常以消极的表意呈现……所谓的'内在理论'则描绘着非常不同的图画。根据这种理论，并不存在权利及其限制两个事物，而只有一个事物，即具有特定内容的权利。限制的概念被范围所取代了。权利范围的问题并非关于权利可在多大范围内被限制的问题，而是关于权利内容的问题。如果想以讨论权利的限制代替权利的范围，那么'内在限制'一词可被使用。"[1]

根据罗伯特·阿列克西教授的上述介绍，我们可以这样理解外在理论和内在理论的区别：外在理论强调权利就其本身而言并没有限制，只不过国家产生后，其法律可以从外部对权利施加一定的限制，使其变为"受限的权利"；内在理论则强调法律限制是权利的内在特性，权利自身就包含着法律限制，正是这种限制决定了权利的外延和内容，成为权利的一部分。至于为何会对权利限制有截然不同的两种理解，张平华教授认为理论根源的分歧就在于不同学者对权利与国家、法律的关系存在观点分歧：外在理论认为权利是一种先于国家、法律而存在的固有事物，国家产生后可以通过法律在权利外部设置限制；内在理论则不承认先于国家和法律而存在的权利，而是认为法律限制就是权利内在的特性，决定了权利的外延和范围。[2]

（2）两种理论下权利边界的划定。如果依据外在理论理解权利限制，那么其与权利边界是两个截然分割的问题。因为外在理论认为权利存在于国家、法律诞生之前，是一种原始的存在，不受任何法律的限制，所以权利的边界就是其自身能力的最大射程，是权利固有的本质属性的体现。当法律对权利

---

[1] Robert Alexy, *A Theory of Constitutional Rights*, Translated by Julian Rivers, Oxford University Press, 2002, pp. 178-179.

[2] 参见张平华："私法视野里的权利限制"，载《烟台大学学报（哲学社会科学版）》2006年第3期。

进行限制后，其能力范围自然变小，但这并未改变权利的固有边界。张平华教授认为这种外在的限制只是对权利的边界进行了压缩而已，但这种压缩并非权利的必然，而是临时性的手段，是针对特定情景采用的衡平措施。[1]按照外在理论，权利就好比一支离弦之箭，其在自然状态下所能抵达的最远之处就是其边界；而基于某些特殊考虑，人为地对其施加逆向风力（类似法律所作的限制）导致其最终抵达之处近其边界，这就是对权力边界的压缩。

相反，如果依据内在理论理解权利限制，那么其与权利边界就是原因与结果的关系。因为权利内含限制，所以权利限制直接决定了权利的边界，权利边界的划定就是由权利的限制来实现的。按照内在理论，同样把权利比作一支离弦之箭，那么法律限制就如同飞箭自身的材质和形状一般。此时，飞箭所能抵达的最远之处（边界）取决于其材质和形状（因为不同材质和形状所受到的空气阻力将会不同）。

总之，两种理论下权利边界的划定是不同的，外在理论下权利边界的划定取决于权利自身的能力大小，与法律施加的限制无关；内在理论下权利边界的划定则取决于法律对权利施加的限制。

2. 权力边界的划定理论

笔者试图借助权利边界的划定理论推演出权力边界的划定理论，但这样的推演能否成功，取决于两个问题：首先，这种推演是否存在可行性？其次，如果存在可行性，应该如何进行推演？

关于这种推演的可行性，笔者认为最简单直观的方法就是回到权力的本源中去考察。根据社会契约理论，人民将与生俱来的部分权利让渡给国家，由国家代为行使。这部分由国家代为行使的权利就被称为权力。显然，权力本源于权利，权力本质上也是一种权利，只是其被让渡给国家行使之后就具有了一个符号意义上的新名称——权力——而已。既然两者在本质上是相同的，那么权利边界的划定理论自然也具备适用于权力边界划定的可能性。

即便如此，我们不得不注意到，从权利变为权力出现了一个向国家让渡的过程。这一过程导致外在理论下权利边界的划定方法无法运用于权力边界的划定。因为外在理论所称的权利是产生于国家、法律之前的原始的权利，

---

〔1〕 参见张平华："私法视野里的权利限制"，载《烟台大学学报（哲学社会科学版）》2006年第3期。

只有基于此前提，方能得出权利的边界是其自身能力的最大射程，与国家产生后法律对其所作的限制无关的结论。然而，权力不同于权利之处就在于前者产生于国家和法律诞生之后，正是人民通过社会契约（并主要以宪法为契约内容之载体）将自身权利委托给国家行使，才产生了权力这一事物。换言之，法律（宪法）是权力产生的基础和前提，没有法律（宪法），就没有权力。"法律权力的形成是一个重要节点，这个过程赋予法律权力以重要属性。具体地说，法律权力的产生来源于法律规范，特别是授权性规范的规定。"[1]既然如此，如果认为权力的边界不受法律的限制，显然在逻辑上就是悖论。因此，外在理论下权利边界的划定理论无法向权力边界的划定理论进行推演。与之相反，内在理论下权利边界的划定理论可以实现这种推演，因为内在理论所认为的权利是存在于国家和法律产生之后的权利，正是法律限制着权利的范围，才形成了权利的边界。那么同理，权力也存在于国家和法律产生之后，由法律来限制权力的范围并形成其边界，就是顺理成章之事。

采用内在理论而摒弃外在理论下的权利边界划定理论，来对权力边界的划定进行推演，其合理性还可以从价值取向的角度予以论证。内在理论和外在理论在价值取向上体现着权利本位和社会本位的分野。正如罗伯特·阿列克西教授所认为的那样，"对国家和社会持个人主义立场的人们倾向于外在理论，对日常生活中的社会成员角色更加关注的人们则倾向于内在理论"。[2]这里的个人主义实际上就是权利本位。[3]"由于外在理论在讨论基本权利构成的时候，不会先验地、人为地把一些事项作为基本权利本质上就不能包含的内容，不会过早地把一些本来有可能属于基本权利内涵的事项武断地排除，不会导致基本权利范围自始被严重限缩，而是以一种开放的姿态去尽可能地保护一切可能的基本权利，只是在该基本权利的行使与其他利益发生不可共存的对立时，才对基本权利作出限制，所以外在理论相比于内在理论将对权利提供更加充分的保障，因此其所体现的正是权利本位的立场。"[4]很显然，在

---

〔1〕 吴玉章："法律权力的含义和属性"，载《中国法学》2020 年第 6 期。

〔2〕 See Robert Alexy, *A Theory of Constitutional Rights*, Translated by Julian Rivers, Oxford University Press, 2002, p. 179.

〔3〕 参见张平华："私法视野里的权利限制"，载《烟台大学学报（哲学社会科学版）》2006 年第 3 期。

〔4〕 参见张翔："基本权利冲突的规范结构与解决模式"，载《法商研究》2006 年第 4 期。

权力比权利更加强势，权力更易于侵犯权利（而非相反）的背景下，外在理论将权利作为本位的价值取向是值得提倡的，也必定有广泛的市场。反之，将外在理论推演为权力限制理论就不值得提倡，因为若把权力作为本位，强调对权力提供更多的保障，那么极易造成强者（权力）更强、弱者（权利）更弱的局面。所以，采取外在理论以推演权力边界的划定理论，在价值取向上也是不合理的；反之，采取内在理论进行如此推演则具有价值取向的合理性。

综上所述，笔者认为，与内在理论下权利边界的划定一样，权力的边界也应通过法律对权力的限制而划定，法律是划定权力边界的工具，而法律对权力进行限制则是划定权力边界的方式。

（二）划定权力边界的法律范围

既然权力边界由法律所作限制划定，那么，我们不得不对划定权力边界的法律范围进行考虑。换言之，哪些法律会对权力进行限制，从而划定权力的边界呢？笔者认为，这样的法律既包括国内法，又包括国际法。

1. 划定权力边界的国内法

如前所述，人民将权利授予国家代为行使而形成权力，人民对权力进行限制的方法是制定法律，通过法律划定权力的边界。显然，此种法律是一个国家的人民通过一定的方式制定出来的，存在并生效于一国之内，属于该国的国内法。国内法对权力的限制是该国人民意志的体现，本质上属于该国人民对权力作出的限制。虽然一国的国内法体系可以细分为若干层次，但是归根结蒂主要包括两个层次：宪法和其他法律。

宪法是一个国家的根本法和最高法，是一国法律体系的基础，具有至高无上的法律权威。宪法之所以成为价值共识而具有最高权威，根本上源于其性质和产生方式：宪法是以人民的名义制定的，人民意志具有最高性与根本性，宪法是"人民主权"的最高规范表述；宪法是全体人民共同意志的集中体现，其产生是广泛民主的结果，其内容具有普遍性和稳定性；在价值选择上，宪法的核心命题是"自由和技术的完美结合"，通过限制公权力，保障基本人权。[1]在宪法之外，还有许多其他法律，它们则以宪法为价值指引与规

---

[1] 韩大元："论宪法权威"，载《法学》2013年第5期。

范依据，对宪法所统辖的社会生活的方方面面予以具体、详细的规范。基于不同的法制传统，这些其他法律可以有不同的表现形式，比如成文法和判例法。

无论是宪法还是其他法律，基本上都包括授予权力的规范，同时也必定对权力有所限制，这便是"授权暨限权"的道理。即便它们不授予权力，也可能出于其他原因对权力作出限制。因此，宪法和其他法律都属于划定权力边界的国内法。但我们应当认识到，宪法和其他法律是存在区别的，即：在产生方式上，宪法是立国的基础，是以人民的名义制定出来的，而其他法律是根据宪法产生的"人民的代表"制定出来的；在规定的内容上，宪法规定的是国家最根本、最重要的内容，它对社会生活的调整是根本的、全面的调整，而其他法律是对宪法的具体化，是对国家生活具体方面的调整；在规范效力上，宪法具有最高的法律效力，宪法规范是法律规范体系中具有最高价值的规范，是维护社会秩序的基础，而其他法律的制定要依据宪法的价值，其他法律是否正当要以宪法为根据进行评价。[1]正是由于存在这些区别，所以宪法和其他法律对于权力的授予和限制必定存在效力等级之差。

2. 划定权力边界的国际法

国家并非孤立地存在于世界，国家与国家之间不可避免地发生联系。虽然就一国而言，国家权力来源于该国人民的授予，但是不同国家的人民授予国家的权力很可能存在冲突与矛盾。如果不对本国权力作出以避免与他国权力发生冲突为目的的限制，那么国与国之间的和平就不可能实现，人民授予国家权力以增进人民福祉的目的也必然落空。然而，这种以避免与他国权力发生冲突为目的的限制难以通过闭门造车地制定国内法而实现，因为任何一个国家的人民都不可能准确地判断本国权力与他国权力的冲突点和妥协点具体在哪里。解决这一问题，唯有依靠国际法。申言之，只有通过国际法对一个国家的权力作出相应的限制，才能避免不同国家权力之间的冲突。因此，国际法也应属于限制国家权力的一类法律，属于划定权力边界的法律之一。国际法对一国权力的限制，虽然表面上是同他国意志进行妥协的结果，但是其本质上依然是本国人民意志的体现，是本国人民基于同他国人民意志的妥协而对本国权力作出的限制。

---

〔1〕 韩大元："论宪法权威"，载《法学》2013 年第 5 期。

(三) 划定权力边界的规范类型

众所周知，法律规范可以区分为法律规则与法律原则。既然划定权力边界的方法是用法律限制权力，那么就有必要分析不同类型的法律规范是否以及如何对权力进行限制，从而更加准确地展现权力边界的划定方法。对此，笔者同样根据不同法律规范是否以及如何具体限制权利来进行推演。

关于不同法律规范是否以及如何限制权利，周占生教授提出了具有启迪性的见解：他首先将所讨论的权利限定为法定权利，认为法律是权利边界的基础。[1]然后，他将法律分为法律规则和法律原则，认为权利边界由法律规则划定，是规定性的；法律限制则是法律原则在权利边界之外对权利所作的限制，是原则性的。[2]显然，周占生教授并未单一地采纳内在理论或外在理论的观点，而是将它们进行了融合：法律规则对权利的限制是内在的，直接划定了权利的边界；法律原则对权利的限制则是外在的，是对法律规则所划定的权力边界进行的压缩。（在其书中，权利限制是一种狭义的概念，即仅限于法律原则对权利进行的外在限制，不包括法律规则对权利进行的内在限制[3]）根据他的观点，因为法律原则对权利的限制并非必然，而是一种可能性，只有在权利被要求与其他权利或公共利益和谐相处时才凸显出来，[4]所以权利限制是发生性的；同时，又因为法律原则对权利的限制是外在的，所以权利限制也是异己性的。相反，权利边界是权利的固有属性，没有边界就没有权利，所以权利边界具有固有性和建构性。[5]周占生教授还解释了其以法律规则和法律原则之别区分权利边界和权利限制的目的：

> "正因为权利边界对于权利而言具有规则性、固有性和建构性，所以使其具有显著的不可抗辩性，因为对于它的抗辩无异于对权利或法律本身的抗辩，那是不可理解的，违反自身逻辑的。而相反，权利限制却具

---

[1] 参见周占生：《权利的限制与抗辩》，科学技术文献出版社 2015 年版，第 51 页。

[2] 参见周占生：《权利的限制与抗辩》，科学技术文献出版社 2015 年版，第 51~57 页。

[3] 参见周占生：《权利的限制与抗辩》，科学技术文献出版社 2015 年版，第 54~55 页。

[4] See Robert Alexy, *A Theory of Constitutional Rights*, Translated by Julian Rivers, Oxford University Press, 2002, p. 179.

[5] 参见周占生：《权利的限制与抗辩》，科学技术文献出版社 2015 年版，第 58~60 页。

有可抗辩性。"[1]

由此可见，周占生教授对权利边界和权利限制的区分是一种以特定目的（探讨其抗辩性）为导向的人为区分，这就不能排除基于其他目的而对权利边界和权利限制作出不同认定的可能性。

对于周占生教授的以上观点，笔者认为可以有鉴别地采纳。一方面，他将法律对权利的限制区分为法律规则的限制和法律原则的限制（虽然他在书中仅将后者视为权利限制），并认为法律原则的限制是发生性的（并非必然限制，只是一种可能性），这点具有启迪意义，值得采纳。但另一方面，他不将法律原则对权利的限制作为权利边界的划定依据，对此笔者不敢苟同。因为内在理论下的权利边界就是权力可以依法行使的范围。如果法律原则对权利行使范围进行了限制（无论这种限制是对规则所作限制的叠加还是取代），那么自然应以法律原则限制之后的权利行使范围作为权利的边界。

综上分析，内在理论下的权利既受法律规则的限制，又受法律原则的限制。换言之，通过限制权利而划定权利边界的法律规范既包括法律规则，又包括法律原则。并且，规则所作限制是惯常性的，原则所作限制则是发生性的。由于内在理论下的权利边界划定理论可以向权力边界划定理论推演，所以我们同样可以推演出如下结论："划定权力边界（限制权力）的法律规范既包括法律规则，又包括法律原则，并且两者对权力的限制分别是惯常性和发生性的。"

三、国际权力边界的划定

正如前文所述，国内社会和国际社会的分野使得权力也分为国内权力和国际权力。按照逻辑，权力边界的划定理应包括国内权力边界的划定和国际权力边界的划定，并且基于两类权力在本源和特征上的异同，其边界的划定也必然存在异同。由于学术界在法理上论证权力范畴时多以国内权力为对象展开，所以为了站在前人的肩膀上研究权力边界的划定，本节前两部分所称权力仅指国内权力。但这样的论证显然是不够全面的，故笔者将在本部分对国际权力边界的划定进行分析。

---

[1] 周占生：《权利的限制与抗辩》，科学技术文献出版社 2015 年版，第 60 页。

（一）划定国际权力边界的缘由

国际社会与国内社会对于确立和规范公共权力的行使和维护有着共同的需求，[1]其中规范国际公共权力的需求意味着必须划定国际权力的边界。类比划定国内权力边界的缘由，划定国际权力的边界也具有四大缘由，具体如下。

1. 划定国际权力的边界是国际权力本源的必然结果

国内权力本源于人民权利，是人民让渡给国家（由国内公共机构代表）代为行使的权利。正因如此，人民让渡给国家的权利只可能是有限度的权利，不可能倾囊让渡。这种被人民让渡的有限度的权利决定了国家所享有的也只能是有限度的权力。这就意味着国内权力必有边界，不可能无穷无尽、无边无际，划定国内权力边界是国内权力本源的必然结果。同理观之，既然国际权力源于国家主权，是国家让渡给国际公共机构代为行使的那部分主权，那么国家也就不可能将所有主权倾囊相让，以使国际公共机构享有不受限制的国际权力。因此，国际权力也必有边界，划定国际权力的边界也是国际权力本源的必然结果。

2. 划定国际权力的边界是国际权力特性的首要规制

国内权力作为一种对人进行支配以贯彻国家意志的力量，具有权威性、垄断性、腐蚀性和膨胀性等特性。因此，我们必须划定国内权力的边界，从而对其进行规制，防止其被滥用。同样，国际权力也是一种权力，是一种主要对国家进行支配的现实或潜在的力量，因此权威性、垄断性、腐蚀性和膨胀性也必然存在于国际权力当中。如果不为其划定边界，不对其进行规制，那么其必被滥用。一旦国际权力被滥用，相应后果可能比国内权力被滥用更加严重。因为国内权力侵害的往往是国民，而国民在国家面前往往没有即时的抵抗能力，所以发动暴力抵抗的可能性相对较小。然而，如果国际权力被滥用，严重侵害国家的核心权益，那么国家进行抵抗的能力将远远高于国民。这种抵抗很可能打破国际和平，以致造成巨大的国际灾难。因此，国际权力的赋予和行使必须更加谨慎，以防止其被滥用。从这个角度看，划定国际权力的边界也是国际权力特性的首要规制。

---

[1]　蔡从燕：《类比与国际法发展的逻辑》，法律出版社 2012 年版，第 129 页。

3. 划定国际权力的边界是法治国际社会的根本要求

国际社会虽然没有政府，不属于高度组织化的国家，但其依然存在着规范需求，国际法治也有助于提升世界秩序。[1]近年来，法治在国际社会得到普遍认可，法治国际社会成为国际社会建设的理想模式，一系列重要的国际文件，尤其是联合国大会的决议对其予以了确认。[2]虽然有学者在论证国际法治时强调对国家政治权力的规制，主张国家在国际交往中应从权力导向转变为规则导向，[3]但是国际法治绝不仅限于规制国家在国际上行使政治权力，还应当规制国际公共机构行使国际权力。人们常常有一种倾向性观点，即国家——特别是大国——的政治权力属于强势权力，因此更应当对其进行规制。纵使此观点无可厚非，但我们也不能忽视对国际权力的规制。因为国际权力虽然在强制性上属于弱势权力（难以强制主权国家从事或不从事某种行为），但其在正当性评判上属于强势权力，可以轻易地以国际法之名评判某些国家的行为是否具有法律正当性。故此，若不划定国际权力的边界以防止其被滥用，那么法治国际社会同样难以实现。

4. 划定国际权力的边界是和谐国际社会的重要保障

不仅国内社会应当追求和谐，国际社会同样应当追求和谐。和谐国际社会的要旨之一是尽量减少冲突和降低冲突程度。为了促进国际社会的和谐，同样应当划定国际权力的边界。因为一旦国际权力在正当性评判上的强势地位被滥用，就可能侵犯国家权利，进而引发冲突。但是国际权力又难以强制其支配对象——国家——从事或不从事某种行为。一种不具备强制力的权力被滥用，可能比一种具备强制力的权力被滥用更具危害性，因为后者即使被滥用，其强制力可以迫使受害人服从，从而难以导致现实冲突的发生或升级；但若前者被滥用，其又无法强制受害人服从，那么很可能导致潜在冲突演变为现实冲突，或者导致低级别冲突演变为高级别冲突。这些无疑都与和谐的目的背道而驰。所以，若要促进国际社会和谐，必须划定国际权力的边界，避免其滥用正当性评判上的强势地位，从而导致国际冲突的恶性量变甚至

---

〔1〕 参见何志鹏："国际法治何以必要——基于实践与理论的阐释"，载《当代法学》2014 年第 2 期。

〔2〕 参见赵骏："全球治理视野下的国际法治与国内法治"，载《中国社会科学》2014 年第 10 期。

〔3〕 参见何志鹏："国际法治：一个概念的界定"，载《政法论坛》2009 年第 4 期。

质变。

（二）划定国际权力边界的方法

前文阐释了划定国内权力边界的方法。与之相比，划定国际权力的方法有哪些异同呢？

1. 国际权力边界由法律所作限制划定

国内权力是人民让渡给国家代为行使的那部分权利。人民通过限制国内权力的方式划定国内权力的边界，限权的工具则是法律。与之类比，国际权力是由国家让渡给国际公共机构代为行使的那部分主权，国家也通过限制国际权力的方式划定国际权力的边界。详言之，国家通过法律具体规定让渡多少主权给国际公共机构，并规定国际公共机构应当如何行使所受让的主权。显然，法律作此规定的过程正是法律限制国际权力的过程。因此，法律也是限制国际权力的工具，国际权力的边界也应由法律所作限制而划定。

2. 划定国际权力边界的法律范围

限制国内权力的法律主要是国内法，包括国内宪法和其他法律。同时，为了尽量避免不同国家在行使国内权力时发生冲突，国家之间也会通过国际法对国内权力进行限制。所以，国内法和国际法都是划定国内权力边界的法律。

观之国际权力，对其进行限制的首要法律则是国际法。因为国家让渡部分主权给国际公共机构形成国际权力所依托的正是国际条约、国际习惯和一般法律原则等国际法。这些国际法在授予国际公共机构以国际权力的同时，势必会对国际权力进行限制，从而划定国际权力的边界。当然，特殊情况下，国内法也会对国际权力进行限制，从而划定国际权力的边界。比如下文将阐述的条约仲裁当事国通过超条约国内法对作为国际权力的条约仲裁权进行限制就是明证。

3. 划定国际权力边界的规范类型

如前所述，划定国内权力边界（限制国内权力）的法律规范既包括法律规则，又包括法律原则，并且两者对国内权力的限制分别是惯常性和发生性的。观之国际权力，由于其边界同样依靠国际法和国内法所作限制而划定，而无论是国际法规范还是国内法规范，都可区分为法律规则和法律原则，所以与国内权力一样，划定国际权力边界的规范类型也包括法律规则和法律原则，并且前者对国际权力的限制是惯常性的，后者对国际权力的限制则是发生性的。

第二节　划定条约仲裁权边界的法律渊源

根据权力边界划定的一般理论，国内权力和国际权力的边界都通过国际法和国内法所作限制而划定。然而，无论是国际法还是国内法，都具有不同的渊源。因此，法律对权力的限制具体表现为法律渊源对权力的限制。条约仲裁权属于一种权力，条约仲裁权的边界自然也由法律——具体表现为法律渊源——所作限制而划定。为了具体分析法律如何限制条约仲裁权进而划定其边界，有必要先对划定条约仲裁权边界的法律渊源展开讨论。

一、划定条约仲裁权边界的国际法渊源

如前所述，形式来源于仲裁合意和国际仲裁法的条约仲裁权属于国际权力，而形式来源于国内仲裁法的条约仲裁权属于国内权力。但不管作为国际权力还是作为国内权力存在，条约仲裁权的边界都将受到国际法——具体指国际法渊源——的划定。故本部分首先分析划定条约仲裁权边界的国际法渊源。

（一）国际法渊源的内涵与外延

"国际法渊源"一词是明文规定在条约中的国际法概念，[1]国际法渊源"不仅是国际法学的基本理论问题，而且是国际法实践无法回避的现实问题，它要解决的是国际法规范的来源，并用以确认国际法规范的存在及其效力，目的在于准确地运用国际法原则和规则解决国际争端"。[2]对国际法渊源的认识和理解，可以从内涵与外延两个方面展开。

1. 国际法渊源的内涵

关于国际法渊源的内涵，理论争鸣比较明显。詹宁斯（Robert Jennings）、

---

〔1〕　比如 1945 年《联合国宪章》序言指出："尊重由条约与国际法其他渊源所起之义务"；《条约法公约》（1969）开门见山地要求缔约方"承认条约是国际法渊源之一"。

〔2〕　王虎华："国际法渊源的定义"，载《法学》2017 年第 1 期。

瓦茨（Arthur Watts）修订的《奥本海国际法（第9版）》指出：

"法律规则的渊源是在其首次成为可被辨识的具有法律约束力的行为规则并获得法律效力的过程中发现的。国际法渊源不应与国际法基础相混淆；正如我们所见，后者存在于国际社会的普遍同意。另一方面，法律渊源则关注构成（国际法）体系的特定规则以及使规则成为可被辨识的法律规则的过程……我们此时还要指出国际法形式渊源和实质渊源的区别。前者——也即我们此处更为关注者——是法律规则获得其法律效力的渊源，而后者则指规则实质内容的出处。因此，举例而言，特定规则的形式渊源可能是习惯，虽然其实质渊源可能存在于多年前的双边条约，或者一些国家的单边声明。"[1]

显然，该著作是通过分析国际法渊源的重要特征而间接地界定其内涵，但其通过法律渊源界定国际法渊源的做法，为一些学者所诟病。比如王虎华教授就认为"法律渊源"的概念看似"一般法"意义上的概念，涵盖了所有的法律领域，但它一般用于阐述国内法的渊源，是明显倾向于国内法的概念。[2]是故，用"法律渊源"的概念根本无法阐明"国际法渊源"的定义。

此外，马尔科姆·肖教授（Malcom N. Shaw）如此界定国际法渊源的内涵：

"国际法确实存在并能被确定。其'渊源'能从规则可被萃取与分析之处找到。所谓'渊源'是指技术层面运行于法律体系的条款；诸如理性或道德等终极渊源被排除在外，正如图书馆、期刊等更为功能性的渊源一般，其所欲进行的是对国际法规则出现之过程的调查。"[3]

可见，马尔科姆·肖教授所定义的国际法渊源更强调技术层面的"条款"（previsions）。而根据一般理解，相比于《奥本海国际法（第9版）》中强调的"规则"（rules），"条款"一词似乎需要更加明确具体，由此国际习惯、

---

〔1〕　See Robert Jennings, Arthur Watts ed., *Oppenheim's International Law* (*Ninth Edition*), Longman Group UK Limited and Mrs Tomoko Hudson, 1992, p. 23.

〔2〕　王虎华："国际法渊源的定义"，载《法学》2017年第1期。

〔3〕　Malcom N. Shaw, *International Law* (*Sixth Edition*), Cambridge University Press, 2008, p. 70.

一般法律原则等是否属于"条款"而成为国际法渊源，就有可能产生争论。

国内学者对国际法渊源的内涵也有不同的理解。周鲠生教授认为国际法渊源可以有两种含义：其一是指国际法作为有效的法律规范而形成的方式或程序；其二是指国际法的规范第一次出现的处所。他同时认为，前一种渊源才是国际法的法律渊源，而后一种意义上的渊源只能说是国际法的历史渊源。[1]李浩培教授则采纳《奥本海国际法（第9版）》的观点，将国际法渊源分为形式渊源和实质渊源，并认为国际法学者主要研究的是形式渊源，即国际法规则由此产生或出现的一些外部形式或程序。[2]梁淑英教授等基本赞同李浩培教授的观点，认为把国际法渊源解释为国际法作为有效的规范，即国际法的原则、规则所形成的方式或程序（形式渊源）更为合理。[3]王虎华教授则在对有关国际法渊源内涵的各家观点进行扬弃的基础上，提出国际法渊源是指确定国际法原则和规则的现实存在及其法律效力的表现形式的观点。[4]

2. 国际法渊源的外延

虽然中外学者对国际法渊源的内涵有不同的解读，但基于对《国际法院规约》第38条第1款[5]的尊重和认同，他们对国际法渊源的外延基本能够达成共识，即包括国际条约、国际习惯和一般法律原则。[6]比如《奥本海国际法（第9版）》认为，"国际习惯是最古老和原始的渊源"，"在历史上，条约是国际法的第二个渊源"，"虽然习惯与条约在实践中是国际法主要的渊源，但是它们不能被认为是仅有的渊源……除了条约与习惯之外，《国际法院规约》第38条还授权国际法院适用'一般法律原则为文明各国所承认者'"。[7]王铁崖教授在其1998年主编的《国际法引论》中指出："国际法的渊源主要是条约、国际习惯和一般法律原则，另外有辅助渊源，是司法判例和公法家

---

〔1〕 参见周鲠生：《国际法》（上），武汉大学出版社2009年版，第8~9页。

〔2〕 参见李浩培：《国际法的概念和渊源》，贵州人民出版社1994年版，第52页。

〔3〕 参见梁淑英主编：《国际法》，中国政法大学出版社2016年版，第12页。

〔4〕 参见王虎华："国际法渊源的定义"，载《法学》2017年第1期。

〔5〕 参见中华人民共和国外交部条约法律司编：《中华人民共和国多边条约集》（第一集），法律出版社1987年版，第330页。

〔6〕 参见王虎华："国际法渊源的定义"，载《法学》2017年第1期。

〔7〕 See Robert Jennings, Arthur Watts ed. , *Oppenheim's International Law* (*Ninth Edition*), Longman Group UK Limited and Mrs Tomoko Hudson, 1992, p. 25, p. 31, p. 36.

学说。"[1]需要说明的是，王铁崖教授所称"辅助渊源"并非认为司法判例和公法家学说也是国际法的渊源，而是将它们视为确定法律原则的辅助方法而已。[2]李浩培教授同样认为，"关于国际法的形式渊源，《国际法院规约》中有明文规定"，《国际法院规约》所列举的条约、国际习惯和一般法律原则是国际法的主要渊源，或称第一位渊源。[3]

(二) 国际法渊源之国际条约

国际条约是公认的国际法渊源之一，甚至被认为是当代国际法最重要的渊源。[4]诚如《条约法公约》(1969) 所规定的那样，条约是国家之间、国家与国际组织之间、国际组织相互之间"所缔结而以国际法为准之国际书面协定，不论其载于一项单独的文书或两项以上相互有关之文书内，亦不论其特定名称如何"。[5]一项协定是否属于条约，关键在于其是否满足"属于国际协定，由国家与国家、国家与国际组织、国际组织与国际组织缔结，以书面形式缔结，受国际法支配，载于一项单独的文书或两项或更多有关的文书内，没有特定的名称"这六大要素。[6]

那么，是否所有的国际条约都属于国际法的渊源呢？这在理论上存在争论。周鲠生教授是持否定观点的学者代表，他认为：

> "只有那些有多数国家参加的、以宣告或修改国际法规范或制订新的规范或创立某些新的国际制度为目的和内容的多边条约或国际公约，才能被认为国际法渊源。这类的条约在产生法律的规范的作用上相当于国内立法，因而一般称为'造法条约'。"[7]

王虎华教授等也持否定观点，但与周鲠生教授所提出的理由不尽相同，

---

〔1〕　王铁崖：《国际法引论》，北京大学出版社1998年版，第55页。

〔2〕　参见王铁崖：《国际法引论》，北京大学出版社1998年版，第97页。

〔3〕　李浩培：《国际法的概念与渊源》，贵州人民出版社1994年版，第52~53页。

〔4〕　参见《国际公法学》编写组：《国际公法学》，高等教育出版社2018年版，第48页。

〔5〕　参见中华人民共和国外交部条约法律司编：《中华人民共和国多边条约集》（第七集），法律出版社2002年版，第175页。

〔6〕　See Anthony Aust, *Modern Treaty Law and Practice (Second Edition)*, Cambridge University Press, 2007, pp.17-24.

〔7〕　周鲠生：《国际法》（上），武汉大学出版社2009年版，第11页。

他认为：

> "一切具有掠夺性、侵略性的不平等条约，自始至终是非法和无效的，它们与国际法的渊源毫无共同之处。"[1]

当然，也有一些学者认为所有条约都是国际法的渊源，比如梁淑英教授等认为：

> "依据《国际法院规约》规定，国际条约包括一般性的和特别的条约，但无论哪一类条约都是国家（或其他国际法主体）之间以国际法为准达成的协议，具有法律约束力，都是国际法的渊源。"[2]

笔者认为，以国际条约是否具有造法性为依据判断其是否属于国际法渊源的观点有待商榷，原因如下。第一，造法性条约和契约性条约都是具有法律效力的国际法规范，无论是按照《奥本海国际法（第9版）》有关"法律规则获得法律效力的渊源"或者马尔科姆·肖教授提出的"运行于法律体系的条款"的理解，还是依据周鲠生教授、李浩培教授、梁淑英教授等有关"有效的法律规范（或国际法规则）所形成的方式或程序"或者王虎华教授提出的"国际法原则和规则的现实存在及其法律效力的表现形式"的观点，两者均满足国际法渊源的内涵。第二，正如曾令良教授等认为的那样："占据国际法最主要分量的条约规范都是各国根据自己的意志与利益确立起来的特别法，而不是外在于国家的立法机构为所有国家订立的普适规范。任何条约都不可能是世界上所有国家都参加的，再普遍，也要通过未参加国实践中所表示的默示同意而起到所谓的'立法'作用。严格地说，虽然《联合国宪章》是参与方最多的国际法文件，但是作为条约，它仍然只能约束成员国，对于非成员国而言，不具有直接的约束力。"[3]既然如此，划分契约性条约和造法性条约的标准将难以量化，作此分类以判断国际条约是否属于国际法渊源也欠缺操作性。第三，从实证的角度看，在《条约法公约》（1969）序言部分规

---

[1] 参见王虎华主编：《国际公法》，浙江大学出版社2007年版，第17页。
[2] 梁淑英主编：《国际法》，中国政法大学出版社2016年版，第13页。
[3] 《国际公法学》编写组：《国际公法学》，高等教育出版社2018年版，第49页。

定的"承认条约为国际法渊源之一"中，[1]条约是作为整体而被规定为国际法渊源的。被普遍认为是国际法渊源之权威概括的《国际法院规约》第 38 条第 1 款第（子）项更是明确规定"不论普通或特别国际协约"，[2]从而将"特别国际协定"也纳入了国际法院应适用的法律规范。

至于王虎华教授将"一切具有掠夺性、侵略性的不平等条约"排除在国际法渊源的范围之外，这一观点也值得商榷。正如安东尼·奥斯特教授所认为的那样，国际法从未接受不平等条约可在某种程度上无效的观点，因为国家平等是国际法的基石，即使不是经济、军事、外交上的平等，但至少在法律面前是平等的。[3]如果允许一国以实力不平等为由规避其条约义务，那么将严重损害条约关系的稳定性。[4]因此，笔者认为，只有那些无效的条约才能被排除在国际法渊源之外，因为《条约法公约》（1969）第 48 条至第 53 条明确规定了条约无效的情形，[5]而无效的条约自然不符合国际法渊源的内涵，亦不属于国际法的渊源。梁淑英教授等认为，包括一般条约和特别条约在内的国际条约"都是国际法的渊源"，也以这些条约"具有法律约束力"为前提，并不涵盖无效的条约。

（三）国际法渊源之国际习惯

国际习惯也是公认的国际法渊源之一，而且在国际法的所有渊源之中，国际习惯被认为是最古老、最原始的渊源。[6]虽然近几十年来，国际习惯的作用随着条约的大量产生而有所减弱，但国际习惯依然具有其存在的独立价值，它在条约未涉及的国际社会的诸多领域，仍然起着不可替代的作用。[7]

---

〔1〕 参见中华人民共和国外交部条约法律司编：《中华人民共和国多边条约集》（第七集），法律出版社 2002 年版，第 174 页。

〔2〕 参见中华人民共和国外交部条约法律司编：《中华人民共和国多边条约集》（第一集），法律出版社 1987 年版，第 330 页。

〔3〕 See Anthony Aust, *Modern Treaty Law and Practice* (*Second Edition*), Cambridge University Press, 2007, p. 320.

〔4〕 See Anthony Aust, *Modern Treaty Law and Practice* (*Second Edition*), Cambridge University Press, 2007, p. 321.

〔5〕 参见中华人民共和国外交部条约法律司编：《中华人民共和国多边条约集》（第七集），法律出版社 2002 年版，第 188 页。

〔6〕 See Robert Jennings, Arthur Watts ed., *Oppenheim's International Law* (*Ninth Edition*), Longman Group UK Limited and Mrs Tomoko Hudson, 1992, pp. 25.

〔7〕 参见《国际公法学》编写组：《国际公法学》，高等教育出版社 2018 年版，第 51 页。

作为国际法的渊源，如何判断国际习惯的存在与内容（有学者称之为"国际习惯的形成要件"[1]），是理论和实践非常关注的问题。学者们根据《国际法院规约》第38条第1款[2]的表述，普遍将国际习惯的判断标准归结为两大要素：一是物质要素，即存在通例；二是心理要素，即通例被接受为法律。

就存在通例而言，王铁崖教授认为，通例或称惯例是各国在彼此交往的行为所构成的，构成惯例的各国的重复行为也是习惯的主要因素。[3]惯例要成为国际习惯的基本要素之一必须具备时间性、连续性和一般性；[4]时间性主要指惯例在通常情形下需要经过比较漫长的时间才能形成（当然，有的通例或惯例，即使时间短暂，如果有关国家频繁实践且前后一致，也能形成国际习惯法[5]）；连续性主要指惯例应是"经常和划一"的，事实的互相矛盾和混乱或不一致就不符合惯例的连续性、一贯性或划一的要求；一般性主要指成为国际习惯的通例应是广泛的，应能得到国家广泛的一般接受。[6]

就通例被接受为法律而言，王铁崖教授认为其就是"法律确念"的意思。

> "在国家之间的交往中，国家可以有重复的行为，成为惯行，而从惯行可以发展为惯例，再在惯例中国家感到有遵从某种规则的要求。但是，这种感觉可能是道义上、礼貌上的要求，而不是法律的义务。只有感觉有法律上的义务，国际惯例才成为国际习惯……'法律确念'作为国际习惯的一个要素，不仅为一般学者所承认，而且在实践中得到了确认。不仅《国际法院规约》第38条第2款曾经指明'经接受为法律者'为国际习惯形成的要素之一，而'经接受为法律者'即'法律确念'的意思，而且国际法院则多次在其判决中确认'法律确念'在国际习惯形成中的重要性。"[7]

---

〔1〕 参见王虎华主编：《国际公法学》，北京大学出版社2015年版，第19页。

〔2〕 参见中华人民共和国外交部条约法律司编：《中华人民共和国多边条约集》（第一集），法律出版社1987年版，第330页。

〔3〕 参见王铁崖：《国际法引论》，北京大学出版社1998年版，第73页。

〔4〕 See James Crawford, *Brownlie's Principles of Public International Law* (*Eight Edition*), Oxford University Press, 2012, pp. 24~25.

〔5〕 参见王虎华主编：《国际公法学》，北京大学出版社2015年版，第19页。

〔6〕 参见王铁崖：《国际法引论》，北京大学出版社1998年版，第74~79页。

〔7〕 参见王铁崖：《国际法引论》，北京大学出版社1998年版，第80页。

虽然有学者对以上国际习惯二要素的分析持不同观点，比如郑斌教授提出的即时国际习惯法（Instant International Customary Law）的主张，就认为国际习惯的形成不一定需要存在通例，只需要存在"法律确念"就能形成国际习惯。[1]但是王铁崖教授的观点可以说仍然代表着理论和实践中的主流意见。

（四）国际法渊源之一般法律原则

与国际条约、国际习惯被公认为国际法渊源有所不同，有学者否定一般法律原则属于国际法的渊源，比如周鲠生教授。[2]但总体而言，学术界基本能对一般法律原则的国际法渊源地位达成一致意见。主要的争议点在于究竟何为一般法律原则？对此，梁淑英教授等归纳出三种主要观点：（1）认为一般法律原则就是一般国际法原则或国际法基本原则；（2）认为一般法律原则是"一般法律意识"所产生的原则，国际社会与国内社会一样有共同的法律意识，从这种共同的法律意识中引申出来的一些原则即为一般法律原则；（3）认为一般法律原则是各国法律体系所共有的原则。[3]而罗国强教授还总结出第四种观点：（4）一般法律原则由国际法一般原则以及从国内法中归纳出来的一般原则构成。[4]

以格·伊·童金教授为代表的苏联学者是第（1）种观点的主要支持者。格·伊·童金教授认为，"《国际法院规约》第38条的补充明文规定，法院应当适用的只是国际法，而不是其他任何法律体系的规范，因此《国际法院规约》第38条第1款第（寅）项所指的就只能是国际法原则"。[5]劳特派特算是第（2）种观点的支持者。他认为，一般法律原则是国际法的基本的和剩余的渊源，因此是最为重要的国际法渊源。[6]这种将"一般法律原则"抬高到超越条约和习惯的地位的做法，实际上是将"一般法律原则"视为自然法原

〔1〕 See Bin Cheng, "Customs: The Future of General State Practice in a Divided World", in R. St. J. Macdonald, Douglas M. Johnston ed., *The Structure and Process of International Law: Essays in Legal Philosophy Doctrine and Theory*, Martinus Nijhoff Publishers, 1983, pp. 534-538.

〔2〕 参见周鲠生：《国际法》（上），武汉大学出版社2009年版，第12~13页。

〔3〕 参见梁淑英主编：《国际法》，中国政法大学出版社2016年版，第16~17页。

〔4〕 参见罗国强："一般法律原则的困境与出路——从《国际法院规约》第38条的悖论谈起"，载《法学评论》2010年第2期。

〔5〕 ［苏］格·伊·童金：《国际法理论问题》，刘慧珊等译，世界知识出版社1965年版，第131页。

〔6〕 参见王铁崖：《国际法引论》，北京大学出版社1998年版，第90页。

则，使自然法则构成国际法的基础。[1]我国学者罗国强教授也支持这种观点，他认为"一般法律原则就是自然国际法的一般原则，即直接从自然国际法基本原则中衍生出来的原则"。[2]

第（3）种观点是当前学术界的主流，比如梁淑英教授等就认为：

"如果按第一种见解，把一般法律原则认作属于一般国际法原则或国际法的基本原则，那么它们就寓于国际条约或国际习惯之中，何以《国际法院规约》第38条第1款于国际条约和国际习惯之外另辟一项一般法律原则呢？显然从逻辑上就讲不通。按第二种见解，把一般法律原则说成是各民族的'一般法律意识'产生的原则，是属新自然法学说的一种构思，依这种构思将使一般法律原则成为抽象的、无法捉摸的东西。《国际法院规约》第38条规定的法院判案所适用的一般法律原则也因此而变得虚无。所以，赞同第三种意见，因为尽管各国的法律制度千差万别，但它们确实还存在着不少共同的原则。"[3]

王虎华教授也基本赞成这种观点。[4]

至于第（4）种观点，朱文奇教授是支持者之一，他认为"一般法律原则不局限于国际法，而是从根本上包含着法的基本思想"。[5]可见，他所认为的一般法律原则既包括国际法原则，也包括国内法原则。

毫无疑问，如果纯粹从理论上探讨何为一般法律原则，以上观点各有其理。然而，本书探讨国际法渊源的目的是要分析这些渊源如何限制条约仲裁权。由于国际法原则实际上已经寓于国际条约和国际习惯之中，所以它们对条约仲裁权的限制也可以置于国际条约和国际习惯对条约仲裁权的限制中去讨论。而以自然国际法原则理解一般法律原则，确实会使后者的概念高度抽象化，而且会在理论上把国际法的渊源和国际法的根据混为一谈。[6]所以，

---

[1]　参见王铁崖：《国际法引论》，北京大学出版社1998年版，第91页。

[2]　参见罗国强："一般法律原则的困境与出路——从《国际法院规约》第38条的悖论谈起"，载《法学评论》2010年第2期。

[3]　梁淑英主编：《国际法》，中国政法大学出版社2016年版，第17页。

[4]　参见王虎华主编：《国际公法学》，北京大学出版社2015年版，第20~21页。

[5]　参见朱文奇：《现代国际法》，商务印书馆2013年版，第48页。

[6]　参见王铁崖：《国际法引论》，北京大学出版社1998年版，第92页。

就本书探讨"一般法律原则"作为国际法渊源之一来限制条约仲裁权的目的而言，将其理解为各国国内法所共有的原则更为合适，本书也在该意义上探讨"一般法律原则"。

需要注意的是，根据《国际法院规约》第38条第1款[1]第（卯）项的规定，在确定一般法律原则时，司法判例及各国权威最高之公法学家学说属于辅助资料（当然，要以受第59条规定的约束为前提）。这一方面说明司法判例和公法学家学说并非国际法的渊源，不能直接用以限制条约仲裁权，另一方面又强调通过司法判例和公法学家学说确定一般法律原则的存在与内容的重要作用。

二、划定条约仲裁权边界的国内法渊源

不管作为国际权力还是作为国内权力，条约仲裁权的边界除了由国际法划定之外，还可能由国内法——具体指国内法渊源——划定。因此，本部分将对划定条约仲裁权边界的国内法渊源进行分析。

（一）国内法渊源的内涵与外延

国内法渊源是与国际法渊源相对应的概念。然而，与国际法渊源不同的是，学术界一般很少直接使用"国内法渊源"一词并展开有针对性的研究。学者们使用较多的是"法律渊源"或"法的渊源"的概念，而这一概念实际上应当包括"国内法渊源"和"国际法渊源"两个部分。因此，基于这种上位概念与下位概念的关系，不妨通过对"法律渊源"的内涵与外延的阐释，来分析国内法渊源的内涵与外延。

1. 国内法渊源的内涵

诚如罗斯科·庞德（Roscoe Pound）教授所说，法律渊源这个术语曾在很长一段时间内运用得比较混乱，并且仍然在多重意义上使用。[2]广义地看，法律渊源可以有法的历史渊源、法的理论渊源、法的政治渊源、法的物质渊

---

〔1〕 参见中华人民共和国外交部条约法律司编：《中华人民共和国多边条约集》（第一集），法律出版社1987年版，第330页。

〔2〕 参见［美］罗斯科·庞德：《法理学》（第三卷），廖德宇译，法律出版社2007年版，第284~285页。

源、法的形式渊源、法的解释渊源等不同理解。[1]然而，学者们更多的是从法的形式渊源来理解"法律渊源"一词。比如张文显教授等认为法律渊源是指"那些具有法的效力作用和意义的法的外在表现形式"。[2]肖光辉教授等也认为法的渊源一般是指法的形式渊源，即法律出自哪些创制形式，或者说法律上承认的法律主要形式。[3]本书亦从法的形式渊源来阐释"法律渊源"一词，并根据张文显教授所作的界定，将国内法渊源的内涵界定为"那些具有法的效力作用和意义的国内法的外在表现形式"。

2. 国内法渊源的外延

国内法渊源的外延实质上是探讨具有法的效力作用和意义的国内法具有哪些外在表现形式。同样，我们可以从法律渊源的外延出发分析国内法渊源的外延。有学者将法律渊源的外延理解为法律渊源的形式，并认为"在人类社会，法律渊源的主要形式是制定法和判例法以及其他形式，诸如习惯规范、道德规范等"。[4]然而，虽然法律渊源的外延包含制定法和判例法自无疑义，但有学者对其是否包含习惯规范、道德规范等提出了质疑。如学者马驰认为：

> "不具备法律权威但却在特殊情况下能够以操作性理由的身份参与到法律认识的材料其实超出法律渊源概念的外延……一些通常难以被视为具备法律权威的政策、习惯、道德原则等材料便属此类。"[5]

换言之，要纳入法律渊源的外延必须以具备法律权威为前提，而政策、习惯、道德原则等通常难以被视为具有法律权威，故也难以被认为是法律渊源的形式。在以上两种观点中，笔者采纳后一种观点。因为不管政策、习惯、道德原则等在理论上应否包含在法律渊源的外延之内，但就国内法渊源的形式而言，上述两种观点的分野至少证明学界对这一问题尚存在争议。观之当下主要国家的国内法体系，虽然不排除政策、习惯、道德原则等可能在特定领域、特定条件下被当作法律的表现形式而发挥作用，但这种情况往往以欠

---

[1] 参见张文显主编：《法理学》，法律出版社 2007 年版，第 127 页。

[2] 张文显主编：《法理学》，法律出版社 2007 年版，第 127 页。

[3] 参见肖光辉主编：《法理学》，中国政法大学出版社 2015 年版，第 48 页。

[4] 彭中礼：《法律渊源论》，方志出版社 2014 年版，第 111 页。

[5] 马驰："法律认识论视野中的法律渊源概念"，载《环球法律评论》2016 年第 4 期。

缺制定法或判例法为前提，故而非常罕见。如果再要求这种罕见的作为法律渊源出现的"政策、习惯、道德原则等"恰好具有限制条约仲裁权的内容，那么其可能性更加微乎其微。所以，本书忽略这种可能仅存在于理论上的小概率情形，从而仅将制定法和判例法纳入本书讨论的国内法渊源的外延之内。

（二）国内法渊源之制定法

制定法作为国内法渊源的表现形式具有悠久的历史。比如，公元前536年，子产将惩治犯罪的刑律铸在刑鼎上，向老百姓公布，这是我国较早的成文法制定活动。[1]而在现代工业社会中，作为法的典型形式的制定法相比以前越来越重要。在大陆法系国家，制定法长久以来一直都是法律的主导形式；在当今的英美法系国家，无论是在数量方面还是质量方面，制定法都是法律中最重要的部分。[2]

那么，何为制定法？从狭义上讲，制定法是指国家机构中的立法机关依照法定程序所制定的规范性法律文件；而从广义上讲，制定法不仅包括狭义的制定法，还包括宪法和法律授权的行政机关根据其职权和法定程序所制定的规范性法律文件。[3]本书从广义上来理解制定法，并将这种制定规范性法律文件的主体——无论是有权的立法机关还是有权的行政机关——统称为立法者。可以说，正是立法者的权威证成了制定法的权威，而就法官或者其他法律适用者作出的法律决定来说，作为权威理由的法的渊源属于形式理由；制定法是内在的更具有形式化的法律类型，而且它的形式性处于很高的等级层面，所以它优先于所有与其冲突的法的渊源。[4]

（三）国内法渊源之判例法

判例法主要体现在法官作出的判决之中，是法官通过判决创制或确立的法律规则与原则的统称，包括普通法（common law）与衡平法（equity law）。[5]判例法虽然尚未被大陆法系国家接受为正式的法律渊源，但其"作为一种能

---

　〔1〕　参见彭中礼：《法律渊源论》，方志出版社2014年版，第111页。

　〔2〕　See Zenon Bankowski, et al., "On Method and Methodology", in D. Neil MacCormick, Robert S. Summers ed., *Interpreting Statutes: A Comparative Study*, Ashgate Publishing Limited, 1991, p. 10.

　〔3〕　See Zenon Bankowski, et al., "On Method and Methodology", in D. Neil MacCormick, Robert S. Summers ed., *Interpreting Statutes: A Comparative Study*, Ashgate Publishing Limited, 1991, p. 11.

　〔4〕　参见王夏昊："论作为法的渊源的制定法"，载《政法论坛》2017年第3期。

　〔5〕　参见王洪："论判例法推理"，载《政法论丛》2018年第3期。

够与制定法媲美的法律渊源，不仅历史悠久，而且有自己比较独特的哲学基础、思维模式和法律方法，因此形成了当代英美法律文化中最值得考察的一道'风景线'"。[1]判例法主要体现了人类经验理性的哲学思想，这与制定法所秉持的人类先验理性的哲学思想有着根本区别。[2]

判例法成为法律渊源之一的主要理论基础是遵循先例的原则，即法院在裁判具体案件时，必须遵循该法院之前的判决，或必须遵循比其级别更高的法院的判决。[3]当法官对一个具体案件进行裁判时，其应当寻找所在法院或者上级法院是否曾对类似案件作出过判决。如果存在这样的判决，法官原则上应遵循在先判决所作出的认定来对该案进行裁判，除非其认为基于特定的理由，在先判决意见不能被采纳。此外，一旦法官作出了判决，该判决就形成了一份新的判例，对其所在法院和下级法院的法官今后处理类似案件发挥了先例作用。

第三节　国际法对条约仲裁权边界的划定

根据前文的论证可知，条约仲裁权作为一种权力，无论归属于国际权力还是国内权力，其边界一方面是由国际法所作限制而划定。而国际法又包括国际条约、国际习惯和一般法律原则，所以国际法对条约仲裁权的限制具体表现为这三大渊源对其进行的限制。因此，研究国际法对条约仲裁权边界的划定，关键在于分析国际法三大渊源分别如何限制条约仲裁权。

一、国际条约对条约仲裁权边界的划定

国际条约对条约仲裁权边界的划定由国际条约所作限制而实现。在条约仲裁中，条约必然对条约仲裁权进行限制，这是因为条约仲裁的根本特征是条约作为全部或部分仲裁合意的实现方式，而条约仲裁合意（亦属于国际法）对条约仲裁权的限制无疑是必然的。此外，作为一种或然情形，当条约作为仲裁法律时，其也会对条约仲裁权进行限制。鉴于国内权力和国际权力均既

---

〔1〕　参见彭中礼：《法律渊源论》，方志出版社2014年版，第115页。
〔2〕　参见谢晖："判例法与经验主义哲学"，载《中国法学》2000年第3期。
〔3〕　参见彭中礼：《法律渊源论》，方志出版社2014年版，第115页。

受法律规则的限制，又受法律原则的限制，所以条约对条约仲裁权的限制又可细分为条约规则的限制和条约原则的限制两种情形。

(一) 国际条约规则对条约仲裁权的限制

法律规则是法理学上经常出现的概念。按照张文显教授的理解，"法律规则就是法律的基本要素之一，是法律中赋予一种事实状态以明确的法律效果的一般性规定"。[1]法律规则相比于法律原则具有明确性和一般性，前者是指法律规则必须把某种事实状态与某种法律效果明确地连接起来，后者是指法律规则针对某一类事实状态作出的规定适用于某一类人和事，具有普遍约束力和反复适用性。[2]虽然法理学讨论法律规则往往针对国内法，但就国际法而言，尤其是就国际条约而言，类比适用并无不妥。因此，基于法律规则的概念，我们不妨将国际条约规则界定为"国际条约的基本要素之一，是国际条约中赋予一种事实状态以明确的法律效果的一般性规定"。而且，条约规则也具有明确性和一般性，明确性中包含的"对某种事实状态规定明确的法律效果"与一般性中包含的"针对某一类事实状态作出的适用于某一类人和事的规定"之特征，使得条约规则对条约仲裁权的限制更加具体和有针对性。

1. 国际条约规则对条约仲裁案件管辖权的限制

案件管辖权是条约仲裁权四类权能中最基础的权能，可以说是其他三类权能得以产生的前提：只有享有和行使案件管辖权，条约仲裁权主体才可能享有和行使程序管理权、实体裁决权和裁决效力权。正因为案件管辖权在条约仲裁权所有权能中具有基础性地位，所以法律才对条约仲裁权主体在何种情形下享有案件管辖权作出比较详尽的规定。从权力限制的角度看，这意味着法律对案件管辖权的限制比较详尽。笔者非穷尽地归纳出条约规则限制案件管辖权的情形如下：

(1) 通过限定客观可仲裁性限制条约仲裁案件管辖权。在商事仲裁领域，争议的可仲裁性问题是仲裁法律制度的关键问题之一。正如学者所言：

"争议的可仲裁性问题贯穿整个仲裁程序的始终，从仲裁协议的有效性到仲裁裁决的承认和执行，争议的可仲裁性都扮演着重要角色。随着

---

[1] 张文显主编：《法理学》，法律出版社 2007 年版，第 115 页。

[2] 参见张文显主编：《法理学》，法律出版社 2007 年版，第 115 页。

仲裁的迅速发展，尤其是经济全球一体化带动的国际商事仲裁的日新月异，争议的可仲裁性也从一个极其抽象的理论命题，逐渐增添了浓重的实践色彩。"[1]

从狭义上说，可仲裁性仅包括能够通过仲裁解决的争端，虽然它时常会被赋予更加广义的含义——即将当事人仲裁合意的存在和有效性包含在内，但是这样的含义可能会造成混淆，所以并未被国际实践广泛采用。[2]可仲裁性可以分为两类：一类是客观可仲裁性，即何种争端事项可以通过仲裁解决；另一类是主观可仲裁性，即什么样的当事方可以通过仲裁解决他们之间的争端。[3]

在条约仲裁领域，争端的可仲裁性同样是非常关键的问题。可仲裁性决定了条约仲裁权主体可以管辖的人或事的范围，从而决定着条约仲裁权主体案件管辖权的大小。所以，条约规则通过限定可仲裁性，实质上就对案件管辖权进行了限制。笔者在本部分仅对条约规则限定客观可仲裁性的情形进行考察。客观可仲裁性的限定可以分为正面清单式的限定和负面清单式的限定。

①正面清单式的限定。正面清单式的限定是指条约规则明确规定哪些争端可以提交条约仲裁。比如《华盛顿公约》第 25 条第 1 款[4]的规定。在该条约规则中，"直接因投资而产生的任何法律争端"就是对客观可仲裁性的限定。通过这样的限定，仲裁庭的案件管辖权就被限制为仅能管辖直接因投资而产生的法律争端，而非直接因投资而产生的争端或者非法律争端，仲裁庭都不能管辖。再比如 DSU 第 22 条第 6 款[5]的规定。在该条约规则中，"如有关成员反对提议的中止程度，或声称在一起诉方提出请求根据第 3 款（b）项或（c）项授权中止减让或其他义务时，第 3 款所列原则和程序未得到遵守，则该事项应提交仲裁"，也是对客观可仲裁性作出的限定。通过如此限定，仲裁庭的案件管辖权就被限制为仅能管辖有关提议的中止程度是否合适

---

〔1〕 乔欣、李莉："争议可仲裁性研究（上）"，载《北京仲裁》2004 年第 2 期。

〔2〕 See Emmanuel Gaillard, Joh Savage ed., *Fouchard, Gaillard, Goldman on International Commercial Arbitration*, Kluwer Law International, 1999, p. 312.

〔3〕 See Emmanuel Gaillard, Joh Savage ed., *Fouchard, Gaillard, Goldman on International Commercial Arbitration*, Kluwer Law International, 1999, pp. 312–313.

〔4〕 参见中华人民共和国外交部条约法律司编：《中华人民共和国多边条约集》（第六集），法律出版社 1994 年版，第 50 页。

〔5〕 参见鲍志才编：《世界贸易组织法典》，四川辞书出版社 2001 年版，第 48~49 页。

的事项以及有关根据第 3 款 (b) 项或 (c) 项授权中止减让或其他义务时，第 3 款所列原则和程序是否得到遵守的事项，其他事项都不能管辖。

②负面清单式的限定。负面清单式的限定是指条约规则明确规定哪些争端不可以提交条约仲裁。比如《海洋法公约》第 297 条第 2 款 (a) 项[1]的规定。根据该公约，原则上有关公约解释或适用的争端均应按照公约第二节规定的方式解决（其中就包括条约仲裁程序）。换言之，此类条约仲裁的客观可仲裁性原则上包括"有关公约解释或适用的争端"，即此类争端都在仲裁庭的管辖权范围之内。然而，《海洋法公约》第 297 条第 2 款 (a) 项以负面清单的形式，对客观可仲裁性进行了特殊限定：排除了"（1）沿海国按照第246 条行使权利或斟酌决定权；或（2）沿海国按照第 253 条决定命令暂停或停止一项研究计划"所引起的解释或适用的争端（当然，沿海国另行明确同意管辖的除外）。显然，这种负面清单式的限定就对仲裁庭的案件管辖权进一步作出了限制。

除此之外，条约规则有时会将负面清单同缔约方保留权相结合以限制条约仲裁权，即由缔约国自行选择是否激活负面清单所作的限定。比如《海洋法公约》第 298 条第 1 款[2]的规定。虽然该条约规则也对客观可仲裁性作出了负面清单式的限定，即排除了 (a) (b) (c) 项争端的可仲裁性，但是这种限定并非自动激活的，而是需要以缔约国的书面声明——缔约国行使保留权——为激活要件。

（2）通过限定主观可仲裁性限制条约仲裁案件管辖权。除了限定客观可仲裁性之外，条约规则还可以通过限定主观可仲裁性来限制条约仲裁案件管辖权。详言之，条约规则明确规定哪些主体可以通过条约仲裁解决他们之间的争端，从而将案件管辖权限定为仅能管辖这些特定主体，而不能管辖其他主体。

一般来说，条约规则会将有权通过条约仲裁解决争端的主体限定为条约的缔约国。比如《海洋法公约》第 291 条第 1 款[3]明确规定了公约第十五部

---

[1] 参见中华人民共和国外交部条约法律司编：《中华人民共和国多边条约集》（第四集），法律出版社 1987 年版，第 377 页。

[2] 参见中华人民共和国外交部条约法律司编：《中华人民共和国多边条约集》（第四集），法律出版社 1987 年版，第 378~379 页。

[3] 参见中华人民共和国外交部条约法律司编：《中华人民共和国多边条约集》（第四集），法律出版社 1987 年版，第 375 页。

分的争端解决程序（包括条约仲裁程序）对所有缔约国开放。易言之，该款将主观可仲裁性限定为缔约国，从而将案件管辖权限制为仅能管辖缔约国。然而，条约规则将主观可仲裁性限定为缔约国并非绝对的，一些条约规则还会将其扩大到缔约国之外的国家或私人。比如《海洋法公约》第 291 条第 2 款〔1〕就将公约第十五部分规定的条约仲裁的主观可仲裁性扩展到缔约国以外的实体，但这种扩展必须以公约有具体规定为前提。再比如，前述《华盛顿公约》第 25 条第 1 款将依据该公约进行的条约仲裁之主观可仲裁性限定为"缔约国（或缔约国向中心指定的该国的任何组成部分或机构）"以及"另一缔约国国民"，从而对案件管辖权进行限制。

（3）通过设定前置程序限制条约仲裁案件管辖权。条约规则限制条约仲裁案件管辖权的另一种常用方式是为管辖权之行使设定前置程序。只有当前置程序的各项要求得以满足之后，条约仲裁权主体才能行使对特定争端的管辖权。这种前置程序的设定实质上也是对案件管辖权的限制，即不能管辖尚未完成前置程序的争端。常见的前置程序包括以下几种。

①双方交换意见的程序。实践中，一种常见的前置程序是双方交换意见的程序，即规定任何一方在提起仲裁之前，必须先就如何解决争端交换意见，否则仲裁庭不能管辖该争端。比如，依据《海洋法公约》第 283 条第 1 款〔2〕的规定，缔约国在就公约的解释或适用发生争端之后，应当先就以谈判或其他和平方式解决争端一事交换意见。如果缔约国未履行这一前置程序的义务，条约仲裁权主体不能对争端行使管辖权。由此可见，条约规则通过设定此类前置程序，将案件管辖权限制为"不得管辖当事人尚未履行交换意见之义务的争端"。

②磋商与谈判的程序。另有一种常见的前置程序是磋商与谈判的程序，即相关争端产生后，当事方必须先寻求与对方进行磋商与谈判；只有在磋商与谈判依然不能解决争端的情况下，才可以提起条约仲裁。比如，依据《美国—埃及投资协定》第 7 条第 2 款〔3〕的规定，当事方在争端发生之后应首先

〔1〕 参见中华人民共和国外交部条约法律司编：《中华人民共和国多边条约集》（第四集），法律出版社 1987 年版，第 375 页。

〔2〕 参见中华人民共和国外交部条约法律司编：《中华人民共和国多边条约集》（第四集），法律出版社 1987 年版，第 372 页。

〔3〕 See International Investment Agreement Navigator, https://investmentpolicy.unctad.org/international-investment-agreements, last visited on January 15, 2021.

进行磋商和谈判，即磋商与谈判为寻求进一步争端解决方式的前置程序。如果当事方未能完成该前置程序，则条约仲裁权主体不能对争端行使管辖权，从而其案件管辖权被限制在"不能处理尚未经过磋商与谈判程序的争端"。

③用尽当地救济的程序。还有一种前置程序，即用尽当地救济的程序。该程序源于一项古老的国际习惯法——用尽当地救济规则。作为传统的国家责任法律的一部分，该规则的主要内容是：受到东道国侵害的外国人在未用尽东道国法律对其仍然适用的所有救济手段之前，其本国政府不得行使外交保护权追究东道国的国际责任。[1]这一前置程序在早期签订的双边投资条约中比较常见。[2]比如，《中国—韩国投资协定》第9条第3款[3]就作出了要求投资者用尽东道国国内行政复议程序的规定。此外，《海洋法公约》也设置了这项前置性程序。《海洋法公约》第295条[4]规定，缔约国只有在依照国际法的要求用尽当地补救办法之后才能将有关公约解释与适用的争端提交公约第十五章第二节的程序。显然，这些规定实际上将条约仲裁权主体的案件管辖权限定为"不能处理尚未用尽当地相应补救办法的争端"。

（4）通过承认其他争端解决方式限制条约仲裁案件管辖权。一些条约规则明确规定当事方可以另行约定具有某种特征的其他争端解决方式，以排除条约仲裁的适用。此类规定实际上也是对条约仲裁案件管辖权的限制，即只要当事方约定了被该条约承认的其他争端解决方式，条约仲裁权主体就不能行使管辖权，以限制其管辖权的任意扩张。这种限制方式比如《海洋法公约》第281条[5]和第282条[6]。根据《海洋法公约》第281条的规定，如果争端当事方已经自行选择了某种和平方法解决争端，并且诉诸这种方法后争端已经得到解决或该协议排除其他任何程序，那么条约仲裁权主体不能再就争

---

〔1〕　参见余劲松主编：《国际投资法》，法律出版社2014年版，第353页。

〔2〕　See Rudolf Dolzer, Christoph Schreuer, *Principles of International Investment Law（Second Edition）*, Oxford University Press, 2012, p. 265.

〔3〕　参见中国商务部网站，http://tfs.mofcom.gov.cn/article/h/at/201811/20181102805372.shtml, 最后访问时间：2021年1月15日。

〔4〕　参见中华人民共和国外交部条约法律司编：《中华人民共和国多边条约集》（第四集），法律出版社1987年版，第376页。

〔5〕　参见中华人民共和国外交部条约法律司编：《中华人民共和国多边条约集》（第四集），法律出版社1987年版，第372页。

〔6〕　参见中华人民共和国外交部条约法律司编：《中华人民共和国多边条约集》（第四集），法律出版社1987年版，第372页。

端行使管辖权。而根据《海洋法公约》第 282 条的规定，如果争端当事方已经达成协议，约定将争端提交导致有拘束力的裁判的程序，那么条约仲裁权主体也不能再就争端行使管辖权（除非争端各方另有协议）。

2. 国际条约规则对条约仲裁程序管理权的限制

程序管理权也是条约仲裁权的一类重要权能。若不能有效、顺利地管理仲裁程序，条约仲裁权主体就无法对案件进行实体裁决，更不用说使裁决具有相应的效力。因此可以说，程序管理权也是实体裁决权和裁决效力权的前提。条约仲裁中存在许多程序，而条约规则常对条约仲裁权主体如何管理这些程序作出规定，从而实际上构成对其程序管理权的限制。

比如《华盛顿公约》第 38 条[1]就是对 ICSID 主席（代表 ICSID）行使仲裁员任命权（属于一项程序管理权）的限定。根据该条约规则，ICSID 主席行使仲裁员任命权应当受到"在秘书长依照第 36 条第 3 款发出关于请求已予以登记的通知后九十天内，或在双方可能同意的其他期限内未能组成仲裁庭"，"经任何一方请求"，"尽可能同双方磋商后"，"任命的仲裁员不得为争端一方的缔约国的国民或其国民是争端一方的缔约国的国民"等限制。再比如，《华盛顿公约》第 45 条第 2 款[2]实际上对当事方未出席或陈述案情时仲裁庭的程序管理权进行了限定，即在作出裁决前，应当"通知未出席或陈述案情的一方，并给以宽限日期，除非仲裁庭确信该方不愿意这么做"。

3. 国际条约规则对条约仲裁实体裁决权的限制

实体裁决权同样是条约仲裁权的一类重要权能。实体裁决结果因与当事方切身利益关系密切而最受关注，所以实体裁决权可以说是条约仲裁权的核心权能。毫无疑问，对如此核心的权能，条约规则必定会作出一定的限制。

比如，《华盛顿公约》第 42 条第 1 款[3]就对条约仲裁庭实体裁决权项下的法律适用权进行了限制，要求仲裁庭适用双方可能同意的法律规则；若当事方未就此达成一致意见，则适用"作为争端一方的缔约国的法律（包括其

---

[1] 参见中华人民共和国外交部条约法律司编：《中华人民共和国多边条约集》（第六集），法律出版社 1994 年版，第 54~55 页。

[2] 参见中华人民共和国外交部条约法律司编：《中华人民共和国多边条约集》（第六集），法律出版社 1994 年版，第 56 页。

[3] 参见中华人民共和国外交部条约法律司编：《中华人民共和国多边条约集》（第六集），法律出版社 1994 年版，第 55 页。

冲突法规则）以及可能适用的国际法规则"。再比如，《海洋法公约》附件七第 10 条〔1〕也属于对实体裁决权进行限制的条约规则，即要求仲裁庭仅能对"争端的主题事项"进行裁决，并必须"叙明其所根据的理由"。

4. 国际条约规则对条约仲裁裁决效力权的限制

作为条约仲裁权最后的一项权能，裁决效力权并非无足轻重。若条约仲裁权主体不享有使裁决发生特定法律效力的权力，那么其所作裁决相当于一纸空文，没有实际意义。然而，裁决效力权也并非不受约束，其同样可能受条约规则的限制。

比如，《海洋法公约》第 296 条〔2〕虽然赋予了条约仲裁裁决以法律约束力，但也对其约束力的范围进行了限定。这实质上属于对裁决效力权的限制，即该权力只能使裁决"在争端各方间和对该特定争端具有约束力"，而对"非争端当事方"和"非该特定争端"不具有约束力。

总而言之，不同条约规则对条约仲裁权的限制可谓五花八门，以上所列情形亦未穷尽。就特定条约仲裁（比如依据《华盛顿公约》进行的投资条约仲裁、依据《海洋法公约》附件七进行的条约仲裁）而言，将不同条约规则对条约仲裁权的所有限制进行汇总，就构成条约规则对条约仲裁权边界的划定。

（二）国际条约原则对条约仲裁权的限制

在法理学上，法律原则是与法律规则相对应的概念，也是法律的基本要素之一，是可以作为众多法律规则之基础或本源的综合性、稳定性的原理和准则。〔3〕张文显教授认为，法律原则相比于法律规则，虽然明确化程度较低，但其适用范围更广，其在法律实施上发挥着指导法律解释和法律推理、补充法律漏洞并强化法律的调控能力、限定自由裁量权的合理范围三大重要作用。〔4〕虽然张文显教授也主要针对国内法讨论法律原则，但对国际法而言，尤其是

---

〔1〕 参见中华人民共和国外交部条约法律司编：《中华人民共和国多边条约集》（第四集），法律出版社 1987 年版，第 435 页。

〔2〕 参见中华人民共和国外交部条约法律司编：《中华人民共和国多边条约集》（第四集），法律出版社 1987 年版，第 376~377 页。

〔3〕 参见张文显主编：《法理学》，法律出版社 2007 年版，第 121 页。

〔4〕 参见张文显主编：《法理学》，法律出版社 2007 年版，第 121 页、第 123~124 页。

对国际条约而言，类比适用也无不妥。因此，基于法律原则的概念，笔者将国际条约原则的概念界定为"国际条约的基本要素之一，是国际条约中可以作为众多条约规则之基础或本源的综合性、稳定性的原理和准则"。并且，条约原则比条约规则的适用范围更广，其在条约实施上发挥着指导条约解释和条约推理、补充条约漏洞并强化条约的调控能力、限定自由裁量权的合理范围三大重要作用。

与条约规则一样，条约原则也会对条约仲裁权进行限制。比如，《海洋法公约》第300条[1]可被认为是条约原则的表述，即"诚信履行公约义务"和"禁止滥用权利"的原则。而其对条约仲裁权的限制表现为：若当事方行使仲裁权利时未能诚信地履行公约规定的相关义务（比如履行交换意见的义务），或者当事方行使仲裁权利构成滥用权利（比如明显没有任何依据地申请仲裁），条约仲裁权主体应当拒绝行使管辖权。再如，《联合国宪章》第2条[2]对宪章原则作出了规定。由于这些原则属于国际社会的根本原则，任何国际主体从事任何国际行为都必须遵守这些原则，所以它们也会对条约仲裁权主体行使条约仲裁权进行限制。比如，《联合国宪章》第2条第3款[3]规定的"各会员国应以和平方法解决其国际争端，避免危及国际和平、安全及正义"的原则，就要求作为和平方法之一的仲裁在解决国际争端时发挥维护国际和平的作用，从而要求仲裁庭在行使条约仲裁权时不得危害国际和平。这显然也是对条约仲裁权的一种限制。

需要说明的是，根据权力边界划定的一般理论，法律原则对权力的限制是发生性的，所以条约原则对条约仲裁权之限制也具有发生性，即只能在个案中根据特定的情况限制条约仲裁权，并且与条约规则所作限制形成重叠或取代的关系。

二、国际习惯对条约仲裁权边界的划定

国际习惯作为国际法的第二类重要渊源，同样可能限制条约仲裁权，并

---

〔1〕 参见中华人民共和国外交部条约法律司编：《中华人民共和国多边条约集》（第四集），法律出版社1987年版，第380页。

〔2〕 参见中华人民共和国外交部条约法律司编：《中华人民共和国多边条约集》（第一集），法律出版社1987年版，第293~294页。

〔3〕 参见中华人民共和国外交部条约法律司编：《中华人民共和国多边条约集》（第一集），法律出版社1987年版，第293页。

据此划定条约仲裁权的边界。然而，国际习惯与国际条约相比有一个非常明显的区别：后者是国家为实现国际社会整体需要，通过谈判与合作制定规则与原则而形成的成文法；前者则必须是基于一些偶然的、有限的特例而建立，形成过程非常缓慢，并且具有不确定性。[1]换言之，因为国际条约属于成文法，所以其对条约仲裁权的限制具有相对明确性（条约规则的限制尤甚）：就依据特定条约（如《海洋法公约》附件七）开展的各种条约仲裁而言，条约的限制原则上是统一的、一致的。国际习惯则不然。"习惯在本质上常常不甚明确。"[2]国际习惯不是成文法，不由国际立法机关加以确认。虽然国际立法机关可以编纂国际习惯，但严格说来，经编纂后的国际习惯已经是成文法而不再是一般意义上的习惯法了。因此，国际习惯的确立通常是由法院或者由司法过程来完成的，[3]往往仅在特定案件中发挥法的作用。当然，这里的法院应当作广义理解，包括作为准司法主体的仲裁庭在内。

有学者对《常设国际法院规约》确立国际习惯法概念起至 2010 年期间，常设国际法院和国际法院所作的涉及国际习惯法的案例进行了如下初步统计，详见表 2-1。[4]

表 2-1　常设国际法院和国际法院涉及国际习惯法的案例统计（截至 2010 年）

案件名称	判决/咨询意见作出机构和时间	与国际习惯规则相关的法律适用争端以及法庭判决的态度
荷花号案（Lotus Case）	常设国际法院（1927）	"公海上船舶碰撞中，船旗国对船员具有排他性管辖权"是否构成国际习惯规则；法院持否定态度

---

〔1〕　See Lori Fisher Damrosch, et al., *International Law, Cases and Materials*（*Fifth Edition*）, Thomson Reuters, 2009, pp. 114-115.

〔2〕　G. M. Danilenko, *Law-making in the International Community*, Martinus Nijhoff Publishers, 1993, p. 257.

〔3〕　参见姜世波：《习惯国际法的司法确定》，中国政法大学出版社 2010 年版，第 243 页。

〔4〕　其中，1986 年之前的案例由江海平博士统计，1986 年之后的案例由姜世波博士统计。参见江海平："国际习惯法理论问题研究"，厦门大学 2006 年博士学位论文，第 183~185 页；姜世波：《习惯国际法的司法确定》，中国政法大学出版社 2010 年版，第 210~216 页。

续表

案件名称	判决/咨询意见作出机构和时间	与国际习惯规则相关的法律适用争端以及法庭判决的态度
欧洲多瑙河委员会管辖权问题的咨询意见（Advisory Opinion Concerning the Jurisdiction of the European Commission of the Danube）	国际法院（1927）	欧洲多瑙河委员会对布勒伊拉（Braila）的管辖权对罗马尼亚来说是否构成有拘束力的习惯规则；法院持肯定态度
科孚海峡案（Corfu Channel Case）	国际法院（1948—1949）	用于国际航行的海峡是否适用"无害通过制度"，这一制度是否构成有拘束力的国际习惯；法院判决肯定了这一惯例的存在
外交庇护权案（Columbian-Peruvian Asylum Case）	国际法院（1950）	"一国有权单方面决定避难者犯罪的性质"是否因为地区性公约的规定而构成有拘束力的特殊国际习惯（适用美洲地区）从而拘束该地区非公约成员国；法院判决持否定态度
"关于灭种罪公约保留"的咨询意见（the Advisory Opinion on the Reservations to the Genocide Convention）	国际法院（1951）	"对于一些非常重要的国际公约不能提出保留以保证公约的统一性"是否构成对成员方有拘束力的国际习惯规则；法院判决持否定态度
英—挪渔业案（the British-Norwegian Fisheries Case）	国际法院（1951）	是否存在"禁止一国使用直线基线划法，并禁止海湾单条领海基线超过10海里长"这样一条国际习惯规则；法院判决持否定态度
在摩洛哥的美国国民权利案（Rights of Nationals of the U. S. A in Morocco）	国际法院（1952）	"美国在法属摩洛哥的领事裁判等特权"是否构成一项对摩洛哥有拘束力的习惯规则；法院否定了美国的主张
诺特波姆案（Nottebohm Case）	国际法院（1955）	外交保护方面的国际习惯规则的确定和争议；法院判决否定了一国（列支敦士登公国）授予国际行为可以作为国际法上确定的行使外交保护的依据

案件名称	判决/咨询意见作出机构和时间	与国际习惯规则相关的法律适用争端以及法庭判决的态度
印度领土过境权案（Right of Passage over Indian Territory Case）	国际法院（1960）	关于印度和葡萄牙之间的过境安排是否构成对双方有拘束力的特殊国际习惯规则；法院判决肯定了这一点
联合国某些开支的咨询意见案（Advisory Opinion on Certain Expenses of the U. N. Case）	国际法院（1962）	联合国大会对某些行动费用分配的决定权是否构成符合《联合国宪章》的一种惯例，从而对成员方有拘束力；国际法院肯定了这一惯例
北海大陆架案（the North Sea Continental Shelf Cases）	国际法院（1969）	在排除《大陆架公约》适用的情况下，关于大陆架划界可以适用何种国际习惯规则调整；法院确立了公平划界原则
渔业管辖权案（Fishery Jurisdiction Case）	国际法院（1974）	既有国际习惯法是否允许沿岸国划定一定范围的专属渔区，在此区域内其拥有渔业优先权；法院判决肯定了这一点
突尼斯和利比亚大陆架案（Continental Shelf Case Between Tunisia and Libia）	国际法院（1982）	关于大陆架划定的国际习惯规则的确定
缅因湾海洋区域划界案（Delimitation of the Maritime Boundary in the Gulf of Maine Area Case）	国际法院（1984）	关于大陆架划定的国际习惯规则的确定
利比亚和马耳他大陆架案（Continental Shelf Case Between Libia and Malta）	国际法院（1985）	关于大陆架划定的国际习惯规则的确定
在尼加拉瓜的军事和准军事行动案（Case Concerning Military and Paramilitary Activities in and Against Nicaragua）	国际法院（1986）	"禁止使用武力和以武力侵入他国领土"是否构成国际习惯规则；法院判决肯定了这一点

续表

案件名称	判决/咨询意见作出机构和时间	与国际习惯规则相关的法律适用争端以及法庭判决的态度
使用和威胁使用核武器的合法性的咨询意见（Legality of the Use by a State of Nuclear Weapons in Armed Conflict）	国际法院（1995）	全面禁止使用和威胁使用核武器是否构成习惯国际法；法院一般持肯定态度，但对于国家面临存亡时是否使用态度不明
关于使用武力合法性案（南斯拉夫诉北约各国）（Legality of Use of Force）	国际法院（1999）	使用武力进行人道主义干预是否构成国际习惯规则；法院持否定态度
逮捕令案（刚果诉比利时）（Arrest Warrant of 11 April 2000, Democratic Republic of the Congo v. Belgium）	国际法院（2000）	是否存在对被告行使确实审判的普遍管辖权的国际习惯法；法院持否定态度

在以上被统计出的国际习惯中，虽然并无直接限制条约仲裁权的国际习惯规则和原则，但不能就此断言它们跟条约仲裁权没有关系。比如，条约仲裁权之实体裁决权能项下存在一项"法律适用权"，即选择、适用和解释法律规范对案件进行实体裁决的权力。上述诸多国际习惯属于仲裁庭在类似情形下应当适用的法律，从而实质上对仲裁庭的法律适用权进行了限制。

三、一般法律原则对条约仲裁权边界的划定

可能对条约仲裁权进行限制的国际法渊源还包括一般法律原则，这种限制构成一般法律原则对条约仲裁权边界的划定。然而，虽然一般法律原则也被列为国际法的渊源之一，但它们更倾向于在某问题不存在固定的习惯或条约时发挥填补空缺的功能。[1]因此，条约仲裁权一般先由国际条约和国际习惯进行限制，只有当某项具体权能没有二者限制时，一般法律原则才会发挥限制功能。

郑斌教授以国际法院和法庭的裁决为基础，在考察《国际法院规约》第38条第1款第（寅）项设想的一般法律原则的实质，以及它们作为国际法适

---

[1] See Gideon Boas, *Public International Law: Contemporary Principles and Perspectives*, Edward Elgar Publishing Limited, 2012, p. 105.

用时所受到的限制之后，将一般法律原则归纳为以下四类：（1）自保原则；（2）诚信原则；（3）作为任何法律秩序中都不可或缺的责任的法律概念，以及这一概念中包含的一般法律原则；（4）某些司法程序中的一般法律原则。[1]虽然郑斌教授并未穷尽地归纳一般法律原则，但从他已经归纳的内容看，一般法律原则（尤其是司法程序中的一般法律原则）可能会对条约仲裁权进行限制。

比如，条约仲裁权之实体裁决权能项下存在一项"证据和意见采信权"，即条约仲裁权主体享有并行使是否以及如何采信证据和意见的权力。然而，无论是国际条约还是国际习惯，关于证据和意见采信的规范都比较欠缺。郑斌教授在"证明与举证责任"类别项下归纳出了与"司法认知、推定、证据接受与评估、原告的声明及宣誓、言词证据、文件证据、最佳证据规则、间接证据、表面证据、举证责任"等相关的诸多一般法律原则。[2]当国际条约和国际习惯没有对应规定时，条约仲裁权主体将适用这些一般法律原则对证据和意见予以采信，从而体现出一般法律原则对"证据和意见采信权"的限制。

再比如，《华盛顿公约》第53条第1款[3]规定，"裁决对双方具有约束力"。显然，该条是有关条约仲裁裁决效力权的规定。然而，该规定并不完善，因为其未表明裁决是否对案外人发生既判力（这一点与《海洋法公约》第296条第2款[4]的规定有明显不同）。那么，条约仲裁权主体依据该规定而享有的裁决效力权能否使裁决对案外人发生既判力呢？答案应是否定的。因为作为一项一般法律原则，既判力的权威只对相关的当事方具有终局性和拘束力，[5]所以，即使《华盛顿公约》没有明确规定，但依据该一般法律原则，裁决也不应对案外人发生既判力。这正是一般法律原则对裁决效力权所

[1]　参见［英］郑斌：《国际法院与法庭适用的一般法律原则》，韩秀丽、蔡从燕译，法律出版社2012年版，第27页。

[2]　参见［英］郑斌：《国际法院与法庭适用的一般法律原则》，韩秀丽、蔡从燕译，法律出版社2012年版，第310~347页。

[3]　参见中华人民共和国外交部条约法律司编：《中华人民共和国多边条约集》（第六集），法律出版社1994年版，第59页。

[4]　参见中华人民共和国外交部条约法律司编：《中华人民共和国多边条约集》（第四集），法律出版社1987年版，第377页。

[5]　参见［英］郑斌：《国际法院与法庭适用的一般法律原则》，韩秀丽、蔡从燕译，法律出版社2012年版，第353~354页。

作的限制。

综上所述，作为国际法三大渊源的国际条约、国际习惯和一般法律原则都可能对条约仲裁权进行限制，从而分别划定条约仲裁权的边界。它们所划定的条约仲裁权边界统筹起来，就构成了国际法对条约仲裁权边界的划定。

第四节　国内法对条约仲裁权边界的划定

根据权力边界划定的一般理论，无论是国内权力还是国际权力，划定权力边界的法律范围都包括国内法和国际法。因此，条约仲裁权作为一种权力，其边界不仅由国际法所作限制而划定，而且由国内法所作限制而划定。本节将分别从理论和实践的视角，就国内法对条约仲裁权边界的划定展开分析。

一、国内法划定条约仲裁权边界的法理分析

(一) 仲裁地法划定条约仲裁权边界的法理分析

众所周知，仲裁中有一个非常重要的法律概念——仲裁地，即仲裁的法律处所（Legal Domicile）所在的国家，并且该国法律总体上管辖仲裁诸多重要方面的程序，既包括内部程序问题，也包括外部程序问题。[1]仲裁地的法律意义在于其被认为是进行仲裁活动的法律上的地点，仲裁地的国内仲裁法（以下简称仲裁地法）对仲裁活动之规制和对仲裁关系之调整，是仲裁地国行使属地管辖权的结果，而该法成为仲裁程序法正是属地管辖原则和场所决定行为原则的自然延伸。条约仲裁也有仲裁地。因此，除非特殊情况（比如《华盛顿公约》对仲裁地法的排除适用[2]），仲裁地法作为仲裁程序法并对条约仲裁权进行限制，进而划定条约仲裁权的边界，均属理所当然之事。

1. 仲裁地法对作为国内权力的条约仲裁权之限制

条约仲裁权可能形式来源于国内仲裁法，这部分条约仲裁权因本源于人

---

　　〔1〕　See Gary B. Born, *International Commercial Arbitration* (*Third Edition*), Kluwer Law International, 2021, p. 1657.

　　〔2〕　See Alejandro López Ortiz, Patricia Ugalde-Revilla, Christopher Chinn, "Chapter 12, The Role of National Court in ICSID Arbitration", in Crina Baltag ed., *ICSID Convention after 50 Years: Unsettled Issues*, Kluwer Law International, 2016, p. 331.

民向国家让渡的人权而归属于国内权力，此时的国内仲裁法表现为仲裁地法。该法在赋予条约仲裁权主体以条约仲裁权的同时，无疑也对此类仲裁权进行限制。这就是仲裁地法限制作为国内权力的条约仲裁权的法理依据。

比如，依据《印尼—埃及投资协定》第9条[1]的规定，投资者将其与东道国的投资争端提交 CRCICA 并依据《贸法会仲裁规则》（2013）进行仲裁。当事方共同约定仲裁地为埃及开罗，或者在当事方没有约定时仲裁庭依据《贸法会仲裁规则》（2013）第18条[2]确定仲裁地在埃及开罗。显然，在该投资条约仲裁中，埃及仲裁法有关条约仲裁权主体之权限的规定就是相应的条约仲裁权的形式来源，而埃及仲裁法（属于埃及的国内法）也必将对这部分条约仲裁权进行限制。再如，南海仲裁案属于依据《海洋法公约》开展的条约仲裁。虽然《海洋法公约》中有关仲裁程序的规定是该案的仲裁程序法，但由于该案的仲裁地位于荷兰海牙，所以仲裁地所在国（荷兰）的《荷兰民诉法（仲裁篇）》的规定也适用于该案仲裁程序，[3]从而构成该案的另一部分仲裁程序法。故此，在该案条约仲裁权主体享有的条约仲裁权中，有一部分权力形式来源于《荷兰民诉法（仲裁篇）》，也应受到该法的限制。[4]

2. 仲裁地法对作为国际权力的条约仲裁权之限制

条约仲裁权除了可能形式来源于国内仲裁法之外，还可能形式来源于仲裁合意和/或国际仲裁法，从而作为国际权力而存在。那么，仲裁地法是否会对作为国际权力的条约仲裁权进行限制呢？对此，笔者持肯定观点：虽然作为国际权力的条约仲裁权并非形式来源于仲裁地法，即非由仲裁地法赋予，但因为仲裁活动在法律上被认为在仲裁地进行，所以仲裁地国对仲裁活动本身享有属地管辖权，并基于此对仲裁活动进行规制。这种对仲裁活动的规制无疑会部分地表现为对条约仲裁权的限制，即条约仲裁权主体不得违反仲裁

---

[1]　See International Investment Agreement Navigator, https://investmentpolicy. unctad. org/international-investment-agreements, last visited on January 15, 2021.

[2]　参见联合国网站，https://uncitral. un. org/sites/uncitral. un. org/files/media-documents/uncitral/zh/uncitral-arbitration-rules-2013-c. pdf，最后访问时间：2021 年 1 月 15 日。

[3]　See Bommel van der Bend, Marnix Leijten, Marc Ynzonides ed. , *A Guide to the NAI Arbitration Rules*: *Including a Commentary on Dutch Arbitration Law*, Kluwer Law International, 2009, p. 17.

[4]　《荷兰民诉法（仲裁篇）》第 1073 条第 1 款规定：“本篇的规定应适用于仲裁地位于荷兰的仲裁。”显然，该条规定的仲裁属于宏观的仲裁，理应包括条约仲裁在内。参见鲁洋：“论宏观仲裁法学的构建”，载《吉首大学学报（社会科学版）》2018 年第 4 期。

地法的强制性规定行使权力。

(二) 当事国法划定条约仲裁权边界的法理分析

除了仲裁地法之外,条约仲裁活动涉及的国内法还包括作为当事方的国家 (以下简称当事国) 的国内法 (以下简称当事国法)。然而,与仲裁地法不同,当事国法既非任何条约仲裁权的形式来源,又非仲裁的法律处所所在国的法律,故当事国法既不能基于"赋权暨限权"的道理限制条约仲裁权,又不能依据属地管辖原则限制条约仲裁权。那么,当事国法能否对条约仲裁权进行限制,从而划定条约仲裁权的边界呢? 如果能够限制,其法理依据又是什么呢?

众所周知,国际法与国内法在一国国内法律体系中的关系问题,或者说国际法在一国国内法律体系中的地位问题,是一个老生常谈的问题,其中自然包括条约在一国国内法律体系中的地位问题。对此,理论界曾形成国际法 (包括条约) 与国内法关系的"两派三论":一元论认为国际法 (包括条约) 和国内法属于同一个法律体系,但存在国际法 (包括条约) 优先和国内法优先两种不同的论点;二元论则认为国际法 (包括条约) 和国内法是两个不同的法律体系,故不存在何者优先的问题。[1]而在世界各国的法治实践中,不同国家对条约在其国内法中的地位采取了大不相同的做法:大多数国家采用"条约的地位高于法律但低于宪法"的原则;少数国家,例如美国,确认"条约的地位低于宪法但与法律相同";还有个别国家,例如阿根廷,规定条约的地位不仅低于宪法还低于法律;当然,也有个别国家,例如荷兰,规定条约的地位不仅高于法律还高于宪法。[2]显然,从现实主义视角看,除了荷兰等个别国家认为条约效力高于宪法的之外,绝大部分国家都在其国内法律体系中划定了一部分地位高于条约的国内法,笔者将这部分国内法称为超条约国内法。

1. 超条约国内法限制条约仲裁裁决效力权

如前所述,条约仲裁权的权能包括裁决效力权,即条约仲裁权主体享有并行使的使得条约仲裁裁决具有特定法律效力的权力。其中,特定的法律效

---

〔1〕 参见王铁崖:《国际法引论》,北京大学出版社1998年版,第180页。

〔2〕 古祖雪:"治国之法中的国际法:中国主张和制度实践",载《中国社会科学》2015年第10期。

力之一是使得裁决得以遵从的效力；相应的，裁决效力权的能力之一就是使得当事国承担并履行遵从条约仲裁裁决的义务。然而，该义务一般来源于条约的规定。比如，遵从依据《海洋法公约》附件七作出之裁决的义务来源于该公约第 296 条第 1 款〔1〕和附件七第 11 条〔2〕的规定，遵从依据《华盛顿公约》作出之裁决的义务来源于该公约第 53 条第 1 款〔3〕和第 54 条第 1 款〔4〕的规定，遵从依据 DSU 第 22 条第 6 款〔5〕作出之裁决的义务来源于 DSU 第 22 条第 7 款〔6〕的规定。即使是仅以国内仲裁法为仲裁程序法的条约仲裁，遵从裁决的义务也源于条约。比如，依据前述《印尼—埃及投资协定》第 9 条〔7〕的规定，投资者将其与东道国的投资争端提交 CRCICA 并依据《贸法会仲裁规则（2013）》进行仲裁。此时，当事国遵从裁决的义务来源于仲裁规则第 34 条第 2 款〔8〕的规定，而适用该规则正是《印尼—埃及投资协定》第 9 条规定的义务。因此可以说，遵从裁决的义务实质上也来源于《印尼—埃及投资协定》第 9 条的规定。

既然遵从条约仲裁裁决的义务来源于条约，那么当事国是否会无条件地履行这一义务呢？至少从现实主义视角看，答案必然是否定的。虽然依据《联合国宪章》第 2 条第 2 款〔9〕以及《条约法公约》（1969）第 26 条〔10〕和

〔1〕　参见中华人民共和国外交部条约法律司编：《中华人民共和国多边条约集》（第四集），法律出版社 1987 年版，第 376 页。

〔2〕　参见中华人民共和国外交部条约法律司编：《中华人民共和国多边条约集》（第四集），法律出版社 1987 年版，第 435 页。

〔3〕　参见中华人民共和国外交部条约法律司编：《中华人民共和国多边条约集》（第六集），法律出版社 1994 年版，第 59 页。

〔4〕　参见中华人民共和国外交部条约法律司编：《中华人民共和国多边条约集》（第六集），法律出版社 1994 年版，第 59 页。

〔5〕　参见鲍志才编：《世界贸易组织法典》，四川辞书出版社 2001 年版，第 48~49 页。

〔6〕　参见鲍志才编：《世界贸易组织法典》，四川辞书出版社 2001 年版，第 49 页。

〔7〕　See International Investment Agreement Navigator, https://investmentpolicy. unctad. org/international-investment-agreements, last visited on January 15, 2021.

〔8〕　参见联合国网站，https://uncitral. un. org/sites/uncitral. un. org/files/media-documents/uncitral/zh/uncitral-arbitration-rules-2013-c. pdf，最后访问时间：2021 年 1 月 15 日。

〔9〕　参见中华人民共和国外交部条约法律司编：《中华人民共和国多边条约集》（第一集），法律出版社 1987 年版，第 293 页。

〔10〕　参见中华人民共和国外交部条约法律司编：《中华人民共和国多边条约集》（第七集），法律出版社 2002 年版，第 182 页。

第27条〔1〕的规定，缔约国不能依据其国内法的规定而拒绝履行条约义务，但我们不能忽略超条约国内法的影响。如果当事国国内法律体系中存在超条约国内法，并且条约仲裁裁决结果违反其超条约国内法的规定，那么履行遵从裁决的条约义务也必然会违反该法的规定。鉴于超条约国内法具有高于条约的地位，此时当事国很可能拒绝履行遵从裁决的条约义务，因为这是位阶更高的超条约国内法的要求。显然，当事国拒绝履行该条约义务具有国内法上的合法性，其来源于当事国国内法中有关"上位法优先于下位法"的规定。然而问题是，在国际法层面，这种合法性是否存在呢？笔者认为同样存在，因为我们可以证成这样一项国际习惯：当条约的规定与超条约国内法的规定相冲突时，国家优先适用超条约国内法的规定（以下简称"超条约国内法先于条约适用"）。要证成该命题，首先应当明晰国际习惯的构成要素，即《国际法院规约》第38条第1款所意涵的"存在通例"以及"通例被接受为法律"两项。正如国际法委员会所指出的那样："要确定一项习惯国际法规则的存在及内容，必须查明是否存在一项被接受为法律（法律确信）的一般惯例。"〔2〕因此，"超条约国内法先于条约适用是国际习惯"的证成有赖于以下两个子命题的证成。

（1）存在"超条约国内法先于条约适用"的通例。如前所述，通例是指国家的实践，是国家在彼此交往中的行为所构成的，〔3〕属于社会学的因素、数量的因素。〔4〕一般认为，通例要成为国际习惯的基本要素之一，必须满足时间性、连续性和一般性三项条件。〔5〕以下，笔者主要根据万鄂湘教授等从比较法角度对"国际法在各国的适用"之研究，考察不同国家采取的"超条约国内法先于条约适用"的实践。

①日本的实践。虽然《日本宪法》第98条第2款规定了"日本国缔结的

〔1〕 参见中华人民共和国外交部条约法律司编：《中华人民共和国多边条约集》（第七集），法律出版社2002年版，第182页。

〔2〕 参见国际法委员会第六十八届会议的报告，第79页，载联合国网站，https://legal.un.org/ilc/reports/2016/chinese/a_71_10.pdf，最后访问时间：2021年1月15日。

〔3〕 参见王铁崖：《国际法引论》，北京大学出版社1998年版，第72~73页。

〔4〕 See Hiram E. Chodosh, "Neither Treaty nor Custom: The Emergence of Declarative International Law", *Texas International Law Journal*, Volume 26, 1991.

〔5〕 See James Crawford, *Brownlie's Principles of Public International Law (Eight Edition)*, Oxford University Press, 2012, pp. 24-25.

条约及已确立的国际法规定，必须诚实遵守之"，但该条第 1 款同时规定，"本宪法为国家最高法规，与本宪法条款相违反的法律、命令、诏书以及有关国务的其他行为的全部或一部，一律无效"。[1]由此可见，在日本国内的法律体系中，宪法位于最高层，法律处于宪法之下且不得与它相抵触，日本国会所承认的国际条约，作为日本的法律，也处于宪法之下，不得与宪法相抵触。[2]这意味着在日本国内法律体系中，至少宪法具有高于条约的位阶，属于超条约国内法，当条约规定与超条约国内法的规定相抵触时，优先适用超条约国内法的规定。

②韩国的实践。1987 年《大韩民国宪法》第 6 条规定，"根据宪法缔结、公布的条约及普遍得到承认的国际法规具有和国内法同等效力"；经议会认可的条约和议会的制定法都是"韩国的法律"，但是与韩国宪法规定相抵触的条约，正如与宪法相抵触的国会制定法一样，在韩国法上都是无效的。[3]显然，这意味着在韩国国内法律体系中，至少宪法也具有高于条约的位阶，属于超条约国内法，当条约规定与超条约国内法规定相抵触时，优先适用超条约国内法的规定。

③印度的实践。根据《印度共和国宪法》第 73 条"联邦行政权限的范围"的规定，联邦的行政权限应包括：（1）议会拥有立法权的事项；（2）印度政府根据条约或协定得以行使的权利、权限与司法权限。[4]当然，行政权限必须遵从宪法的条款。[5]印度从执法的角度确立了"如果制定法和条约（及国际习惯法）相抵触，给予制定法以优先于条约的地位"。[6]这意味着在印度国内法律体系中，一般国内法（更不用说宪法）就具有高于条约的位阶，属于超条约国内法，当条约规定与超条约国内法规定相抵触时，优先适用超条约国内法的规定。

④英国的实践。英国属于判例法国家，英国法院对法律的适用代表着国

---

〔1〕　参见万鄂湘主编：《国际法与国内法关系研究》，北京大学出版社 2011 年版，第 97 页。

〔2〕　万鄂湘主编：《国际法与国内法关系研究》，北京大学出版社 2011 年版，第 97 页。

〔3〕　参见万鄂湘主编：《国际法与国内法关系研究》，北京大学出版社 2011 年版，第 103 页。

〔4〕　See V. S. Mani, "Effectuation of International Law in the Municipal Legal Order: The Law and Practice In india", *Asian Yearbook of International Law*, Volume 5, 1995.

〔5〕　See V. S. Mani, "Effectuation of International Law in the Municipal Legal Order: The Law and Practice In india", *Asian Yearbook of International Law*, Volume 5, 1995.

〔6〕　参见万鄂湘主编：《国际法与国内法关系研究》，北京大学出版社 2011 年版，第 107 页。

家适用法律的态度。在英国国内法院，条约不具有直接适用的效力，条约只有经过议会的立法程序转化为国内法后才能在国内适用；同时，由于条约的效力还可以被以后的议会法令所废除，因此条约的等级地位低于议会制定法。[1]此外，虽然当制定法条款语言模糊时，法院会尽量查证条约条文以解释制定法（从而尽量使制定法的适用与条约规定保持协调），但是如果制定法的条款是清晰的、无歧义的，那么即使其与条约的条款相抵触，法院也必须适用制定法。[2]由此可见，在英国国内法律体系中，制定法具有高于条约的位阶，属于超条约国内法，当条约规定与超条约国内法规定相抵触时，优先适用超条约国内法的规定。

⑤德国的实践。《德意志联邦共和国基本法》第 59 条第 2 款规定，所有规定联邦共和国政治关系或涉及联邦立法事项的条约应由联邦法律加以规定。由于条约是经德国联邦法律加以规定并取得德国法律上的效力，它们并没有高于联邦法律的地位；同时，根据后法优于前法的原则，后来的德国法律优于先前的条约。[3]这意味着在德国国内法律体系中，联邦法律具有高于条约的位阶，属于超条约国内法，当条约规定与超条约国内法规定相抵触时，优先适用超条约国内法的规定。

⑥法国的实践。法国虽然在 1946 年宪法和 1958 年宪法中都明文规定了条约优于一般国内法的地位，但在实践中，直到在 1975 年宪法法院和最高法院分别作出的一个判决中，条约优于一般国内法的地位才真正得以落实。[4]至于条约与宪法的位阶关系，按照 1958 年《法国宪法》第 54 条规定，应当认为宪法对条约具有相对的优越地位，如果宪法法院宣告一个国际条约包含与宪法相抵触的条款，那么只有在修改宪法以后，法国国会才能许可该条约的批准或核准。[5]这些意味着在法国国内法律体系中，宪法具有高于条约的位阶，属于超条约国内法，当条约规定与超条约国内法规定相抵触时，优先适用超条约国内法的规定。

⑦俄罗斯的实践。虽然《俄罗斯联邦宪法》第 15 条第 4 款明确规定了条

---

〔1〕 万鄂湘主编：《国际法与国内法关系研究》，北京大学出版社 2011 年版，第 119 页。

〔2〕 参见万鄂湘主编：《国际法与国内法关系研究》，北京大学出版社 2011 年版，第 123 页。

〔3〕 万鄂湘主编：《国际法与国内法关系研究》，北京大学出版社 2011 年版，第 129 页。

〔4〕 参见万鄂湘主编：《国际法与国内法关系研究》，北京大学出版社 2011 年版，第 135~137 页。

〔5〕 万鄂湘主编：《国际法与国内法关系研究》，北京大学出版社 2011 年版，第 137 页。

约具有高于俄罗斯国内法的地位（如果俄罗斯缔结的国际条约的规定与法律的规定相抵触，适用国际条约的规定），但是《俄罗斯联邦宪法》第15条第4款并没有赋予条约高于俄罗斯宪法的地位，俄罗斯宪法法院有权审查尚未生效的条约是否与宪法一致，与宪法相抵触的条约不发生效力。[1]这意味着在俄罗斯国内法律体系中，俄罗斯联邦宪法具有高于条约的位阶，属于超条约国内法，当条约规定与超条约国内法规定相抵触时，优先适用超条约国内法的规定。

⑧美国的实践。《美国联邦宪法》第6条第2款规定，联邦宪法、联邦一般法律、条约都是全国的最高法律。[2]然而，美国联邦最高法院通过早年作出的两个著名判例确立了国际条约的地位低于宪法，也低于后生效的一般国内法的地位。[3]由于判例法是美国的正式法律渊源，所以上述两个判例意味着在美国国内法律体系中，联邦宪法与后生效的一般国内法具有高于条约的位阶，属于超条约国内法，当条约规定与超条约国内法规定相抵触时，优先适用超条约国内法的规定。

尽管不同国家的宪政和立法实践不完全相同，但通过分析以上主要国家的实践，我们不难看出，在这些国家的国内法律体系中，都存在着超条约国内法。一些国家的超条约国内法仅包括宪法，另一些国家的超条约国内法包括宪法和一般国内法。由于超条约国内法具有高于条约的位阶，所以当条约规定与超条约国内法的规定相抵触时，根据上位法优于下位法的原则，超条约国内法的规定应当优先得以适用。当然，我们不排除个别国家，比如荷兰，不承认超条约国内法的存在（荷兰经修改的1983年宪法确定了条约不仅优于一般国内法，而且优于宪法，从而意味着荷兰国内法律体系中不存在地位高

---

〔1〕　参见万鄂湘主编：《国际法与国内法关系研究》，北京大学出版社2011年版，第142页。

〔2〕　See Kenneth R. Thomas, Larry M. Eig ed. , *The Constitution of the United States of America: Analysis and Interpretation (Centennial Edition)*, U. S. Government Printing Office, 2013, p. 18.

〔3〕　第一个判例是最高法院于1801年受理的威廉·马伯里诉詹姆斯·麦迪逊案，其确立了美国联邦宪法效力高于普通法律效力的规则，当两者相互冲突但又均可以适用于某一个案时，应当由宪法支配该案；第二个判例是最高法院于1888年就惠特尼诉罗伯森案作出的判例，其确立了条约与普通法律具有同等的效力位阶，两相冲突时，后生效者优先适用。See Supreme Court of the United States, "William Marbury v. James Madison", Secretary of State of the United State, 1 Cranch 137, 5 U. S. 137, 1803 WL 893, 2 L. Ed. 60, Judgement; See Supreme Court of the United States, "Whitney et al. v. Robertson, Collector", 124 U. S. 190, 8 S. Ct. 456, 31 L. Ed. 386, Judgement.

于条约的国内法）〔1〕。但是，正如国际法委员会对一读通过的《关于习惯国际法识别的结论草案》之结论8——有关实践必须具备普遍性，即必须具有足够的广泛性和代表性，而且是一致的——所作之评论那样："没有必要证明所有国家都参与了所涉实践。"〔2〕因此，荷兰的个别做法并不能改变"超条约国内法先于条约适用"构成普遍、一致的国家实践。换言之，"超条约国内法先于条约适用"具备构成通例所要求的"一般性"。至于时间性和连续性，我们可以看到，美国确立国际条约低于宪法和后生效的一般国内法的两个最高法院判例形成于19世纪，而以上分析的其他国家的宪法或其他法律规定以及相关的实践大多发生于20世纪（比如《德意志联邦共和国基本法》于1949年生效、《印度共和国宪法》于1950年生效、《法国宪法》于1958年生效、《大韩民国宪法》于1987年生效等）。这些时间足以证明"超条约国内法先于条约适用"具备构成通例的时间性和持续性。所以，我们可以得出结论：各国存在"超条约国内法先于条约适用"这一可以作为国际习惯构成要素的通例。

（2）"超条约国内法先于条约适用"的通例被接受为法律。接受为法律，或称法律确念，是心理学的因素、主观的因素。〔3〕该要素要求"有关实践必须带有一种法律权利或义务意识，即它必须伴有关于此种实践被习惯国际法所允许、要求或禁止的确念"。〔4〕我们不难发现，"超条约国内法先于条约适用"的通例是被相关国家作为法律义务而执行的，因为相比于适用条约，国家优先适用位阶更高的超条约国内法之规定，是遵守其国内法中"上位法优先于下位法"的规则，属于履行法律义务。换言之，相关国家认为其有国内法律义务优先适用超条约国内法的规定，而这明显构成了一项法律确念。此外，其他国家针对特定实践作出或不作出反应，包括沉默，也构成显示法律确信存在的重要证据。〔5〕国际法委员会在《关于习惯国际法识别的结论草

---

〔1〕 参见万鄂湘主编：《国际法与国内法关系研究》，北京大学出版社2011年版，第139页。

〔2〕 参见国际法委员会第六十八届会议的报告，第92页，载联合国网站，https://legal. un. org/ilc/reports/2016/chinese/a_71_10.pdf，最后访问时间：2021年1月15日。

〔3〕 See Hiram E. Chodosh, " Neither Treaty nor Custom: The Emergence of Declarative International Law", *Texas International Law Journal*, Volume 26, 1991.

〔4〕 参见国际法委员会第六十八届会议的报告，第94页，载联合国网站，https://legal. un. org/ilc/reports/2016/chinese/a_71_10.pdf，最后访问时间：2021年1月15日。

〔5〕 中国国际法学会：《南海仲裁案裁决之批判》，外文出版社2018年版，第249页。

案》之结论 10 中指出：

> "在有关国家有能力作出反应并且有关情况也要求作出某种反应的情况下，对一种惯例经过一定时间而没有作出反应，可用作已接受其为法律（法律确信）的证据。"[1]

事实上，各国的国内法体系中普遍存在超条约国内法，（应）为各国所知悉；当条约规定与超条约国内法的规定相抵触时，国家将根据法律位阶规则优先适用后者之规定，也（应）为各国所知悉。然而，在与别国缔结条约时，一国普遍对别国国内存在超条约国内法以及未来可能发生的"超条约国内法先于条约适用"之情形采取容忍、默认的态度（否则将不会与别国缔结条约）。这也证明各国对于"超条约国内法先于条约适用"的通例持有法律确念。

根据以上论证，由于各国普遍采取"超条约国内法先于条约适用"的实践，即存在通例，同时各国对该实践保有法律确念，即该通例被接受为法律，所以"超条约国内法先于条约适用"构成一项国际习惯。根据该项国际习惯，我们可以引申出如下推论：因为"超条约国内法先于条约适用"构成国际习惯，所以当履行条约义务必然违反超条约国内法的规定时，缔约国优先适用超条约国内法的规定而拒绝履行条约义务，符合国际习惯法；又因为当条约仲裁裁决结果违反当事国超条约国内法的规定时，履行遵从裁决的条约义务必然违反当事国超条约国内法的规定，所以当事国优先适用超条约国内法的规定而拒绝履行遵从与之相违的条约仲裁裁决的义务，也符合国际习惯法。总而言之，当条约仲裁裁决结果违反当事国超条约国内法的规定时，当事国依据超条约国内法而拒绝履行遵从裁决的条约义务具有来自国际习惯法的国际合法性。

接下来需要回答的另一个非常关键的理论问题是：国际条约和国际习惯都属于国际法的渊源，虽然当事国依据超条约国内法而拒绝履行遵从违反该法之条约仲裁裁决的义务，符合国际习惯法，但却不符合国际条约有关遵从裁决的规定。那么，这种对条约规定的违反是否意味着当事国从国际习惯获

---

[1] 参见国际法委员会第六十八届会议的报告，第 96 页，载联合国网站，https://legal.un.org/ilc/reports/2016/chinese/a_71_10.pdf，最后访问时间：2021 年 1 月 15 日。

得的国际合法性会被剥褫呢？对此，笔者认为应做否定回答，因为国际条约所规定的遵从条约仲裁裁决的义务应被理解为暗含一项前提条件，即履行该义务不得违反当事国超条约国内法的规定，理由如下。

　　一方面，如前所述，当事国拒绝履行违反其超条约国内法的条约义务符合国际习惯，国际条约的规定不应与国际习惯相抵触。另一方面，一般而言，国家在决定缔结某一国际条约之前，必定会对其国内法是否与该条约相抵触进行评估和判断，并确保该条约的规定不与其超条约国内法的规定明显冲突，[1]否则就会出现"缔约便违约"的尴尬局面。因此，"条约规定不与其超条约国内法的规定明显冲突"，或者说"履行条约规定的义务不与其超条约国内法的规定明显冲突"，是国家缔约的前提条件，也是国家缔约真意的一部分，即使这种真意只是心照不宣。由此推之，履行遵从条约仲裁裁决的条约义务不得与其超条约国内法的规定明显冲突，也是国家缔约时心照不宣的缔约真意的一部分。该缔约真意应作为前提条件，暗含于相应的条约条款当中。此亦可谓格劳秀斯所称的"默示协议"的一种。[2]条约仲裁权主体在对相应条款进行解释时，应当将这层暗含的真意解释出来，这也符合《条约法公约》（1969）第31条第4款有关"倘经确定当事国有此原意，条约用语应使其具有特殊意义"的解释规则。退一步讲，即使国际条约所规定的遵从条约仲裁裁决的义务是绝对的，并不暗含任何前提条件，当事国依据超条约国内法而拒绝履行遵从与之相违的条约仲裁裁决的义务，依然不失国际合法性。这是因为"在一般意义上说，作为国际法的渊源，条约与国际习惯相比较，是处于次要地位的"。[3]即使当事国的做法违反了条约规定，但因其符合更高地位的国际习惯法，故不失国际合法性。

　　综上所述，当条约仲裁裁决结果违反当事国超条约国内法的规定时，当事国拒绝履行遵从该裁决的条约义务，不仅具有超条约国内法授予的国内合法性，而且具有国际习惯法授予的国际合法性。这表明条约仲裁权主体享有的裁决效力权并非绝对的，而是受到当事国超条约国内法的限制，其边界也

---

〔1〕　至于国内法律体系中地位低于条约的国内法是否与条约相冲突，并非国家必须解决的问题，因为国家可以直接适用条约规定，并且不违反其国内法。

〔2〕　参见［荷］格劳秀斯：《战争与和平法》（第三卷），［美］弗兰西斯 W. 凯尔西等英译，马呈元、谭睿译，中国政法大学出版社2017年版，第356~361页。

〔3〕　王铁崖：《国际法引论》，北京大学出版社1998年版，第63页。

由当事国超条约国内法划定。

2. 超条约国内法限制条约仲裁实体裁决权

当事国超条约国内法除了对裁决效力权进行限制之外，还对实体裁决权进行限制。这是因为享有和行使条约仲裁权的终极目标之一是仲裁庭作出的裁决得到当事国的遵从，然而，正如上文所论证的，当事国并非无条件地遵从裁决。如果裁决结果违反其超条约国内法的规定，那么当事国有权拒绝遵从裁决。因此，条约仲裁庭若想使其所作裁决得到当事国的遵从，则其在裁决时就必须对当事国超条约国内法予以考虑，并且原则上不应作出违反当事国超条约国内法的裁决结果。显然，这无异于当事国超条约国内法对实体裁决权进行了限制，并且这种限制是建立在实现"裁决得以遵从"这一终极目标的期望之上的。

然而，"裁决得以遵从"并非条约仲裁唯一的目标，所以当事国法对实体裁决权的限制不能绝对化，不能要求仲裁庭无条件地考虑当事国超条约国内法的规定，并且无论如何不得作出与之相违的裁决结果。否则，当事国就可以轻易地利用超条约国内法逃避国际义务，进而极大地损害国际法律秩序，破坏国际法治原则。鉴于此，笔者认为，当事国超条约国内法限制实体裁决权应当存在例外情形，一旦裁决结果违反当事国超条约国内法是因为这些例外情形而导致的，就不能认为条约仲裁庭僭越了实体裁决权的边界。笔者将这些例外情形统称为"构成越权的例外情形"，具体包括以下几个方面。

第一，间接违反例外。许多情形下，通过法律解释，当事国超条约国内法可以涵盖其法律体系中的方方面面。比如以宪法为超条约国内法的国家，由于宪法是其根本大法，所有下位法律都必须根据宪法而制定，所以作为超条约国内法的宪法可被解释为涵盖所有下位法的内容。这样，只要裁决结果违反当事国任一国内法规范，都可能间接违反当事国超条约国内法。如果要求条约仲裁庭不得作出此种间接违反当事国超条约国内法的裁决结果，那么相当于当事国所有国内法规范都可以对仲裁庭的实体裁决权进行限制，以致当事国可以轻易地逃避国际义务，这显然是不合理的。因此，当事国超条约国内法对实体裁决权的限制必须存在"间接违反例外"，即如果裁决结果只是间接地违反当事国超条约国内法，那么不能视为仲裁庭僭越了实体裁决权的边界。

　　第二，法律修改例外。如前所述，国家会在缔结条约之前确保其超条约国内法不与条约相冲突，否则就会出现"缔约便违约"的尴尬局面。因此，作为国家缔结条约之默认前提的不与条约存在明显冲突的本国超条约国内法，以及作为国家同意与别国缔结条约之默认前提的不与条约存在明显冲突的别国超条约国内法，都应当指缔结条约时有效的超条约国内法。这属于当事国缔约真意的一部分。然而，假设当事国在缔约之后对超条约国内法进行了修改，而这种修改导致条约仲裁裁决结果与被修改的事项发生冲突，那么也不能视为仲裁庭僭越了实体裁决权的边界，否则就可能为当事国通过修改超条约国内法逃避条约义务创造条件。这就是"法律修改例外"的意旨。

　　第三，唯一解释例外。虽然条约仲裁庭原则上不应作出违反当事国超条约国内法的仲裁裁决，但不能忽略的事实是，条约仲裁庭是依据仲裁程序法规定的国际或国内实体法进行实体裁决。如果仲裁庭适用的实体法律条文具有清晰的表意，只能作出唯一解释，而根据这种唯一解释得出的裁决结果必然违反当事国超条约国内法，那么此时仲裁庭只能依据这种唯一解释作出裁决，否则将陷入不依法裁决的境地，而这无疑是难以被接受的。所以，裁决所依据的实体法律规范具有唯一解释可以成为当事国超条约国内法限制实体裁决权的例外情形。

　　第四，明示同意例外。虽然当事国超条约国内法对实体裁决权进行了限制，但若当事国放弃该限制，同意仲裁庭作出违反其超条约国内法的裁决，那么仲裁庭自然可以基于当事国同意而不再考虑其超条约国内法的限制，并作出与之相违的裁决。当然，需要强调的是，此时仲裁庭突破超条约国内法的限制作出与之相违的裁决完全基于当事国的同意，这种同意必须由当事国明示作出，而不能由仲裁庭通过自主解释认定当事国存在默示同意，否则仲裁庭就可能对自己的越权行为寻找理由。

　　第五，利益权衡例外。国家有国家的利益，国际社会也有国际社会的利益。国家利益主要通过国内法予以维护，而国际社会利益主要通过国际法予以维护。当事国超条约国内法要求条约仲裁庭原则上不得作出与之相违的裁决（否则裁决可能得不到当事国的遵从）无疑是当事国维护其国家利益的表现。但是，条约仲裁庭还承担着维护国际社会利益的义务。若遵从当事国超条约国内法的要求而导致所作裁决对国际社会利益造成重大损害，则仲裁庭可基于利益权衡的需要而突破当事国超条约国内法的限制，作出与之相违的裁决，以维护国际社会利益。当然，仲裁庭这样做必须以可能对国际社会利益造成的损害程度重大到足以使其既不顾当事国的默示要求，又不顾裁决可能对当事国利益造成损害为前提。

3. 超条约国内法限制条约仲裁案件管辖权

传统现实主义国际关系理论认为国际争端可以区分为两类：政治性争端和法律性争端。前者是被当事国及其他相关国家认为事关其根本利益的争端，具有法律上的"非裁判性"，不能诉诸国际裁判方式解决，至多适用于政治或外交的解决方法；后者则是不涉及国家根本利益的争端，故可交由国际裁判机构审理。[1]徐崇利教授从历史到现实，从理论到实践，对"政治性争端"的非裁判性进行了详细的考究和充分的论证。他指出：

> "既然国家同意原则构成保证'政治性争端'非裁判性的基石，对于国家这样的真实意愿表达，国际裁判机构应予充分尊重。通常而言，国际裁判机构都希望有案可断，借以显示自己的存在感，因此，国际裁判机构往往具有扩大自身管辖权的天性。对于'法律性争端'，国际裁判机构的这种管辖权扩张或可理解，但对于'政治性争端'，按照传统现实主义的非裁判性原理，各国就此类争端不愿受制于国际裁判机构而提起管辖权抗辩，就是担心其根本利益会因国际裁判机构的裁判而严重受损。在国家已提起管辖权异议的情况下，如若国际裁判机构罔顾'政治性争端'的非裁判性属性，扩张乃至滥用管辖权，势必招致各国的抵制和反对。"[2]

受徐崇利教授的研究和论证启发，笔者认为，当事国超条约国内法亦会限制条约仲裁案件管辖权。原因是：由超条约国内法直接保护的利益往往是当事国认为的根本利益，关涉这些利益的争端属于"政治性争端"，具有非裁判性。对于此类争端，国家极有可能不会同意将其提交给条约仲裁权主体进行仲裁。[3]然而，由于以国际条约条文表现的仲裁条款和管辖权规则往往具有一定的弹性，能被作出可左可右的解释，所以在判断应否对关涉当事国超

---

[1] 徐崇利："国际争端的政治性与法律解决方法"，载《国际政治研究》2018年第2期。

[2] 徐崇利："国际争端的政治性与法律解决方法"，载《国际政治研究》2018年第2期。

[3] 徐崇利："国际争端的政治性与法律解决方法"，载《国际政治研究》2018年第2期。

条约国内法所保护的根本利益的争端行使管辖权时，条约仲裁权主体应当秉持司法克制理念，遵循"政治性争端"非裁判性原理，对具有弹性的仲裁条款和管辖权规则作出不具有管辖权的解释，从而拒绝对关涉当事国超条约国内法所保护的根本利益的争端行使管辖权。毫无疑问，这种对条约仲裁权主体行使案件管辖权的司法克制要求，可以视为当事国超条约国内法对条约仲裁案件管辖权的限制。

二、国内法划定条约仲裁权边界的实例分析

（一）仲裁地法划定条约仲裁权边界的实例分析

条约仲裁权受何种仲裁地法限制具有一定的偶然性，取决于当事方约定的或仲裁庭/仲裁机构决定的仲裁地。所以，从理论上说，任何国家的仲裁法都可能作为仲裁地法而限制条约仲裁权。但此类国内仲裁法必须满足一个前提，即不拒绝对条约仲裁案件进行管辖。换言之，如果某国仲裁法对适用范围进行了限缩，规定不适用于特定的条约仲裁，那么其自然不能对条约仲裁权进行限制。比如《贸法会示范法》第1条第1款规定："本法适用于国际商事仲裁，但须服从在本国与其他任何一国或多国之间有效力的任何协定。"[1]显然，该法的适用范围仅限于"国际商事仲裁"。如果依据《海洋法公约》附件七开展的条约仲裁之仲裁地在采纳示范法的国家，那么该条约仲裁就不在仲裁地法的适用范围之内，仲裁地法也就不能对相关的条约仲裁权进行限制。

仲裁地法限制作为国内权力的条约仲裁权之实例，比如当印度投资者依据《印度—塞浦路斯投资协定》第9条第3款第（d）项[2]的规定，以塞浦路斯为被申请人向SCC申请投资条约仲裁，双方约定或者仲裁庭决定仲裁地为瑞典斯德哥尔摩。此时，《瑞典仲裁法》将作为仲裁地法调整仲裁程序，[3]赋予仲裁庭条约仲裁权，并对该权力进行限制。于是，仲裁庭依据

---

〔1〕 参见联合国网站，https://uncitral. un. org/sites/uncitral. un. org/files/media-documents/uncitral/zh/07-86997_ ebook. pdf，最后访问时间：2021年1月15日。

〔2〕 See International Investment Agreement Navigator, https://investmentpolicy. unctad. org/international-investment-agreements, last visited on January 15, 2021.

〔3〕 See Christer Danielsson, "Chapter 7, Applicable Law", in Ulf Franke, et al. ed. , *International Arbitration in Sweden: A Practitioner's Guide*, Kluwer Law International, 2013, p. 138.

《瑞典仲裁法》第 2 条[1]享有的自裁管辖权就属于作为国内权力的条约仲裁权，而第 2 条也对该权力作出了限制，即法院可以根据一方当事人的要求对仲裁庭行使自裁管辖权所作出的管辖决定进行审查。

仲裁地法限制作为国际权力的条约仲裁权之实例，比如《荷兰民诉法（仲裁篇）》第 1036 条第 1 款[2]的规定。如果依据《海洋法公约》进行的条约仲裁之仲裁地位于荷兰（比如南海仲裁案），虽然《海洋法公约》附件七第 5 条[3]授予了仲裁庭确定仲裁程序的权力（因其形式来源于《海洋法公约》，故属于国际权力），但是该条约仲裁权仍受到仲裁地法——《荷兰民诉法（仲裁篇）》第 1036 条第 1 款的限制，即仲裁庭自行确定的程序"不得侵害本标题[4]下的条款"。

（二）当事国法划定条约仲裁权边界的实例分析

当事国法划定条约仲裁权的边界，也即对条约仲裁权进行限制，取决于两类法律规范：第一，当事国法中哪些法律属于超条约国内法的规定；第二，当事国超条约国内法的具体规定。前一类法律明确了限制条约仲裁权的当事国法之范围，后一类法律明确了当事国法对条约仲裁权所作的具体限制。

1. 当事国超条约国内法的范围

对条约仲裁权进行限制的当事国法主要指超条约国内法，即在当事国国内法律体系中效力高于条约的国内法。那么，确定超条约国内法的范围就是判断当事国法对条约仲裁权所作限制的第一步。不同国家规定超条约国内法的范围并不一致，具体包括以下几种情况。

（1）不存在超条约国内法。有的国家规定国际条约的地位高于包括宪法在内的一切国内法，相当于不承认超条约国内法存在于其国内法律体系当中。依此观点，当该国成为条约仲裁当事国时，其任何国内法都不得作为当事国

---

〔1〕 See "The Swedish Arbitration Act 2019", in Lise Bosman ed. , *ICCA International Handbook on Commercial Arbitration*, ICCA & Kluwer Law International, 2020, p. 1.

〔2〕 See Bommel van der Bend, Marnix Leijten, Marc Ynzonides ed. , *A Guide to the NAI Arbitration Rules: Including a Commentary on Dutch Arbitration Law*, Kluwer Law International, 2009, Annex.

〔3〕 参见中华人民共和国外交部条约法律司编：《中华人民共和国多边条约集》（第四集），法律出版社 1987 年版，第 434 页。

〔4〕《荷兰民诉法（仲裁篇）》共包括两个标题：标题一是"荷兰境内的仲裁"，标题二是"荷兰境外的仲裁"。此处的"本标题"是指标题一。

法对条约仲裁权进行限制。采取这种观点的国家比如希腊。1975 年《希腊共和国宪法》第 28 条第 1 款规定："公认的国际法准则和国际公约，自法律批准之日并根据其本身所规定的条件生效之日起，成为希腊本国法律的组成部分，并具有超越任何与之相抵触的法律条款的效力。"[1]

（2）只有宪法是超条约国内法。有的国家规定国际条约的地位低于宪法但高于一般国内法，相当于只承认宪法是超条约国内法，其他国内法均不是超条约国内法。依此观点，当该国成为条约仲裁当事国时，其宪法将作为当事国法对条约仲裁权进行限制。采取这种观点的国家比如爱沙尼亚共和国。《爱沙尼亚共和国宪法》第 123 条规定："爱沙尼亚共和国不签订与宪法相违背的国家间条约。如果爱沙尼亚共和国的法律和其他法令与议会批准的国际条约相抵触，将采用国际条约的规定。"[2]

（3）宪法与后生效的一般国内法均是超条约国内法。有的国家规定国际条约的地位低于宪法，并且低于条约之后生效的一般国内法。这相当于承认宪法和后生效的一般国内法均是超条约国内法。依此观点，当该国成为条约仲裁当事国时，其宪法和后生效的一般国内法均作为当事国法对条约仲裁权进行限制。采取这种观点的国家比如美国。如前文所述，虽然《美国联邦宪法》第 6 条第 2 款规定联邦宪法、联邦一般法律、条约都是全国的最高法律，[3]但是美国联邦最高法院通过早年作出的两个著名判例确立了国际条约的地位低于宪法，也低于后生效的一般国内法。[4]

（4）宪法与一般国内法均是超条约国内法。有的国家规定国际条约的地位低于宪法并且低于一般国内法，相当于认为宪法和一般国内法都是超条约国内法。依此观点，当该国成为条约仲裁当事国时，其宪法和一般国内法均

---

〔1〕 参见姜士林等主编：《世界宪法全书》，青岛出版社 1997 年版，第 1218 页。

〔2〕 参见姜士林等主编：《世界宪法全书》，青岛出版社 1997 年版，第 704 页。

〔3〕 See Kenneth R. Thomas, Larry M. Eig ed. , *The Constitution of the United States of America*: *Analysis and Interpretation* (*Centennial Edition*), U. S. Government Printing Office, 2013, p. 18.

〔4〕 第一个判例是最高法院于 1801 年受理的威廉·马伯里诉詹姆斯·麦迪逊，其确立了美国联邦宪法效力高于普通法律效力的规则，当两者相互冲突但又均可以适用于某一个案时，应当由宪法支配该案；第二个判例是最高法院于 1888 年就惠特尼诉罗伯森案作出的判例，其确立了条约与普通法律具有同等的效力位阶，两相冲突时，后生效者优先适用。See Supreme Court of the United States, "William Marbury v. James Madison", Secretary of State of the United State, 1 Cranch 137, 5 U. S. 137, 1803 WL 893, 2 L. Ed. 60, Judgement; See Supreme Court of the United States, "Whitney et al. v. Robertson, Collector", 124 U. S. 190, 8 S. Ct. 456, 31 L. Ed. 386, Judgement.

作为当事国法对条约仲裁权进行限制。采取这种观点的国家比如阿根廷。1863 年 8 月 25 日阿根廷第 48 号法律第 21 条规定："阿根廷法院和法官执行职务时，应依本条所规定的优先顺序，适用宪法作为本国的最高法律，然后适用国会已通过或可能通过的法律、与外国缔结的条约、各省的个别法律、本国过去适用的一般法律和国际法原则。"[1]

2. 当事国超条约国内法的具体规定

由于当事国超条约国内法对条约仲裁裁决效力权和实体裁决权的限制均以裁决结果是否违反超条约国内法的规定为判断标准，而对案件管辖权的限制也以相关争端是否关涉超条约国内法直接保护的根本利益为判断标准，所以超条约国内法如何限制以上条约仲裁权，取决于超条约国内法的具体规定。比如，作为超条约国内法的《爱沙尼亚共和国宪法》，其第 2 条规定："爱沙尼亚国家的领土、领水和领空是一个统一的、不可分割的整体。"[2]显然该条规定了爱沙尼亚共和国领土完整的原则。那么，当爱沙尼亚共和国作为条约仲裁当事国时，《爱沙尼亚共和国宪法》规定的领土完整原则会对条约仲裁权主体享有并行使的案件管辖权、实体裁决权和裁决效力权进行限制，分别表现为条约仲裁权主体应对关涉爱沙尼亚共和国领土完整原则的争端保持司法克制；如果确定行使管辖权，那么原则上不应当作出与爱沙尼亚共和国领土完整原则直接冲突的裁决，除非存在"构成越权的例外情形"；如果作出了违反爱沙尼亚共和国领土完整原则的裁决，爱沙尼亚共和国有权拒绝遵从该裁决。

本章小结

条约仲裁权边界的划定是条约仲裁边界研究中的基础问题，只有划定了边界，条约仲裁权主体遵循该边界才有前提，对相应的越界行为进行矫正也才有标准。本章通过四节内容对条约仲裁权边界的划定展开研究。

第一节主要阐述权力边界划定的一般理论，因为这是条约仲裁权边界划定必须遵循的理论。针对为何要划定权力边界（划定权力边界的缘由）的问

---

[1]　参见张德瑞："论我国宪法部门和国际法的冲突与协调"，载《郑州大学学报（哲学社会科学版）》2005 年第 6 期。

[2]　参见吴晓秋："论宪法上的领土原则"，载《政法论坛》2015 年第 3 期。

题，本节认为划定权力边界是权力本源的必然结果，是权力特性的首要规制，是法治国家的根本要求，也是和谐社会的重要保障。针对如何划定权力边界（划定权力边界的方法）问题，本节认为权力的边界由法律所作限制而划定，其中划定权力边界的法律范围包括国内法和国际法，而规范类型则包括法律规则和法律原则。针对国际权力边界划定的问题，本节认为其缘由同样包括国际权力本源的必然结果、国际权力特性的首要规制、国际社会的根本要求、和谐国际社会的重要保障四项。并且国际权力的边界同样由国际法和国内法的限制而划定，限权法律的规范类型同样包括法律规则和法律原则。

第二节主要分析了划定条约仲裁权边界的法律渊源。因为国际法和国内法都具有不同的渊源，它们对条约仲裁权边界的划定主要表现为各自渊源所作的限定，所以必须先对各自渊源有清晰的认知。本节认为，划定条约仲裁权的国际法的渊源包括国际条约、国际习惯和一般法律原则，而划定条约仲裁权的国内法的渊源包括制定法和判例法。

第三节主要研究国际法对条约仲裁权边界的划定，具体分为国际条约对条约仲裁权边界的划定、国际习惯对条约仲裁权边界的划定，以及一般法律原则对条约仲裁权边界的划定三个部分。在每一部分，笔者通过具体实例展现了不同国际法渊源限制条约仲裁权进而划定其边界的情形。

第四节主要研究国内法对条约仲裁权边界的划定，并从理论和实例两个方面展开分析。从理论上说，仲裁地法和当事国法都可能限制条约仲裁权进而划定其边界。其中，仲裁地法对作为国内权力的条约仲裁权之限制主要基于"授权暨限权"的原则实现，而对作为国际权力的条约仲裁权之限制主要基于属地管辖原则而实现。当事国法对条约仲裁权的限制则表现为对裁决效力权、实体裁决权和案件管辖权的限制，分别是：当事国有权拒绝履行遵从违反其超条约国内法的裁决之义务；条约仲裁庭原则上不应作出违反当事国超条约国内法的裁决，除非存在"构成越权的例外情形"；对于关涉当事国超条约国内法直接保护的根本利益的争端，条约仲裁权主体在判断是否具有管辖权时，应当秉持司法克制理念。从实例来看，仲裁地法限制作为国内权力的条约仲裁权，比如在以斯德哥尔摩为仲裁地的 SCC 投资条约仲裁中，《瑞典仲裁法》第 2 条对仲裁庭自裁管辖权的限制；而限制作为国际权力的条约仲裁权，比如在以海牙为仲裁地的《海洋法公约》仲裁中，《荷兰民诉法（仲裁篇）》第 1036 条第 1 款对仲裁庭享有的自行决定仲裁程序的权力之限制。

当事国法限制条约仲裁权则取决于当事国法中有关超条约国内法之范围的规定以及超条约国内法本身的规定。比如在爱沙尼亚共和国作为当事方的条约仲裁中，该国宪法中有关领土完整的原则对条约仲裁裁决效力权、实体裁决权和案件管辖权的限制。

第三章

条约仲裁权边界的遵循

要确保权力在边界内行使，仅仅划定权力的边界尚不够，因为通过法律限制而划定的权力边界仅是静态的边界，不能保证权力主体遵循该边界行使权力。现实中层出不穷的僭越权力边界的事例都证明了这一点。条约仲裁权亦不例外。仅仅划定条约仲裁权的边界并不足以确保条约仲裁权主体在边界内行权。因此，我们还必须研究"条约仲裁权边界的遵循"，即如何使条约仲裁权主体遵循其权力的边界。这即是本章的研究内容。

第一节　权力边界遵循的一般理论

条约仲裁权作为一种权力，其边界的遵循同样应当适用权力边界遵循的一般理论。所以，本节将对权力边界遵循的一般理论进行阐释，以便为条约仲裁权边界的遵循提供理论铺垫和方法指导。笔者认为，权力边界的遵循一方面应当是权力主体自觉地遵循（以下简称权力边界的自律），另一方面则是通过外部监督机制督促其遵循（以下简称权力边界的他律），前者主要关注权力边界遵循的方法指引，后者则主要关注权力边界遵循的监督机制建设。本节前两部分分别研究权力边界的自律和他律，第三部分则单独阐释国际权力边界的遵循问题。

一、权力边界的自律

权力主体在行使权力时遵循权力的边界，是其不可推卸的义务，应在其权力观中具有根深蒂固的地位。然而，即使权力主体具有自觉遵循权力边界的意愿，其应当如何自觉地遵循也并非易事，需要一定的方法指引。笔者认为，由于权力的边界系通过法律对权力的限制而划定，所以遵循权力的边界就是要遵循法律对权力的限制，这主要涉及两个操作性问题：第一，如何识别限制权力的法律；第二，如何适用限制权力的法律。

（一）识别限制权力的法律

识别，即指认识和辨别。权力主体若想遵循权力的边界，就必须对限制其权力的法律有清晰的认识和辨别，必须明确其想要行使的权力受到哪些法律的限制，这些法律及其所作限制之间具有怎样的相互关系。正如第二章所述，对某项权力进行限制的法律往往并不唯一，从宪法到其他法律，从国内法到国际法，可谓错综复杂。比如，我国海关对进口商品征收关税的权力，在国内受到我国宪法、海关法、海关相关的条例或管理办法等国内法的限制，在国际上则受到 WTO 项下的条约等国际法的限制。正是这些法律的共同限制才最终划定了我国海关征收关税的权力边界。所以，识别限权法律首先要对限权法律的范围进行识别，即识别所有限制权力的法律。权力主体唯有识别所有对其权力进行限制的法律，方能具备遵循权力边界的前提。当然，这种对限权法律范围的识别仍然不够，还需要对这些法律之间以及它们对权力所作限制之间的相互关系进行识别。具体而言，包括以下几个方面。

1. 识别限权法律的效力等级

众所周知，法律存在位阶。所谓法律位阶是指在统一的法律体系内，确定不同类别规范性法律文件之间的效力等级与适用顺序的制度。[1]比如在我国，宪法的位阶高于全国人民代表大会颁布的法律，全国人民代表大会颁布的法律的位阶又高于行政法规。上位法与下位法就同一事项存在冲突规定时，上位法的规定优先适用。然而，决定有关同一事项相冲突的法律规范之适用顺序的原则并非仅有位阶原则，还有新法优先于旧法、特别法优先于一般法等原则。如果限制权力的法律同时涉及国际法和国内法，那么二者之间也存在适用顺序的问题。虽然有的学者并不认可法律之间存在效力等级，[2]但是，如果从法律规范实际发挥效力的角度看，笔者认为，法律的适用顺序实际上可以视作法律的效力等级的体现。因为无论是上位法优先于下位法、新法优先于旧法，还是特别法优先于一般法等，其适用结果都是导致上位法、新法和特别法等的效力得以发挥，而下位法、旧法和一般法等的效力受到压制，

---

〔1〕　胡玉鸿："试论法律位阶划分的标准——兼及行政法规与地方性法规之间的位阶问题"，载《中国法学》2004 年第 3 期。

〔2〕　参见邓世豹："法律位阶与法律效力等级应当区分开"，载《法商研究》1999 年第 2 期。

相当于前者的效力等级高于后者的效力等级。

基于以上认识，当权力主体识别了对其权力进行限制的所有法律之后，就有必要对这些法律的效力等级进行识别，包括是否存在上位法和下位法、新法和旧法、特别法和一般法、国际法与国内法等关系。作此识别的意义在于为它们的适用进行铺垫，即当它们就同一权力的同一方面所作的限制存在冲突时，优先适用效力等级高的法律。

2. 识别法律规则与法律原则

由于法律规则与法律原则都可能对权力进行限制，所以权力主体还需要对限权法律中哪些属于法律规则、哪些属于法律原则进行识别。这种识别也为它们的适用进行铺垫，因为作为规则形式出现的限权法律和作为原则形式出现的限权法律存在适用上的不同方式：前者是惯常性适用，即大多数情况下适用法律规则对权力进行限制；后者则是发生性适用，即在特殊情况下基于特定价值的考量，才能适用法律原则对权力进行限制。以法官在合同案件中的裁判权为例。多数情况下，法官必须依据合同法的规则进行裁判，也就是说依据合同法规则限制法官的裁判权；然而，在特殊情形下（例如不知情时的凶宅买卖、配偶对情妇赠与遗产等），诚实信用、公序良俗等法律原则会对法官的裁判权作出限制，从而使其不再遵循惯常应当适用的合同法规则，而是依据合同法原则进行裁判。[1]

3. 识别授权性规范与义务性规范

法律对权力的限制，一方面可以通过授权性规范完成，也就是直接规定在何种条件下、在多大范围内，授予什么主体怎样的权力；另一方面可以通过义务性规范完成，也就是规定权力主体在行使权力时必须承担怎样的义务，从而对其权力进行限制。比如，我国《刑事诉讼法》第136条规定："为了收集犯罪证据、查获犯罪人，侦查人员可以对犯罪嫌疑人以及可能隐藏罪犯或者犯罪证据的人的身体、物品、住处和其他有关的地方进行搜查。"这显然是授予侦查人员以搜查权的授权性规范，其中"为了收集犯罪证据、查获犯罪人""侦查人员""犯罪嫌疑人以及可能隐藏罪犯或者犯罪证据的人的身体、物品、住处和其他有关的地方""进行搜查"分别对授予权力的条件、主体、

---

〔1〕 参见彭诚信："从法律原则到个案规范——阿列克西原则理论的民法应用"，载《法学研究》2014年第4期。

范围、内容进行了限制。然而，我国《刑事诉讼法》第 138 条第 1 款又规定："进行搜查，必须向被搜查人出示搜查证。"这就是对搜查权进行限制的义务性规范。识别授权性规范与义务性规范的意义在于：因为前者对权力的限制是直接表现，后者对权力的限制是间接表现，所以权力主体在考量权力边界时，往往容易忽视后者。强调对这两种不同的限权法律规范的识别，可以使权力主体对其权力边界有充分的认知，从而有利于权力主体准确遵循其权力的边界。

(二) 适用限制权力的法律

通过以上方式对限权法律进行识别之后，权力主体就应当适用这些法律来明确其可以行权的范围，从而实现遵循权力边界的目的。关于适用这些法律的方法，笔者认为至少包括两个层次：其一，由于限权法律具有多样性，所以对不同效力等级和不同规范类型的法律，应当遵循特定的适用位序，笔者称之为位序规则。其二，正如有学者所言——当从一定距离来观察法律时，你看到的是一个规则的迷宫[1]——现实中的法律从体系到条文经常表现得极其复杂并颇为抽象、模糊，再加上权力主体所面临的行权情境往往五花八门，从而使得准确适用这些法律必须依靠法律解释。笔者将如何进行法律解释的方法称为解释规则。位序规则与解释规则共同构成了比较完备的适用限权法律的规则。

1. 限权法律适用的位序规则

不同的限权法律在适用位序上可能存在全部适用和部分适用的关系，从而形成全部适用规则与部分适用规则两种位序规则。

(1) 全部适用规则。当一项权力受到彼此互不冲突的不同法律规范限制时，权力主体不能仅适用其中一部分法律规范而弃用另一部分法律规范。这些法律规范应当全部得到适用，它们对权力所作的限制也应当发生叠加的效果。比如，我国《刑事诉讼法》第 136 条和第 138 条对搜查权的限制就应当全部得以适用，发生叠加限制搜查权的效果。

(2) 部分适用规则。当一项权力受到彼此相互冲突的不同法律规范限制时，权力主体应当依据特定的标准，仅适用其中一部分法律规范而弃用另一

---

[1]　George P. Fletcher, *Basic Concepts of Criminal Law*, Oxford University Press, 1998, p. 7.

部分法律规范，使得被适用的那部分法律规范发生限制权力的效果，而被弃用的那部分法律规范不再发生限制权力的效果。比如，当上位法对权力的限制与下位法对权力的限制发生冲突时，依据"上位法优先于下位法适用"的规则，只适用上位法的规定；特定案件中，当法律规则对权力的限制与法律原则对权力的限制发生冲突时，通过价值权衡，仅适用法律规则或法律原则的规定。

为了避免对上述两种位序规则产生误解，有必要对它们作出以下澄清。首先，所谓的法律规范，包括法律规则和法律原则两种规范类型，不能片面地理解。其次，所谓的"冲突"，必须是法律规范对权力所作限制之间彼此对立、不能共存，仅仅是对权力作出的不同限制不能当然地被认为存在冲突。最后，所谓的全部或部分适用，应当是实质意义上而非形式意义上的全部或部分适用。比如上位法律规范与下位法律规范就相同权力作出相同限制时（此时属于互不冲突的情形），权力主体可能仅在形式上将相对具体的下位法律规范作为限权法律适用，但不能因此认为其因形式上弃用了上位法律规范而属于部分适用；相反，权力主体实质上是对上位法律规范和下位法律规范全部予以了适用。

2. 限权法律适用的解释规则

法律解释大致可被定义为对法律之含义所作的理解和说明。[1]作为对法律适用具有重大乃至决定性影响的法律之解释，绝不可以恣意任为，必须遵循特定的规则，才能确保法律解释符合法律的真意并实现法律所欲达到的适用效果。因此，陈金钊教授才会认为："从技术论的角度看，法律解释规则及其运用方法构成了法治思维和法治方式的核心内容。"[2]足见法律解释规则的重要作用。

然而，法律解释规则本身高度复杂，即使长篇大论，也未必能对其有比较充分的阐释。囿于本部分的主旨和篇幅，笔者在本部分中仅借用陈金钊教授的研究成果对具体的法律解释规则进行简单介绍，而将在后文中针对限制条约仲裁权的法律规范的解释进行更加详细的论述。

---

〔1〕 See Andrei Marmor, *Interpretation and Legal Theory*, Oxford University Press, 1992, p. 13.

〔2〕 陈金钊："法律解释规则及其运用研究（上）——法律解释规则的含义与问题意识"，载《政法论丛》2013 年第 3 期。

按照陈教授的观点，相对重要的法律解释规则包括以下六个大类。

（1）合法性解释规则，即强调法律解释、判断、推理、论证、修辞与法律之间保持逻辑一致性关系的解释方法。

（2）文义解释规则，即以法律文本为导向，按照法律用语的基本含义确定法律以及事实的法律意义的解释方法。

（3）体系性解释规则，其中狭义的体系解释是指在上下文之间和不同的部门法之间进行意义勾连的识别，从而对立法者原意或制定法规范意义进行探究的解释方法；广义的体系解释则是指超过法律的规定，在更宽泛的历史与现实的背景中探寻法律的意义的解释方法。

（4）目的解释规则，即在特定场合下，基于法律规范的目的取向而对其进行解释的方法。

（5）合理性解释规则，即强调法律解释应当避免不合理的解释结果的解释方法。

（6）法律解释立场的客观与自主适度把握的规则，其中前者的核心含义是尽量排除个人的意志，寻求解释结果与职业共同体之间的共识，要求法律人用一种客观的、中立的姿态去解释法律，尽量遵守文本规范的原本含义；后者则倾向于认为法律的意义随着时代精神的变迁而变迁，这种变迁在法律语词空间当中进行，故应发挥解释者的主观能动性，从内而外地发现法律规范的真意。[1]

二、权力边界的他律

权力边界的自律以权力主体具有自觉遵循的主观意愿为前提，然而权力运行的历史经验表明，任何将权力边界之遵循完全寄托于这一前提的想法都无疑充斥着过多的浪漫主义色彩，最终极可能导致适得其反、事与愿违的结果。正如学者所言：

"权力天然大于个人权利和其他社会组织的力量，权力如果没有必要的监督和制约，就容易越轨运行，就会出现侵犯个人权利、过度干预其他

---

[1]　参见陈金钊："法律解释规则及其运用研究（中）——法律解释规则及其分类"，载《政法论丛》2013 年第 4 期。

社会活动、导致经济活力窒息等情况的发生，最典型就是由于公共权力的过大，或者缺乏有效的监督和制约而产生的腐败、权力寻租等现象。"[1]

因此，应当设立完善的监督机制，促使权力主体基于外施而内化的压力，不敢、不能或不易僭越权力的边界，进而达到遵循权力边界的目的。

关于监督权力的方式，古今中外，人们创造了丰富多彩的理论思想和实践行动，有学者将它们归纳为政治、法律、社会、道德、暴力五大模式，并在每种模式项下细分出诸多具体举措。[2]这种归纳可以说是比较全面的。在此，笔者仅讨论法律对权力的监督，也即以法律作为监督权力的依据和手段，属于"以法监督"。[3]用法律监督权力既是最正当的权力监督方式，在终极意义上也是最有效的权力监督方式：最高正当性源于法治社会中法律被赋予的公道内核与正义形象，而最高有效性则源于其通过一视同仁的规范方式和多元有力的强制手段所形成的权威和力量。法律对权力监督的方式多种多样，但笔者认为以下几种主要方式值得关注。

（一）以权力监督权力

孟德斯鸠认为："为了防止滥用权力，必须通过事物的统筹协调，以权力制止权力。"[4]以权力制止权力的方式之一就是以权力监督权力，即通过法律设置某些特定权力，并通过它们对其他权力的行使进行监督。以权力监督权力之所以属于法律监督的一种方式，是因为发挥监督功能的权力本身也是由法律所规定的，受到法律的规制与保护。实践中，以权力监督权力的实例不胜枚举。如，我国《民事诉讼法》赋予人民检察院的民事检察权，就是对民事审判权进行监督的公权力，其监督内容包括实体监督和程序监督。[5]再如，我国《仲裁法》和《民事诉讼法》赋予人民法院的撤销和不予执行商事仲裁裁决的权力，就是对仲裁权主体享有的商事仲裁权进行监督的公权力。

在以权力监督权力的方式中，需要注意的是，除了作为被监督对象的权

---

〔1〕 钱容德："依法治国的着力点：明晰权力边界"，载《科学社会主义》2015 年第 6 期。

〔2〕 参见谢佑平、江涌："论权力及其制约"，载《东方法学》2010 年第 2 期。

〔3〕 参见莫负春："论权力监督和权利监督"，载《华东政法学院学报》1999 年第 3 期。

〔4〕 [法] 孟德斯鸠：《论法的精神》（上卷），许明龙译，商务印书馆 2012 年版，第 185 页。

〔5〕 参见最高人民检察院法律政策研究室："我国民事检察的功能定位和权力边界"，载《中国法学》2013 年第 4 期。

力有被监督的必要之外，进行监督的权力也有被监督的必要。通过后种监督，一方面可以促使监督者积极行使监督权，避免权权相护、权力寻租的腐败现象，另一方面可以促使监督者遵循其监督权的边界，避免越界行权的情形发生。

（二）以权利监督权力

人民权利可以包括三个组成部分：法律权力（权力）、法律权利（权利）以及剩余权（从人民权利中减去权力和权利后的余数，在法治社会一般表现为法律不保护或无法保护但个体却又实际享有的一些"权"）。[1]"以权利限制权力"中，所谓的"权利"仅指法律权利。由于这种权利是由法律规定和保护的，所以其对权力之监督也属于法律监督权力的一种方式。权利主要由社会私主体享有，在我国包括公民、法人，以及其他处于私主体地位的组织等。由于私主体所享有的权利门类众多，所以以权利对权力的监督也可谓是最具广泛性的监督。这种监督方式在实践中的实例亦不胜其数。比如，人们通过行使言论自由的权利，形成对权力的舆论监督；通过行使知情的权利，使得权力在"阳光下行使"，从而也形成对权力的监督。

在以权利监督权力的方式中，需要注意的是，由于权利相比权力弱势，所以"以权利监督权力"的有效性较之"以权力监督权力"略为欠缺，特别是当权利主体以单个或少数出现时，监督效果往往难以充分发挥。因此，有必要设计更多的制度以支持与保障权利对权力的监督。

（三）以程序监督权力

"实体法尽管给权力划上了边界，但是，欲使这种'纸面规则'的静态边界在法律动态实践的转换中不扭曲、不变形，就离不开一种动态的监控机制。这种机制，就是程序。"[2]法律对权力进行监督的另一种方式就是为权力的行使设置一定的程序，通过程序来确保权力在边界内行使。关于程序，西方学者作出过形象的比喻：

"如果将法律理解为社会生活的形式，那么作为'形式的法律'的程

---

〔1〕　参见童之伟："法权中心的猜想与证明——兼答刘旺洪教授"，载《中国法学》2001 年第 6 期。

〔2〕　参见谢佑平、江涌："论权力及其制约"，载《东方法学》2010 年第 2 期。

序法，则是这种形式的形式，它如同桅杆顶尖，对船身最轻微的运动也会作出强烈的摆动。"[1]

权力扩张的根源就是权力的不确定性，权力滥用的根源除了不确定性之外，还有权力的个体性，而诱发权力腐败的正是权力的用益性。[2]程序恰恰可以针对这三个特性进行定向打击，对症下药。详言之，通过规定权力主体必须遵照一定的程序行使权力，最大限度地抑制权力的不确定性、个体性和用益性发挥负面作用，从而尽可能地实现权力在边界内行使的目的。所以，程序也是监督权力的一种方式，其作用机理是使僭越权力边界成为不能或不易之事。

在以程序监督权力的方式中，需要注意的是，应当讲求程序设计的科学性，通过科学的程序，既发挥监督权力的正面作用，又不对行权效率造成过分减损。

(四) 以责任监督权力

法律对权力进行监督还有一种方式，就是规定权力主体不遵循权力边界时应当承担的法律责任。这种方式的监督效果是显而易见的：只有让不遵循权力边界的权力主体承担一定的不利后果，才能促使其不敢僭越权力的边界。正如汉密尔顿所言：

> *"对法律观念来说，主要是必须附有制裁手段。换言之，不守法要处以刑罚或惩罚。如果不守法而不受处罚，貌似法律的决议或命令事实上只不过是劝告或建议而已。"*[3]

同样，如果权力主体恣意行权而无需承担任何责任，那么其压制权力扩张性的内在动力就会变得微乎其微，指望其遵循权力边界也将沦为一种奢望。

在以责任监督权力的方式中，需要注意的是，应当体现权责相当的原则，也即有多大权力，就承担多大责任。若权大于责，则易折损监督之效；若责

---

〔1〕 ［德］拉德布鲁赫：《法学导论》，米健译，商务印书馆2013年版，第170页。

〔2〕 参见谢佑平、江涌："论权力及其制约"，载《东方法学》2010年第2期。

〔3〕 ［美］汉密尔顿、杰伊、麦迪逊：《联邦党人文集》，程逢如、在汉、舒逊译，商务印书馆2015年版，第86~87页。

大于权，则恐挫败行权之志。

三、国际权力边界的遵循

与权力边界的划定类似，权力边界的遵循理应包括国内权力边界的遵循和国际权力边界的遵循，并且基于两类权力在本源和特征上的异同，其边界遵循也必然存在异同。本节前两部分的研究实际上仅针对国内权力边界的遵循，而在本部分，笔者将展开对国际权力边界遵循的研究。

上文在分析国内权力边界的遵循时，将其分为国内权力边界的自律和他律：前者假定权力主体具有自觉遵循的主观意愿，关注其应如何准确遵循权力的边界；后者则立足于权力主体往往不具有自觉遵循的主观意愿的现实，关注如何设置监督机制以监督其遵循权力边界。笔者认为，基于人性之共性，以上划分方法对于国际权力边界的遵循依然适用。

（一）国际权力边界的自律

由于国际权力的边界亦通过法律对其限制而划定，所以与国内权力边界的自律一样，国际权力边界的自律也应包括识别和适用限制权力的法律两个步骤。

1. 识别限制国际权力的法律

如前指出，在识别限制国内权力的法律时，由于这些法律可能包括宪法和其他法律，也可能包括国内法和国际法，可谓错综复杂，所以应当首先识别是哪些法律对国内权力进行了限制。在此前提下，因为这些法律可能存在效力等级差别（上位法与下位法、新法与旧法、特别法与一般法、国际法与国内法）和规范类型差别（法律原则与法律规则、授权性规范与义务性规范），所以还应当对所有限制国内权力的法律的效力等级和规范类型进行识别。

相比之下，限制国际权力的法律也包括国际法和国内法两个大类，以及诸多细类。同时，这些法律之间也存在效力等级和规范类型的差别。所以，识别限制国际权力的法律也应当首先识别是哪些法律对国际权力进行了限制，然后识别它们的效力等级和规范类型。

2. 适用限制国际权力的法律

如前指出，在适用限制国内权力的法律时，由于这些法律具有多样性，而其不同的效力等级和规范类型使它们的适用位序存在差别，所以准确适用这些法律应当遵守相应的位序规则。同时，由于现实中的法律从体系到条文经常表现得极其复杂并颇为抽象、模糊，加上权力主体所面临的行权情境往往五花八门，所以准确适用这些法律还必须依靠法律解释，即遵守相应的解释规则。

相比之下，限制国际权力的法律也具有多样性，而其不同的效力等级和规范类型也使它们存在适用位序的差别；并且，现实中这些限权法律从体系到条文也经常表现得极其复杂并颇为抽象、模糊，权力主体所面临的行权情境也往往五花八门。所以，在适用限制国际权力的法律时，权力主体同样应当遵守相应的位序规则和解释规则。

（二）国际权力边界的他律

与国内权力一样，如果将遵循国际权力边界完全寄望于权力主体的自觉，那么无疑过于理想化。国际权力也属于一种权力，但凡权力，就具有易被滥用的本性。因此，同样应设置一定的监督机制，使国际权力主体不敢、不能或不易僭越权力边界，从而达到遵循权力边界的目的。笔者认为，法律监督国际权力的主要方式包括以下几种。

1. 以权力监督国际权力

监督国际权力的权力主要是指国际公共机构享有的对其他国际公共机构的权力进行监督的权力。比如《联合国宪章》第 15 条第 1 款规定：

> "大会应收受并审查安全理事会所送之常年及特别报告；该项报告应载有安全理事会对于维持国际和平及安全所已决定或施行之办法之陈述。"[1]

显然，联合国大会收受并审查安全理事会报告的权力，正是一种对联合国安全理事会的国际权力进行监督的权力。

当然，除了其他国际权力之外，特定情形下，国内权力也可能对国际权力进行监督。比如，依据《荷兰民诉法（仲裁篇）》第 1064a 条第 1 款和第

---

[1] 中华人民共和国外交部条约法律司编：《中华人民共和国多边条约集》（第一集），法律出版社 1987 年版，第 296~297 页。

1065 条第 1 款〔1〕的规定，荷兰任何司法区的上诉法院均有权依据该法对仲裁地位于法院所辖司法区内的任何仲裁裁决进行司法审查。〔2〕显然，这种司法审查权来源于国内法，属于国内权力。如果被进行司法审查的仲裁裁决系基于作为国际权力的条约仲裁权而作出（比如基于形式来源于《海洋法公约》的条约仲裁权而作出的裁决），那么这种司法审查就是国内权力监督国际权力的明证。

2. 以权利监督国际权力

对国际权力进行监督的权利主要是国家基于国际法而在国际社会享有的国际权利。比如《联合国宪章》第 32 条规定：

> "联合国会员国而非为安全理事会之理事国，或非联合国会员国之国家，如于安全理事会考虑中之争端为当事国者，应被邀参加关于该项争端之讨论，但无投票权。安全理事会应规定其所认为公平之条件，以便非联合国会员国之国家参加。"〔3〕

此时，"联合国会员国而非为安全理事会之理事国，或非联合国会员国之国家"基于该条享有参加争端事项讨论的权利，而参加讨论无疑会对联合国安全理事会行使相关国际权力进行监督。这正是国际权利对国际权力的监督。

当然，除了国家享有的国际权利之外，私主体基于国内法享有的国内权利也可能对国际权力进行监督。比如，私主体基于国内法而享有的新闻媒体报道权就可以对国际权力的行使进行舆论监督。

3. 以程序监督国际权力

以程序监督国际权力是指为国际权力主体行使国际权力设置一定的程序，使其不能或不易僭越权力的边界。比如，《联合国宪章》第 28 条至第 32 条是对联合国安全理事会行使国际权力而设置的程序，〔4〕属于通过程序监督联合

---

〔1〕　See Bommel van der Bend, Marnix Leijten, Marc Ynzonides ed. , *A Guide to the NAI Arbitration Rules: Including a Commentary on Dutch Arbitration Law*, Kluwer Law International, 2009, Annex.

〔2〕　参见鲁洋："论宏观仲裁法学的构建"，载《吉首大学学报（社会科学版）》2018 年第 4 期。

〔3〕　中华人民共和国外交部条约法律司编：《中华人民共和国多边条约集》（第一集），法律出版社 1987 年版，第 300~301 页。

〔4〕　参见中华人民共和国外交部条约法律司编：《中华人民共和国多边条约集》（第一集），法律出版社 1987 年版，第 300~301 页。

国安全理事会行使国际权力的证据；《国际法院规约》第 39 条至第 64 条则是对国际法院行使国际权力设置的程序，[1]也属于通过程序监督国际法院行使国际权力的证据。因为国际权力是由国际法授予，只能依据国际法行使，所以国际权力所遵循的程序，也即监督国际权力的程序，只能是国际法程序。

4. 以责任监督国际权力

如果国际组织从事了国际不法行为，那么其应当承担相应的国际责任，这点不仅具有理论基础，而且具有现实需求。[2]所以，承担责任是监督权力的另一种方式。然而，目前规定国际组织责任的国际法并不多见。虽然联合国国际法委员会已于第五十四届（2002 年）会议决定将"国际组织的责任"专题列入其工作方案，并在同届会议上设立了一个关于该专题的工作组负责起草事宜，但直至 2011 年，其才二读通过一整套关于国际组织责任的条款草案，[3]并且相关公约至今仍未诞生。因此可以说，完备的以责任监督国际权力的国际机制尚未建成，但这不能否认其他责任承担方式（例如国际权力主体的声誉折损）依然可能对国际权力进行监督。

第二节　条约仲裁权边界的自律

根据权力边界遵循的一般理论，当权力主体具有遵循权力边界的主观意愿时，其应当如何遵循边界，需要一定的方法指引。这是权力边界的自律应当解决的问题。条约仲裁权属于一种权力，当条约仲裁权主体具有遵循权力边界的主观意愿时，其应当如何遵循边界，也需要一定的方法指引，这便是条约仲裁权边界的自律应当解决的问题。并且，依据前文关于权力边界自律的理论，条约仲裁权边界的自律也应当包括识别限制条约仲裁权的法律和适用限制条约仲裁权的法律两个操作性问题。

---

〔1〕　参见中华人民共和国外交部条约法律司编：《中华人民共和国多边条约集》（第一集），法律出版社 1987 年版，第 330～334 页。

〔2〕　参见王立君："国际组织责任的若干问题评析"，载《法学评论》2010 年第 4 期。

〔3〕　参见国际法委员会第六十三届会议的报告，第 47～48 页，载联合国网站，https://documents-dds-ny. un. org/doc/UNDOC/GEN/N11/527/73/PDF/N1152773. pdf? OpenElement，最后访问时间：2021 年 1 月 15 日。

一、识别限制条约仲裁权的法律

识别限制条约仲裁权的法律是适用这些法律的前提，只有准确识别，才可能正确适用。由于限制条约仲裁权的法律规范并不单一，而它们又共同划定了条约仲裁权的边界，所以必须对所有限权法律规范进行识别。在此基础上，鉴于这些法律规范的类型和效力等级会对其适用产生重大影响，因而还应对它们进行识别。需要说明的是，条约仲裁权包括诸多特定权能，而这些特定权能各有其边界。所以，识别限制条约仲裁权的法律具体表现为识别限制条约仲裁权特定权能的法律。

（一）识别限制条约仲裁权的所有法律

由于特定权能往往受诸多法律规范的限制，所以条约仲裁权主体必须识别所有限制特定权能的法律规范，才不会遗忘任何法律规范的限制，从而避免僭越任何法律规范划定的权力边界。条约仲裁权的形式来源包括仲裁合意和仲裁法律，而这些形式来源都会对条约仲裁权进行限制；与此同时，当事国法也会对条约仲裁权作出一定的限制。所以，需要识别的所有法律自然包括仲裁合意、仲裁法律以及当事国法。

1. 识别限制条约仲裁权的仲裁合意

仲裁合意是条约仲裁权的形式来源之一，必然会对其特定权能进行限制（具体限制哪些权能则由仲裁合意的内容决定）。由于条约仲裁合意全部或部分由条约实现，而条约本身属于国际法的渊源之一，所以仲裁合意对条约仲裁权特定权能的限制属于国际法施加的限制。笔者认为，识别仲裁合意主要识别以下两部分内容。

（1）识别承载仲裁合意的仲裁协议（条款）。仲裁合意是当事方就彼此之间的特定争端提请第三方居中裁判的意思表示，而仲裁合意的有形载体是仲裁协议（条款）。仲裁协议（条款）的本质内核由以仲裁方式解决特定争端的义务与要求和以仲裁方式解决特定争端的权利组成，[1]其基本表述是

---

〔1〕 See Gary B. Born, *International Arbitration：Law and Practice（Second Edition）*, Kluwer Law International, 2016, p. 75.

"所有争端应最终通过仲裁解决"。[1]此外，仲裁协议（条款）往往还包括仲裁义务的范围、仲裁地、仲裁机构规则、仲裁语言等重要的补充条文。[2]识别仲裁协议（条款）的原因在于：但凡列入仲裁协议（条款）的事项，都可能构成对条约仲裁权特定权能的限制。比如，《印尼—埃及投资协定》第9条[3]属于一项仲裁条款，其中诸如"争端自任何一方提出争议之日起6个月内未能解决"的规定就属于对条约仲裁案件管辖权的限制。再如，ECT 第27条[4]也属于一项仲裁条款，其中关于客观可仲裁性、主观可仲裁性、仲裁庭组成方式、特定的仲裁程序等规定均属于对条约仲裁权不同权能的限制。

（2）识别仲裁合意确定的仲裁规则。在机构仲裁中，仲裁规则是仲裁机构提供的所有服务的核心，仲裁机构总是希望缔约方对仲裁规则保持信心，并必须确保自身能够履行规则。[5]而在临时仲裁中，仲裁规则也扮演着非常重要的角色。一般而言，除非与仲裁程序法的强制性规定发生冲突，否则仲裁规则就是条约仲裁权主体必须遵循的规则，也对条约仲裁权进行限制。在条约仲裁中，仲裁规则实际上是由仲裁合意确定的：仲裁合意可以直接约定仲裁规则[6]或通过约定仲裁机构而间接地确定仲裁规则，[7]甚至可以约定仲裁规则的产生方式。[8]所以，识别仲裁规则也是识别仲裁合意的重要内容。

2. 识别限制条约仲裁权的仲裁法律

条约仲裁权不仅形式来源于仲裁合意，而且形式来源于仲裁法律，也即

---

〔1〕 See Gary B. Born, *International Arbitration and Forum Selection Agreements: Drafting and Enforcing* (*Fifth Edition*), Kluwer Law International, 2016, p. 31.

〔2〕 See Gary B. Born, *International Arbitration: Law and Practice* (*Second Edition*), Kluwer Law International, 2016, p. 75.

〔3〕 See International Investment Agreement Navigator, https://investmentpolicy. unctad. org/international-investment-agreements, last visited on January 15, 2021.

〔4〕 参见 ECT 网站，https://www. energychartertreaty. org/fileadmin/DocumentsMedia/Founding _ Docs/ECT-cn. pdf，最后访问时间：2021 年 1 月 15 日。

〔5〕 See Maxi Scherer, Lisa Richman, Rémy Gerbay, *Arbitrating under the 2014 LCIA Rules: A User's Guide*, Kluwer Law International, 2015, Preface, p. xxvii.

〔6〕 比如依据《印尼—埃及投资协定》第 9 条第 3 项提交国际商事仲裁开罗区域中心进行的投资条约仲裁，仲裁合意直接约定仲裁规则为联合国贸法会的仲裁规则。

〔7〕 比如依据《印尼—埃及投资协定》第 9 条第 2 项提交 ICSID 进行的投资条约仲裁，仲裁合意通过约定 ICSID 为仲裁机构而间接约定 ICSID 仲裁规则为条约仲裁权主体应当遵循的仲裁规则。

〔8〕 比如依据《海洋法公约》第 287 条开展公约附件七所规定的条约仲裁，基于附件七第 5 条的规定，仲裁合意实际上约定仲裁规则由仲裁庭自行确定而产生（除非争端各方另有协议）。

仲裁程序法。仲裁程序法是规范如何进行仲裁的法律规范的总称。[1]因为仲裁程序的功能和效率有赖于国际仲裁公约和国内仲裁立法构筑的法律框架,[2]所以需要识别的仲裁程序法包括国际仲裁法和国内仲裁法两类。

(1) 识别限制条约仲裁权的国际仲裁法。在条约仲裁中,仲裁程序法可能是国际仲裁法(一般是国际条约,但也可能是国际习惯或一般法律原则)。比如,在依据《印尼—埃及投资协定》第9条[3]第2项提交 ICSID 开展的投资条约仲裁中,《华盛顿公约》就属于规范仲裁程序的国际仲裁法,并通过限制条约仲裁权划定其边界。因此,当仲裁程序法为国际仲裁法时,为了正确遵循条约仲裁权的边界,条约仲裁权主体应当识别相应的国际仲裁法。

(2) 识别限制条约仲裁权的国内仲裁法。仲裁程序法除了可能是国际仲裁法之外,还可能是国内仲裁法。在条约仲裁中,国内仲裁法担任仲裁程序法主要基于仲裁地的法律效力。比如,在依据《印尼—埃及投资协定》第9条[4]第3项提交 CRCICA 开展的投资条约仲裁中,如果仲裁地位于开罗,那么埃及仲裁法就属于仲裁程序法,其势必会限制条约仲裁权,进而划定其边界。因此,当仲裁程序法为国内仲裁法时,为了正确遵循条约仲裁权的边界,条约仲裁权主体也应当识别相应的国内仲裁法。

3. 识别限制条约仲裁权的当事国法

正如第二章所述,当事国超条约国内法可能会对条约仲裁裁决效力权、实体裁决权和案件管辖权进行限制。其中,对裁决效力权的限制表现为:当履行遵从条约仲裁裁决的义务违反其超条约国内法时,当事国有权拒绝履行该义务;对实体裁决权的限制表现为:条约仲裁庭在作出仲裁裁决之前,应当对当事国超条约国内法予以一定程度的考虑,并原则上不应作出违反当事国超条约国内法的裁决,除非存在"构成越权的例外情形";对案件管辖权的限制则表现为:对于关涉当事国超条约国内法直接保护的根本利益的争端,

---

〔1〕 赵秀文:《国际商事仲裁及其适用法律研究》,北京大学出版社2002年版,第92页。

〔2〕 See Gary B. Born, *International Commercial Arbitration* (*Third Edition*), Kluwer Law International, 2021, pp. 1647-1648.

〔3〕 See International Investment Agreement Navigator, https://investmentpolicy. unctad. org/international-investment-agreements, last visited on January 15, 2021.

〔4〕 See International Investment Agreement Navigator, https://investmentpolicy. unctad. org/international-investment-agreements, last visited on January 15, 2021.

条约仲裁权主体在判断是否具有管辖权时，应当秉持司法克制理念。这些限制都是对条约仲裁相应权能之边界的划定。因此，为了正确遵循条约仲裁权的边界，条约仲裁权主体还应当识别当事国超条约国内法。

（二）识别限制条约仲裁权的法律规范的类型

事实上，对条约仲裁权特定权能进行限制的法律表现为一些具体的法律规范。所以，要准确判断法律对特定权能的限制，还需要落实到法律规范的层面，尤其应当注意对法律规则与法律原则、授权性规范与义务性规范两组不同类型的规范之识别。

1. 识别限制条约仲裁权的法律规则与法律原则

无论是国内法还是国际法，都包括规则性规范和原则性规范，也即法律规则和法律原则。识别法律规则和法律原则的意义在于：前者是惯常性适用，即大多数情况下适用法律规则对权力进行限制；后者是发生性适用，即在特殊情况下基于特定价值之考量，才能适用法律原则对权力进行限制。

（1）识别限制条约仲裁权的法律规则。张文显教授将法律规则定义为法律中赋予一种事实状态以明确的法律效果的一般性规定。[1]根据这一定义，国际法规则和国内法规则分别指国际法律和国内法律中赋予一种事实状态以明确的法律效果的一般性规定。由于法律规则具有严密的逻辑结构，即由假定、处理、后果三要素构成，三者缺一不可，[2]所以我们可以通过此三要素识别法律规则。当然，识别时还应当注意将法律条文与法律规则相区分（前者仅是后者的表述形式）。因为在立法实践中，出于立法技术的考虑，为了防止法律条文过于繁琐，有时在表述法律规则的内容时，可能会对某种要素加以省略。[3]

（2）识别限制条约仲裁权的法律原则。张文显教授认为，法律原则是可以作为众多法律规则之基础或本源的综合性、稳定性的原理和准则。[4]根据这一定义，国际法原则和国内法原则分别指作为众多国际法规则和众多国内法规则之基础或本源的综合性、稳定性的原理和准则。法律原则的特点是，

---

〔1〕 张文显主编：《法理学》，法律出版社 2007 年版，第 115 页。

〔2〕 参见张文显主编：《法理学》，法律出版社 2007 年版，第 116~117 页。

〔3〕 参见张文显主编：《法理学》，法律出版社 2007 年版，第 118 页。

〔4〕 参见张文显主编：《法理学》，法律出版社 2007 年版，第 121 页。

它不预设任何具体事实状态与特定法律效果的逻辑联系，但其所覆盖的事实状态远远广于规则，一条原则往往调整某一个或数个行为领域，甚至涉及全部社会关系的协调和指引。[1]所以，这一特征构成识别法律原则的关键。实践中，虽然许多法律原则只被人们心照不宣地承认，未被法律条文明确表达出来，但依然有一些被成文法明确规定的法律原则。[2]比如，《联合国宪章》第2条明确规定了宪章的七大原则，[3]一些条约的序言部分也会对条约的基本原则进行阐述。[4]这些得以明确表达的法律原则无疑将为其识别提供便利。

2. 识别限制条约仲裁权的授权性规范与义务性规范

法律对权力的限制，一方面可以通过授权性规范完成，即直接规定在何种条件下、多大范围内，授予什么主体怎样的权力；另一方面可以通过义务性规范完成，即规定权力主体在行使权力时必须承担怎样的义务，从而对其权力进行限制。国际法规范和国内法规范都可以区分为授权性规范和义务性规范，而这两种规范类型都可能对条约仲裁权进行限制。因此，条约仲裁权主体还有必要对它们进行识别，以防遗漏遵循任何一类规范所作的限制。

（1）识别限制条约仲裁权的授权性规范。笔者根据张文显教授关于授权性规则的定义，将授权性规范（包含国际法规范和国内法规范）界定为：规定国际法主体或国内法主体可以为一定行为或不为一定行为，以及要求其他国际法主体或国内法主体为一定行为或不为一定行为的法律规范。[5]于是，限制条约仲裁权的授权性规范，即是规定条约仲裁权主体为一定行为或不为一定行为，以及要求其他国际法主体或国内法主体为一定行为或不为一定行为的法律规范，而这便构成识别限制条约仲裁权授权性规范的标准。

（2）识别限制条约仲裁权的义务性规范。义务性规范是与授权性规范相对应的法学范畴。同样，笔者根据张文显教授关于义务性规则的定义，将义

---

〔1〕　参见张文显主编：《法理学》，法律出版社2007年版，第121页。

〔2〕　See Aulis Aarnio, *Reason and Authority: A Treatise on the Dynamic Paradigm of Legal Dogmatics*, Dartmouth Publishing Company Limited, 1997, pp. 177-178.

〔3〕　参见中华人民共和国外交部条约法律司编：《中华人民共和国多边条约集》（第一集），法律出版社1987年版，第293~294页。

〔4〕　参见冯寿波："论条约序言的法律效力——兼论TRIPS序言与《WTO协定》及其涵盖协定之序言间的位阶关系"，载《政治与法律》2013年第8期。

〔5〕　参见张文显主编：《法理学》，法律出版社2007年版，第118页。

务性规范（包含国际法规范和国内法规范）界定为：规定国际法主体或国内法主体必须为一定行为或不为一定行为的法律规范。[1]于是，限制条约仲裁权的义务性规范即是规定条约仲裁权主体必须为一定行为或不为一定行为的法律规范。据此，识别限制条约仲裁权的义务性规范的标准也就明晰了。

（三）识别限制条约仲裁权的法律规范的效力等级

除了识别法律规范的类型之外，还应当识别限制条约仲裁权的法律规范的效力等级。因为效力等级决定着相互冲突的法律规范之适用位序，所以其识别对适用相互冲突的限权法律规范起到重要的铺垫作用。

1. 识别限制条约仲裁权的国际法规范的效力等级

传统观点认为，无论国际法规范表现为习惯还是条约，也无论其目标或重要性如何，不同规范的相互关系不受任何等级规则（位阶）的调整。[2]自20世纪60年代沃尔夫冈·弗里德曼（Wolfgang Friedmann）教授在其著名的《变动中的国际法结构》中率先提及国际法的位阶问题起，[3]学者们逐步关注和探讨国际法的位阶理论，并出现了诸如强行法、对一切的义务、国家罪行、习惯和条约、规范及后果等一系列理论成果。[4]然而，国际法的位阶问题始终饱受争议，时至今日，仍有学者以"国际社会没有宪法性文件，没有等级化的立法机构，也没有体系化的协调规范冲突的基本原则"为由，认为决定国际法位阶存在的客观条件并不具备。[5]但也有学者基于国际法的价值、初步位阶关系、全球化的影响以及国际法与国内法的互动等原因，认为国际法存在位阶关系的雏形。[6]事实上，无论国际法是否存在明确的位阶关系，仅就相互冲突的国际法规范之适用位序而言，国际法的效力等级无疑是存在的，这种效力等级使得不同规范在适用过程中相互冲突时，效力等级高

---

[1] 参见张文显主编：《法理学》，法律出版社2007年版，第118页。

[2] See Prosper Weil, "Towards Relative Normativity in International Law", *The American Journal of International Law*, Volume 77, No. 3, 1983.

[3] See Wolfgang Friedmann, *The Changing Structure of International Law*, Columbia University Press, 1964, p. 88.

[4] See J. H. H. Weiler, Andreas L Paulus, "The Structure of Change in International Law or Is There a Hierarchy of Norms in International Law?", *European Journal of International Law*, Volume 8, No. 4, 1997.

[5] 参见潘德勇："论国际法规范的位阶"，载《北方法学》2012年第1期。

[6] 参见冯寿波："论条约解释中的国际法体系之维护"，载《太平洋学报》2015年第2期。

的规范得以适用，而效力等级低的规范不得适用。比如，《联合国宪章》第
103 条[1]就确立了宪章高于其他国际法规范的效力等级；[2]《条约法公约》
（1969）第 30 条[3]也确立了不同国际条约之间的效力等级。有鉴于此，条约
仲裁权主体应当识别限制条约仲裁权的国际法的效力等级。

2. 识别限制条约仲裁权的国内法规范的效力等级

除了国际法之外，仲裁地法和当事国法也可能对条约仲裁权进行限制。
其中，前者是作为仲裁程序法进行限制，后者则是基于当事国超条约国内法
的要求进行限制。国内法规范也存在效力等级的差别，当国内法限制条约仲
裁权时，条约仲裁权主体也应对限权国内法的效力等级进行识别。比如，在
仲裁地法作为唯一的仲裁程序法的投资条约仲裁中，如何选择合同实体法属
于仲裁庭法律适用权的范围，而仲裁地冲突法中有关合同法律适用的规
定与仲裁地仲裁法中有关仲裁实体法律适用的规定往往都会对这一问题进行
规制，[4]从而都可能对仲裁庭的法律适用权进行限制。此时，根据"特别法
优先于一般法"的原则，仲裁法相关规定作为特别法，具有更高的效力等级，
应当优先得以适用。

3. 识别限制条约仲裁权的国际法规范与国内法规范的效力等级

在一些情形下，条约仲裁权的特定权能既受到国际法的限制，又受到国
内法的限制。比如在依据《海洋法公约》附件七开展的仲裁地位于荷兰海牙
的条约仲裁中，一些特定权能既受到该公约的限制，又受到《荷兰民诉法
（仲裁篇）》的限制，此外还可能受当事国超条约国内法的限制。因此，有必
要对限制条约仲裁权的国际法规范与国内法规范的效力等级进行识别。

关于限制条约仲裁权的国际法与国内法的效力等级问题，虽然学界未广
泛关注，但是可以预料，一旦讨论，理论争鸣应该非常激烈。国际主义学者
可能认为国际法应当具有更高的效力等级，而国家主义学者则可能持相反观

---

〔1〕 参见中华人民共和国外交部条约法律司编：《中华人民共和国多边条约集》（第一集），法
律出版社 1987 年版，第 317 页。

〔2〕 参见冯寿波："论条约解释中的国际法体系之维护"，载《太平洋学报》2015 年第 2 期。

〔3〕 参见中华人民共和国外交部条约法律司编：《中华人民共和国多边条约集》（第七集），法
律出版社 2002 年版，第 182 页。

〔4〕 See Christer Danielsson, "Chapter 7, Applicable Law", in Ulf Franke, et al. ed., *International Ar-
bitration in Sweden: A Practitioner's Guide*, Kluwer Law International, 2013, pp. 142-143.

点。然而，从裁决得以遵从的终极目的看，认为国内法具有更高的效力等级将有利于裁决的遵从。因为若条约仲裁权超越仲裁地法的限制，裁决可能被仲裁地国撤销，[1]而若超越当事国超条约国内法的限制，裁决可能被当事国拒绝遵从。

二、适用限制条约仲裁权的法律

出于遵循条约仲裁权边界之目的，在对限制条约仲裁权的法律进行识别之后，条约仲裁权主体还应当正确适用这些法律。而根据权力边界遵循的一般理论，正确适用这些法律的关键在于依据正确的位序规则和解释规则进行适用。

（一）适用限制条约仲裁权的法律规范的位序规则

由于限制条约仲裁权特定权能的法律规范往往并不单一，所以根据不同的限权法律规范之间的关系，我们可以将位序规则分为全部适用规则和部分适用规则。

1. 全部适用规则

如果不同法律规范对条约仲裁权特定权能所作的限制不相冲突，那么这些法律规范应当全部得以适用，共同对条约仲裁权进行限制，产生叠加限制的效果，这便是全部适用规则的内容。

（1）全部适用规则的适用条件。全部适用规则得以适用必须以"不同法律规范对条约仲裁权特定权能所作的限制不相冲突"为前提。所谓冲突，必须是不同规范的限制之间彼此对立、不能共存。若仅是作出不同的限制，则不能当然地认为存在冲突。实践中，不相冲突的情形主要包括以下两种。

第一，不同法律规范所作的限制相同。当不同法律规范对特定权能所作的限制相同时，这些限制自然不相冲突。比如，在依据《华盛顿公约》开展的投资条约仲裁中，该公约和 ICSID 仲裁规则都限制条约仲裁权，前者作为仲裁程序法而限制，后者作为仲裁合意而限制。此时，对于 ICSID 机构（由 ICSID 主席代表）享有的仲裁员任命权，《华盛顿公约》第 38 条[2]和《ICSID

---

〔1〕 海牙地区法院撤销尤科斯诉俄罗斯投资条约仲裁裁决就是例证。参见鲁洋："论宏观仲裁法学的构建"，载《吉首大学学报（社会科学版）》2018 年第 4 期。

〔2〕 参见中华人民共和国外交部条约法律司编：《中华人民共和国多边条约集》（第六集），法律出版社 1994 年版，第 54~55 页。

仲裁规则》（2006）第4条第1款〔1〕作出了相同的限制，即 ICSID 机构只能在"秘书长发出关于仲裁请求已予以登记的通知后九十天内，或在双方可能同意的其他期限内未能组成仲裁庭"时，才能行使该权力。

第二，不同法律规范所作的限制不同但可以并存。笔者不完全归纳出以下几种限制不同但可以并存的情形。

①一种限制是对另一种限制的具体化。比如，在依据《海洋法公约》附件七开展的仲裁地位于荷兰海牙的条约仲裁中，《海洋法公约》与《荷兰民诉法（仲裁篇）》都作为仲裁程序法限制条约仲裁权。此时，公约第288条第4款〔2〕和《荷兰民诉法（仲裁篇）》第1052条第1款〔3〕都对仲裁庭的自裁管辖权作出了规定（同时也是限制），但前者的限制比后者的限制更加具体，即仲裁庭只能以"裁定"的形式（而不能以其他形式）解决关于管辖权的争端。

②一种限制是对另一种限制的限缩。比如，若投资者依据 NAFTA 第1120条提起 ICSID 公约仲裁，那么 NAFTA 和《华盛顿公约》中有关仲裁程序的规定分别作为仲裁合意和仲裁法律对条约仲裁权进行限制。此时，关于影响案件管辖权的客观可仲裁性问题，《华盛顿公约》第25条第1款〔4〕所作限制为"直接因投资而产生"的"任何法律争端"；NAFTA 第1116条所作的限制为东道国违反"第 A 节或者第1503（2）条（国有企业）"，或者"第1502（3）（a）条（垄断者和国有企业），如果垄断行为的行为方式与该缔约方在第 A 节下的义务不符"两类义务，并且投资者因该违约行为而遭受了损失或损害。显然，NAFTA 第1116条将同意仲裁的范围限定为特定的争端，〔5〕实质上是通过压缩客观可仲裁性，而对《华盛顿公约》所作限制进行了限缩。

---

〔1〕 参见 ICSID 网站，https://icsid.worldbank.org/sites/default/files/ICSID%20Convention%20English.pdf，最后访问时间：2021年1月15日。

〔2〕 参见中华人民共和国外交部条约法律司编：《中华人民共和国多边条约集》（第四集），法律出版社1987年版，第374页。

〔3〕 See Bommel van der Bend, Marnix Leijten, Marc Ynzonides ed., *A Guide to the NAI Arbitration Rules: Including a Commentary on Dutch Arbitration Law*, Kluwer Law International, 2009, Annex.

〔4〕 参见中华人民共和国外交部条约法律司编：《中华人民共和国多边条约集》（第六集），法律出版社1994年版，第50页。

〔5〕 See Rudolf Dolzer, Christoph Schreuer, *Principles of International Investment Law (Second Edition)*, Oxford University Press, 2012, p. 261.

③一种限制是对另一种限制的补充。比如，投资者依据 ECT 第 26 条第 4 款第（b）项[1]将投资争端提交按照《贸法会仲裁规则》（2013）成立的临时仲裁庭（或独任仲裁员），双方约定或者仲裁庭决定仲裁地在荷兰海牙。此时，ECT 和《贸法会仲裁规则》（2013）将作为仲裁合意限制条约仲裁权，而《荷兰民诉法（仲裁篇）》则作为仲裁法律限制条约仲裁权。[2]其中，关于仲裁庭接受当事人委任的权力，ECT 和《贸法会仲裁规则》（2013）没有任何限制，但《荷兰民诉法（仲裁篇）》第 1029 条第 1 款[3]作出了一项补充限制，即仲裁庭必须以"书面"方式接受委任。

（2）全部适用规则的适用方式。顾名思义，全部适用规则要求适用所有限制条约仲裁权特定权能的法律规范以判断该权能的边界，此乃其适用方式。详言之，为判断权力边界之目的，条约仲裁权主体应当适用限制特定权能的不相冲突的所有法律规范，而不能有所取舍地适用。当然需要说明的是，所谓全部适用只是实际效果层面的全部适用，而非具体操作层面的全部适用。因为在以上第①②③种情形下，条约仲裁权主体在操作层面只需要实际适用作出具体、限缩或补充限制的法律规范，就可以达到适用全部法律规范的效果。但这种为便利起见的操作方法，并未改变全部适用这些法律规范的实质。

（3）全部适用规则的适用效果。既然限制特定权能的不相冲突的所有法律规范均得以适用，那么适用的效果必定是所有法律规范对特定权能作出的所有限制全部有效，产生共同限制特定权能的效果。经此之后，特定权能的最终边界将符合所有限权法律规范的要求。

需要注意的是，特定权能可能同时受到授权性规范和义务性规范的限制，前者往往直接限制，后者往往间接限制。比如，《贸法会仲裁规则》（2013）第 29 条规定的仲裁庭指定专家的权力。其中，第 29 条第 1 款[4]的授权性规

---

[1] 参见 ECT 网站，https://www.energychartertreaty.org/fileadmin/DocumentsMedia/Founding_ Docs/ECT-cn.pdf，最后访问时间：2021 年 1 月 15 日。

[2] 著名的尤科斯诉俄罗斯投资条约仲裁案就是这样的情形，仲裁庭在裁决书中明确指出适用于仲裁程序的法律包括 ECT、《贸法会仲裁规则》（2013）以及《荷兰民诉法（仲裁篇）》的强制性规定（因为荷兰为仲裁地）。See PCA Case No. AA 227, Final Award, p. 49.

[3] See Bommel van der Bend, Marnix Leijten, Marc Ynzonides ed., *A Guide to the NAI Arbitration Rules: Including a Commentary on Dutch Arbitration Law*, Kluwer Law International 2009, Annex.

[4] 参见联合国网站，https://uncitral.un.org/sites/uncitral.un.org/files/media-documents/uncitral/zh/uncitral-arbitration-rules-2013-c.pdf，最后访问时间：2021 年 1 月 15 日。

范对仲裁庭享有的专家指定权作出了"与各方当事人协商后""就仲裁庭需决定的特定问题""专家必须确保以书面形式"等直接限制，而第 29 条第 4 款〔1〕的义务性规范作出了"在收到专家报告时将报告副本分送各方当事人""给予各方当事人以书面形式提出其对该报告的意见的机会"等间接限制。

2. 部分适用规则

如果不同法律规范对条约仲裁权特定权能所作的限制相互冲突，那么就应当适用效力等级高的法律规范而弃用效力等级低的法律规范，从而仅有效力等级高的法律规范对特定权能进行限制，产生单独限制的效果，这便是部分适用规则的内容。

（1）部分适用规则的适用条件。部分适用规则得以适用必须以"不同法律规范对条约仲裁权特定权能所作的限制相互冲突"为前提，即这些限制之间彼此对立、不能共存。从理论上说，由于法律规则之间、法律原则之间，以及法律规则与法律原则之间都可能发生冲突，〔2〕所以它们对条约仲裁权的特定权能所作的限制也可能发生冲突。然而，从现实情况看，这些冲突发生的情形并不多见。一方面，因为同一部仲裁程序法的内部规则之间一般具有自洽性，而不同国家以及国际社会的仲裁立法又呈现趋同化，所以无论是同一部程序法的不同规则，还是不同程序法的相关规则，对条约仲裁权特定权能所作的限制一般不会冲突；另一方面，因为法律原则具有宏观性和综合性，而法律规则具有微观性和具体性，法律原则往往是法律规则背后的指导原理和准则，所以法律原则与法律原则，以及法律原则与法律规则对条约仲裁权所作限制出现冲突的可能性也不高。但是，我们依然不能排除此类冲突发生的可能性，尤其是在个案中发生的可能性。

（2）部分适用规则的适用方式。部分适用规则的适用方式是：仅将限制条约仲裁权特定权能的部分法律规范——即效力等级高的法律规范——适用于判断该权能的边界，而将效力等级低的法律规范予以弃用。

根据法理学的研究成果，由于法律规则依据"全有或全无"的方式适用，〔3〕

---

〔1〕 参见联合国网站，https://uncitral. un. org/sites/uncitral. un. org/files/media-documents/uncitral/zh/uncitral-arbitration-rules-2013-c. pdf，最后访问时间：2021 年 1 月 15 日。

〔2〕 参见王夏昊：《法律规则与法律原则的抵触之解决：以阿列克西的理论为线索》，中国政法大学出版社 2009 年版，第 97 页。

〔3〕 See Ronald Dworkin, *Taking Rights Seriously*, Bloomsbury Academic, 1997, p. 40.

所以它们之间的冲突解决（效力等级的判断）可以依据"上位法优先于下位法""特别法优先于一般法""新法优先于旧法"等形式规则完成。[1]法律原则之间的冲突解决（效力等级的判断）则是根据特定情境的相对分量而完成的，即优先适用特定情境下分量更重的法律原则。[2]至于法律规则与法律原则之间的冲突解决（效力等级的判断），则需要将两者的冲突转换为法律原则之间的冲突，再按照法律原则冲突解决的方法解决。具体而言，应将法律规则 R 背后体现的法律原则 PR 还原出来，然后在 PR、支持法律规则形式效力的法律原则 P' 和相冲突的法律原则 P 之间进行衡量和平衡，并且由于此时 P' 仅意味着在一定条件下允许法律原则限制或推翻法律规则，而所谓的"一定条件"指在特定情形下 P 和 PR 之间的重量比，所以判断适用法律规则 R 还是适用法律原则 P，最终取决于特定情形下对 PR 和 P 的重量衡量，重者优先适用。[3]

（3）部分适用规则的适用效果。既然仅有效力等级高的法律规范对特定权能所作的限制得以适用，那么适用的效果必定是仅有效力等级高的法律规范产生限制特定权能的效果。经此之后，特定权能的最终边界将符合效力等级高的限权法律规范的要求。

（二）适用限制条约仲裁权的法律规范的解释规则

"所谓法律解释是指解释主体对法律文本进行理解和说明的活动……法律之所以需要解释，主要原因在于：一方面，成文法自身的概括性和抽象性决定了其只有在经过解释之后，才能得到具体适用……另一方面，法律的发展和完善也必须借助法律解释活动。"[4]

有学者称解释是"维持法律生命力的心脏"。[5]因此，除了位序规则之

[1] See Robert Alexy, *A Theory of Constitutional Rights*, Translated by Julian Rivers, Oxford University Press, 2002, p. 49.

[2] See Robert Alexy, *A Theory of Constitutional Rights*, Translated by Julian Rivers, Oxford University Press, 2002, p. 50.

[3] 参见王夏昊：《法律规则与法律原则的抵触之解决：以阿列克西的理论为线索》，中国政法大学出版社 2009 年版，第 170~171 页。

[4] 王利明：《法律解释学》，中国人民大学出版社 2016 年版，第 22 页。

[5] See Patrick Nerhot, "Interpretation in legal Science: The Notion of Narrative Coherence", in Patrick Nerhot ed., *Law, Interpretation and Reality: Essays in Epistemology, Hermeneutics and Jurisprudence*, Kluwer Academic Publishers, 1990, p. 193.

外，解释规则对于准确适用限制条约仲裁权的法律规范亦非常重要。鉴于法律解释学界已经总结出比较成熟的法律解释规则，又鉴于限制条约仲裁权的法律规范同时包括国际法规范和国内法规范，所以笔者先对法律解释的一般规则进行阐释，再分别分析国际法规范和国内法规范相应的解释规则。

1. 法律解释的一般规则

一般认为，法律解释的方法分为三种，即狭义的法律解释、一般条款和不确定概念的具体化（价值补充）、漏洞填补。[1]其中，狭义的法律解释，系指在法律规定并不明确时，以文义、体系、法意、比较、目的或合宪等解释方法，探究法律的规范意旨。其旨在澄清法律疑义，使法律含义明确化、正确化。[2]由于本部分探讨解释规则的目的是准确适用限制条约仲裁权的法律规范，即在已经存在法律规范的情形下，通过对规范进行解释，使得法律含义明确化、正确化，所以本部分所称的法律解释仅指狭义的法律解释。

（1）法律解释方法的种类。根据不同的标准，法律解释方法往往可作不同的分类。但文义解释、论理解释和社会学解释的分类比较具有操作性，最为学者们所关注。所以笔者也以此分类为基础展开具体分析。

①文义解释。文义解释是指对法律文本的字面含义进行的解释，或者说，是根据制定法的字面含义进行的一种具体化的解释。一方面，文义解释是针对法律文本的字面含义，按照语法结构、语言规则、通常理解等方法进行的解释，另一方面，文义解释原则上就是要使文本的字面含义具体化，阐释其字面含义，确定文本的准确意思。[3]由于制定法主要通过法律文本予以表现和表达，而由法律概念、法律条文、法律用语等要素组成的法律文本最直接地体现出立法者设计的规则模式，所以文义解释是最基本的法律解释方法。在进行文义解释时，应当注意以下规则：原则上以通常平易的意思进行解释；法律专业术语应当按照法律专门意义进行解释；同一法律或不同法律使用同一概念时，原则上应当作同一解释；应当注意全文的意义联系地进行解释。[4]

②论理解释。论理解释是指按照一定的解释方法，对法律文本的含义进

---

〔1〕　王利明：《法律解释学》，中国人民大学出版社 2016 年版，第 61 页。

〔2〕　杨仁寿编：《法学方法论》，中国政法大学出版社 2013 年版，第 135~136 页。

〔3〕　参见王利明：《法律解释学》，中国人民大学出版社 2016 年版，第 131~132 页。

〔4〕　参见张文显主编：《法理学》，法律出版社 2007 年版，第 254 页。

行阐释、说理、论证的方法。[1]这种解释方法虽然以法律文本为基础，但并不拘泥于法律文本的字面，而是通过探求法律的结构、逻辑、精神、历史等去寻找法律文本的真意，以对法律作出最恰当、最合理的解释。论理解释也是一种非常重要的法律解释方法，张文显教授甚至认为：

> "当文理解释与论理解释相抵触时，原则上应当以论理解释为准，因为法律的文字只是立法者表达意思的符号或方法，我们不能以符号或方法来左右表示意思的本体。"[2]

论理解释主要包括以下具体的解释方法。

第一，体系解释方法。该方法是依据法律文本的结构以及上下文语境，对法律文本进行解释的方法，具有通过整体来解释某一具体法律规范的含义、以法律的外在体系为基础进行解释、将作为解释对象的法律规范嵌入作为整体的语境之中、不考虑法律的外在体系之外的因素进行解释等特点。[3]

第二，目的解释方法。该方法是通过探求制定法律文本的目的以及特定法律条文等的立法目的而对法律条文进行解释的方法，具有借助立法目的探究以阐释法律的含义、主要探究客观的立法目的和立法意旨、主要从文本出发探究立法目的、属于一种不拘泥于法律文字的解释方法等特点。[4]

第三，历史解释方法。该方法主要通过对立法过程的考察来探求立法目的和意旨，从而阐明法律文本的含义，具有借助历史资料进行解释、旨在探求立法者在立法时的意思、通过探明立法者的真意来阐明文本的含义等特点。[5]

第四，当然解释方法。该方法是指法律虽无明文规定，但依规范目的的衡量，其事实较之法律所规定者更有适用理由，而径行适用该法律规定的一种法律解释方法。[6]这种方法具有通过比较性质相同的事物而进行推论、运用

---

〔1〕 王利明：《法律解释学》，中国人民大学出版社2016年版，第62页。
〔2〕 张文显主编：《法理学》，法律出版社2007年版，第257页。
〔3〕 参见王利明：《法律解释学》，中国人民大学出版社2016年版，第163~164页。
〔4〕 参见王利明：《法律解释学》，中国人民大学出版社2016年版，第214页、第216~217页。
〔5〕 参见王利明：《法律解释学》，中国人民大学出版社2016年版，第249~250页。
〔6〕 参见梁慧星：《民法解释学》，法律出版社2015年版，第227页。

逻辑推演、考虑法律的规范目的、以法律推理中的正义要求为基础等特点。[1]

第五，反面解释方法。该方法依照法律规定之文字，推论其反对之结果，借以阐明法律之真意者而言，亦即自相异之构成要件，以推论其相异之法律效果而言。[2]这种方法具有在法律条文的文义范围之内进行解释、通过采取"非此即彼"的形式逻辑的反面推理方法进行解释、依据"相异的事件应当有相异的处理"的法理进行解释等特点。[3]

第六，合宪性解释方法。该方法是以宪法的原则、价值和规则为依据确定文本的含义，从而得出与宪法相一致的法律解释结论的方法，具有仅在无法通过其他狭义法律解释方法得出唯一妥当结论后才能运用、依据宪法对部门法进行解释、功能在于选择和排除解释结论等特点。[4]

以上论理解释方法并非穷尽式列举，实践中还可能存在其他方法，比如扩张解释方法、限缩解释方法、比较法学解释方法等，在此付诸阙如。

③社会学解释。社会学解释是指在法律文本出现复数解释的情况下，将社会效果等因素的考量引入法律解释中，据此解释文本在当前社会生活中应具有的含义。社会学解释是社会学方法在法律解释中的应用，以法律在当前社会的妥当性为价值判断标准，并依据社会效果等因素之考量来阐释法律文本的含义。[5]

（2）法律解释方法的适用顺序。正如黄茂荣教授所认为的那样，解释必须考虑的因素（如文义、历史、体系、目的及合宪性等）在整个法律解释过程中担任不同的任务，发挥不同的功能，从而协力完成发现法律的规范意旨的任务。[6]这表明，从解释过程来说，并不存在一种独立的解释方法，任何一种解释结果都可能是多种因素促成的。[7]即便如此，我们不能否定这些法律解释方法在具体运用时存在一定的先后次序，即适用顺序。它们是正确适用这些方法开展法律解释的关键，也是难点。对此，笔者赞同王利明教授关

---

〔1〕　参见王利明：《法律解释学》，中国人民大学出版社 2016 年版，第 188~189 页。

〔2〕　参见杨仁寿编：《法学方法论》，中国政法大学出版社 2013 年版，第 153 页。

〔3〕　参见王利明：《法律解释学》，中国人民大学出版社 2016 年版，第 200~201 页。

〔4〕　参见王利明：《法律解释学》，中国人民大学出版社 2016 年版，第 263~264 页。

〔5〕　参见王利明：《法律解释学》，中国人民大学出版社 2016 年版，第 283~285 页。

〔6〕　参见黄茂荣：《法学方法与现代民法》，法律出版社 2007 年版，第 332~368 页。

〔7〕　参见陈金钊等：《法律解释学》，中国政法大学出版社 2006 年版，第 185 页。

于法律解释方法适用顺序的如下意见。

第一步，确定文义可能包括的范围。之所以将其作为第一步，是因为文义可能包含的范围既是成文法国家适用法律的前提，又是所有法律解释的最大范围。在确定该范围时，应当首先采用文义解释的方法；如果文义解释无法揭示出条文的真实含义，则应当考虑采取体系解释的方法；而在探寻可能的文义的过程中还可以采用当然解释和反面解释，以及限缩解释和扩张解释的方法。

第二步，根据立法目的进行考量。如果通过第一步解释得出了单一结论，那么其通常可以直接作为法律解释的最终结论；但若通过第一步解释得出了复数结论，解释者就应当根据立法目的确定可能的文义。

第三步，根据社会效果等价值评价进行考量。该方法之所以是第三步，一方面是因为其在一定程度上脱离了法律文本，较之前两步具有更大的主观性，另一方面是因为这些素材是立法者在立法过程中未必考虑到的情况，需要社会学解释推动法律与时俱进。

第四步，可以考虑运用合宪性解释。这种解释方法主要发挥选择和排除的功能，属于一种"范围性控制"，即在诸多解释的结论中选择具有合宪性的而排除违反宪法精神的结论。[1]

2. 适用限制条约仲裁权的国际法规范的解释规则

当限制条约仲裁权具体权能的法律规范为国际法规范时，应当适用国际法规范的解释规则对其进行解释。由于国际习惯和一般法律原则欠缺成文的表现形式，所以国际法规范的解释往往专指对国际条约的解释。虽然《条约法公约》（1969）与《条约法公约》（1986）规定的条约解释规则完全相同，但由于后者尚未生效，[2]所以在国际仲裁实践中，仲裁庭考虑条约解释问题主要依据《条约法公约》（1969）。[3]该公约实际上为条约解释设定了两个阶段：第一阶段通过考察《条约法公约》（1969）第31条列举的诸多因素而探求问题条款的通常意义；第二阶段则通过《条约法公约》（1969）第32条列

---

〔1〕 参见王利明：《法律解释学》，中国人民大学出版社2016年版，第455~458页。

〔2〕 See Richard K Gardiner, *Treaty Interpretation* (*Second Edition*), Oxford University Press, 2015, p. 126.

〔3〕 See Richard K Gardiner, *Treaty Interpretation* (*Second Edition*), Oxford University Press, 2015, pp. 130-131.

举的方法，要么确认依据第 31 条进行解释所得的意义，要么在依据第 31 条进行解释所得的意义仍不清晰或结果显属荒谬时对问题条款展开进一步的解释。[1]

（1）《条约法公约》（1969）第 31 条确定的解释规则。《条约法公约》（1969）第 31 条属于条约解释的一般规则。从结构上看，该条共包括 4 款，其中第 1 款规定了条约解释的总体原则和规则，第 2 款列举了作为条约解释之依据的"上下文"的范围，第 3 款列举了条约解释时应与"上下文"一并考虑的其他内容，第 4 款则是对约文之特殊含义的确定。

①《条约法公约》（1969）第 31 条第 1 款的规定。《条约法公约》（1969）第 31 条第 1 款规定："条约应依其用语按其上下文并参照条约之目的及宗旨所具有之通常意义，善意解释之。"[2]该款开宗明义地规定了条约解释的三个原则：一是，按照善意进行解释的原则，这个原则直接根源于"条约必须遵守"的规则；二是，条约应被推定为具有其所使用的词语之通常意义，这是文义解释的精髓；三是，词语的通常意义不应抽象地予以决定，而应按该词语的上下文并参考该条约的目的和宗旨予以决定，这是常识和善意的要求，也是折衷地采纳了目的解释。[3]对于该款，可以细分为如下要素进行分析。

第一，条约用语。"句子的意义可能比相互分离的单词的意义要多，就像旋律比音符表达的意义要多一样。没有任何特殊情况可以排除探求句子整体表现和共同创建的意义。"[4]《条约法公约》（1969）第 31 条第 1 款要求依据"条约用语"解释条约，但"条约用语"究竟包括怎样的范围，是仅包括条约的词语和条款，还是也包括缔约国谈判过程中的"讨价还价"？关于这个问题，一般认为，根据第 31 条的上下文，"条约用语"应仅包括约文的词语和条款。[5]但是，这并不表示可以忽视条约中一些缺失或暗含的条款；相反，这

---

〔1〕 See J. G. Merrills, "Two Approaches to Treaty Interpretation", *Australian Year Book of International Law*, Volume 4, 1969, p. 56.

〔2〕 中华人民共和国外交部条约法律司编:《中华人民共和国多边条约集》（第七集），法律出版社 2002 年版，第 183 页。

〔3〕 李浩培:《条约法概论》，法律出版社 2003 年版，第 351 页。

〔4〕 US Court of Appeals, 2nd Circuit, Helvering v. Gregory Revenue, 69 F 2d 809, Judgement.

〔5〕 See Richard K Gardiner, *Treaty Interpretation (Second Edition)*, Oxford University Press, 2015, p. 164.

些条款往往非常重要，并且属于条款解释中最难的领域之一。[1]即使条约用语对某些事项没有明确规定，但并不必然表示这些事项未被条约用语涵盖，而是取决于依据条约的性质和《条约法公约》（1969）不同因素之间的相互关系，以及这些事项究竟指什么。[2]

第二，通常意义。从《条约法公约》（1969）第31条第1款的规定中不难看出，条约解释的直接目的是探求约文的"通常意义"。该"通常意义"是指条约自然、正常及惯用的含义。[3]换言之，如果没有言外之意可以得出不同的结论，文字应当按照其自然的意义进行理解，即根据当时的习惯用法，而不是根据推导出来的语法上的意义加以解释。[4]之所以应按"通常意义"解释条约，是因为至少在相反解释成立之前，通常意义最可能反映缔约国的意思。[5]

第三，上下文。虽然作为约文之自然、正常及惯用的"通常意义"看似简单明了，但想真正获取它也并非如囊中取物。正如乔治·施瓦曾伯格（Georg Schwarzenberger）教授所言：

> "根据条约解释的一般规则……条约解释的目的是赋予条约约文的通常意义……此问题之方法的难点在于几乎任何一个单词都有超过一种含义。"[6]

在可能出现的众多不同的通常意义中，最终的意义不能抽象地决定，而应当"根据条约的上下文并参考条约的目的及宗旨"决定。[7]显然，"根据

---

[1] See Richard K Gardiner, *Treaty Interpretation（Second Edition）*, Oxford University Press, 2015, p. 165.

[2] See Richard K Gardiner, *Treaty Interpretation（Second Edition）*, Oxford University Press, 2015, p. 165.

[3] See Oliver Dörr, Kirsten Schmalenbach ed. , *Vienna Convention on the Law of Treaties, A Commentary*, Springer-verlag Berlin Heidelberg, 2012, p. 542.

[4] 参见［荷］格劳秀斯：《战争与和平法》（第二卷），［美］弗兰西斯 W. 凯尔西等英译，马呈元、谭睿译，中国政法大学出版社2016年版，第320页。

[5] See Anthony Aust, *Modern Treaty Law and Practice（Second Edition）*, Cambridge University Press, 2007, p. 235.

[6] Georg Schwarzenberger, "Myths and Realities of Treaty Interpretation：Articles 27-29 of the Vienna Draft Convention on the Law of Treaties", *The Virginia Journal of International Law*, Volume 9, No. 1, 1968.

[7] See International Law Commission, "Draft Articles on the Law of Treaties with Commentaries", *Yearbook of the International Law Commission*, Volume 2, 1966.

条约的上下文"是获得约文通常意义的第一个方法,也是体系解释的要求。至于上下文包括的范围,将在对《条约法公约》(1969)第31条第2款的分析中进行讨论。

第四,目的及宗旨。根据《条约法公约》(1969)第31条第1款,在探寻约文之通常意义时,还应当参考条约的目的及宗旨,这是目的解释的根本要求。关于"目的及宗旨",主要问题包括:它们指什么?如何认定它们?如何适用它们?[1]探求条约之目的及宗旨的通常指引是条约序言;然而,按照《条约法公约》(1969)的一般做法,尤其是关于上下文的定义和运用,我们应当考虑整部条约文本以探求其目的及宗旨。[2]

第五,善意。根据《条约法公约》(1969)第31条第1款的表述,我们不难看出,善意解释是进行条约解释的总原则。李浩培教授认为,善意解释无非就是基于诚实信用的立场对条约进行解释。[3]还有学者认为"善意"一词意指"理性、合理",因此善意解释自然是理性地、合理地进行解释。[4]由于对"善意"之理解具有较大的主观性,所以在大多数情况下,很难对其精确适用或者赋予其独立地位。不过可以肯定的是,善意解释原则应当针对条约解释的整个过程,而非仅针对条约的某个单词或短语,并且一般认为包括条约有效性原则。[5]

②《条约法公约》(1969)第31条第2款的规定。《条约法公约》(1969)第31条第2款规定:"就解释条约而言,上下文除指连同弁言及附件在内之约文外,并应包括:(甲)全体当事国间因缔结条约所订与条约有关之任何协定;(乙)一个以上当事国因缔结条约所订并经其他当事国接受为条约有关文书之任何文书。"[6]显然,该款对上下文的范围进行了概括,即包括以下

---

〔1〕　See Richard K Gardiner, *Treaty Interpretation* (*Second Edition*), Oxford University Press, 2015, p. 211.

〔2〕　See Richard K Gardiner, *Treaty Interpretation* (*Second Edition*), Oxford University Press, 2015, p. 213.

〔3〕　李浩培:《条约法概论》,法律出版社2003年版,第355页。

〔4〕　参见冯寿波:"论条约的'善意'解释——《维也纳条约法公约》第31.1条'善意'的实证研究",载《太平洋学报》2014年第5期。

〔5〕　See Richard K Gardiner, *Treaty Interpretation* (*Second Edition*), Oxford University Press, 2015, p. 168.

〔6〕　中华人民共和国外交部条约法律司编:《中华人民共和国多边条约集》(第七集),法律出版社2002年版,第183页。

三类。

第一，连同弁言及附件在内的条约约文。在依据上下文解释某一条约约文时，首先需要考虑的是条约中的其他约文，这也是体系解释的基本要求。从实践中遇到的问题来看，需要考虑的条约约文主要包括：约文的语法结构、约文的标题、表现条约结构与体系的约文、相关及对照的条款、条约序言、约文标点和句式、单一文本中用语的不同含义、与目的及宗旨相联系的约文等。[1]

第二，全体当事国之间因缔结条约所订与条约有关之任何协定。这也是《条约法公约》（1969）第 31 条第 2 款明确规定的条约解释时必须依据的上下文。这些协定并非被解释的条约的一部分，甚至其自身并不必然属于条约，但它必须清晰地表达了当事国的意愿。[2]

第三，一个以上当事国因缔结条约所订并经其他当事国接受为条约有关文书之任何文书。比如，欧盟条约往往就包括由一个或更多成员国所订的与条约相关的文书，而这些文书在条约谈判时就已经被同意；除此之外，此类文书也经常与双边条约相关。[3]

③《条约法公约》（1969）第 31 条第 3 款的规定。《条约法公约》（1969）第 31 条第 3 款规定："应与上下文一并考虑者尚有：（甲）当事国嗣后所订关于条约之解释或其规定之适用之任何协定；（乙）嗣后在条约适用方面确定各当事国对条约解释之协定之任何惯例；（丙）适用于当事国间关系之任何有关国际法规则。"[4]根据该款，在依据上下文对条约进行解释时，还应当考虑以下三类资料。

第一，当事国嗣后所订关于条约之解释或其规定之适用的任何协定。该类协定有两个非常清晰的特征：其一，该协定必须签订于被解释条约成立（而

---

〔1〕 See Richard K Gardiner, *Treaty Interpretation* (*Second Edition*), Oxford University Press, pp. 199-210.

〔2〕 See Anthony Aust, *Modern Treaty Law and Practice* (*Second Edition*), Cambridge University Press, 2007, p. 236.

〔3〕 See Anthony Aust, *Modern Treaty Law and Practice* (*Second Edition*), Cambridge University Press, 2007, p. 238.

〔4〕 中华人民共和国外交部条约法律司编：《中华人民共和国多边条约集》（第七集），法律出版社 2002 年版，第 183 页。

非生效）之后；其二，该协定必须有关于被解释条约的解释或适用问题。[1]第一个特征与《条约法公约》（1969）第 31 条第 2 款规定的协定或文书的相关特征有明显区别：后者必须是因缔结被解释的条约而签订，前者则必须是在被解释的条约文本得以确立之后才签订。[2]而关于第二个特征，实践中出现的一个问题是，如果相同的当事国嗣后签订某条约，并且该条约可以视为与被解释的条约处理了相同的事项，但是没有明确地披露与被解释的条约有关，那么此时的嗣后条约能否视为与被解释的条约之解释或适用问题有关？对此，根据国际法院在扬马延岛案（丹麦和挪威）中的观点可知，嗣后协定与被解释的条约之间必须存在特定关系，并且该关系足以确保前者能为后者的含义提供证明。[3]除了以上两大特征之外，还有一个问题有必要明确，即此类协定是否必须是条约？对此，笔者赞同安东尼·奥斯特教授的观点，即不必是条约，因为《条约法公约》（1969）第 31 条第 3 款使用的是"协定"（agreement），而非"条约"（treaty）一词。[4]

第二，嗣后在条约适用方面确定各当事国对条约解释之协定的任何惯例。该条被认为是嗣后实践条款。根据学者的解释，这里的嗣后实践属于狭义的嗣后实践，即当事国在条约成立后就其适用对条约解释达成合意的实践。[5]显然，此种实践具备三个特征：其一，与嗣后协议一样，嗣后实践也必须形成于条约成立（而非生效）之后；其二，该实践应当是关涉在条约适用方面确定条约解释的实践，而非其他方面的实践；其三，该实践应当反映出当事国已就此种解释达成一致意见，这一方面要求嗣后实践属于当事国而非其他国家的实践，另一方面则意味着即使该实践并非所有国家都参与，但其所反映出的条约的解释必须是当事国共同的立场。[6]

---

〔1〕 See Richard K Gardiner, *Treaty Interpretation* (*Second Edition*), Oxford University Press, 2015, p. 242.

〔2〕 参见师华："条约解释的嗣后实践研究"，载《理论探索》2018 年第 4 期。

〔3〕 See Richard K Gardiner, *Treaty Interpretation* (*Second Edition*), Oxford University Press, 2015, p. 243.

〔4〕 See Anthony Aust, *Modern Treaty Law and Practice* (*Second Edition*), Cambridge University Press, 2007, p. 239.

〔5〕 参见师华："条约解释的嗣后实践研究"，载《理论探索》2018 年第 4 期。

〔6〕 See International Law Commission, "Draft Articles on the Law of Treaties with Commentaries", *Yearbook of the International Law Commission*, Volume 2, 1966.

第三，适用于当事国之间关系的任何有关国际法规则。该规则被普遍认为是缓解近年来广受关注的国际法不成体系性问题的良药。[1]然而，由于本款未明确"有关国际法规则"的范围和实践，所以自然产生两个疑问：一是范围疑问，即该规则是仅包括特殊国际法规则，还是也包括一般国际法规则；二是时际疑问，即该规则是指缔约当时的国际法规则，还是指争端之时的国际法规则。[2]对于这两个疑问，目前存在不同的国际司法实践。[3]

④《条约法公约》（1969）第 31 条第 4 款的规定。《条约法公约》（1969）第 31 条第 4 款规定："倘经确定当事国有此原意，条约用语应使其具有特殊意义。"[4]换言之，如果能够确定当事国在缔结被解释的条约时，赋予了某些约文特殊的意义，那么应当按照这些特殊意义（而非通常意义）进行解释。显然，这是对当事国缔结条约时真意的追求。既然条约的效力来自于当事国的意思一致，那么就没有理由不适用当事国一致赋予约文的某些特殊意义。在实践中，该款的适用主要涉及以下问题：如何区分特殊意义和通常意义、谁承担特殊意义成立的举证责任、特殊意义成立需要怎样的证据，以及特殊意义和特殊法域的关系等。[5]

（2）《条约法公约》（1969）第 32 条确定的解释规则。《条约法公约》（1969）第 32 条规定了条约解释的补充方法，即"为证实由适用第 31 条所得之意义起见，或遇依第 31 条作解释而：（甲）意义仍属不明或难解；或（乙）所获结果显属荒谬或不合理时，为确定其意义起见，得使用解释之补充资料，包括条约之准备工作及缔约之情况在内"。[6]显然，该条不仅列明了补充方法的具体内容，还列明了补充方法的适用目的。

---

〔1〕 参见吴卡："国际条约解释：变量、方法与走向——《条约法公约》第 31 条第 3 款（c）项研究"，载《比较法研究》2015 年第 5 期。

〔2〕 参见吴卡："国际条约解释：变量、方法与走向——《条约法公约》第 31 条第 3 款（c）项研究"，载《比较法研究》2015 年第 5 期。

〔3〕 参见吴卡："国际条约解释：变量、方法与走向——《条约法公约》第 31 条第 3 款（c）项研究"，载《比较法研究》2015 年第 5 期。

〔4〕 中华人民共和国外交部条约法律司编：《中华人民共和国多边条约集》（第七集），法律出版社 2002 年版，第 183 页。

〔5〕 See Richard K Gardiner, *Treaty Interpretation* (*Second Edition*), Oxford University Press, 2015, pp. 337-342.

〔6〕 中华人民共和国外交部条约法律司编：《中华人民共和国多边条约集》（第七集），法律出版社 2002 年版，第 183 页。

①条约解释补充方法的具体内容。从《条约法公约》（1969）第 32 条的条文中，我们可以看出补充方法的具体内容是使用包括条约准备工作及缔约情况在内的解释之补充资料。虽然这些可用于解释条约的补充资料并非穷尽式列举，但条约准备工作的资料和缔约情况的资料属于被明确提及的补充资料。前者是指缔结条约前的谈判记录、通过公约的国际会议的全体大会和委员会的议事记录、条约的历次草案，等等；[1] 后者则是指在条约起草、条约内容确定、条约缔结过程中被实际考虑的一切事实，其与条约的目的及宗旨、缔结条约过程中的文书以及准备工作的资料等具有重叠或相互影响的关系。[2] 至于准备工作资料和缔约情况资料的具体范围以及如何具体运用，《条约法公约》（1969）并没有更加详细的规定，留待国际司法机构实际运用时灵活认定。

②条约解释补充方法的适用目的。《条约法公约》（1969）第 32 条还列明了适用补充规则的两大目的：其一，用于证实适用第 31 条所得之意义（证实意义的目的）；其二，若依据第 31 条进行解释却发现"意义仍属不明或难解"或者"所获结果显属荒谬或不合理"，则用于确定约文的意义（确定意义的目的）。就"证实意义的目的"而言，正如国际法委员会所认为的那样，这种证实在第 31 条和第 32 条之间建立了一般性的联系，并且维持了解释程序的统一性。[3] 因为这种补充方法只是对根据第 31 条所获得的通常意义的加强和证实，并非根据补充方法获得不同于第 31 条的解释结果，所以理查德·加德纳（Richard K. Gardiner）教授才称这种"证实意义的目的"仅在条约解释中发挥次要的或支持性的作用。[4] 就"确定意义的目的"而言，由于补充方法适用于依据第 31 条无法得出明确的通常意义，或者所获得的结果显属荒谬或不合理的情形，所以实际上摒弃了第 31 条的解释方法而选择补充方法对约文进行解释。换言之，约文的含义最终来源于适用补充方法而作出的解释，所以

---

[1] ［英］劳特派特修订：《奥本海国际法》（上卷，平时法，第二分册），王铁崖、陈体强译，商务印书馆 1972 年版，第 366 页。

[2] See Richard K Gardiner, *Treaty Interpretation*（*Second Edition*），Oxford University Press, 2015, p. 398.

[3] See International Law Commission, "Draft Articles on the Law of Treaties with Commentaries", *Yearbook of the International Law Commission*, Volume 2, 1966.

[4] See Richard K Gardiner, *Treaty Interpretation*（*Second Edition*），Oxford University Press, 2015, p. 354.

理查德·加德纳教授称这种"确定意义的目的"在条约解释中发挥基本的或主要的作用。[1]

3. 适用限制条约仲裁权的国内法规范的解释规则

当限制条约仲裁权具体权能的法律规范为国内法规范时，应当适用国内法规范的解释规则对其进行解释。然而，从实证的角度看，由于限制条约仲裁权具体权能的国内法规范具有一定的偶然性（取决于实际的仲裁地法和当事国法），而不同国家对法律的解释方法并不完全相同，所以难以归纳出适用于所有国内法规范的解释规则，而只能根据不同的国别进行考察。关于不同国家对其国内法律规范的解释规则，孔祥俊教授作出了有益的研究，具体如下。

（1）英国的法律解释方法。英国是判例法国家，法官在解释制定法时主要通过确定立法者意图进行解释，并由此发展出确定立法者意图的三个传统解释方法：文义规则、黄金规则、除弊规则。当然，英国法律解释的现代方法是目的解释，即在解释制定法时，首先要了解立法机关的立法意图（希望达到的目的），再以该目的为指导，解释法律条文的含义。[2]

（2）美国的法律解释方法。美国法院经常采用的解释方法包括：按照典型的普通语义进行解释；按照系争词语的标准的专门语义进行解释；根据语境确定含义的解释；先例对系争法律规范的解释；按照类推方法进行解释；与在特定法律领域的一般法律概念协调一致的解释；与制定法所属领域运行的公共政策相关的权威性公共政策协调一致的解释；根据法律的一般原理进行解释；根据法律词语在起草过程中的演化过程进行解释；根据最终目的进行解释；根据立法意图进行解释；尊重负责执行法律的行政机关的意见进行解释；选择避免产生宪法争议的含义进行解释；根据实体合理性的方法进行解释；根据法律调整对象的规范属性进行解释；根据"法治"价值进行解释；根据公认的解释标准进行解释；援引权威性见解进行解释；立法对以前的行政或司法解释的默认；按照形式逻辑进行解释。[3]

（3）法国的法律解释方法。当前法国的法律解释方法大致有如下五种。

---

[1] See Richard K Gardiner, *Treaty Interpretation* (*Second Edition*), Oxford University Press, 2015, p. 354.

[2] 参见孔祥俊：《法律解释与适用方法》，中国法制出版社 2017 年版，第 211~215 页。

[3] 参见孔祥俊：《法律解释与适用方法》，中国法制出版社 2017 年版，第 216~220 页。

当文本清晰时，除非出现荒谬的结果，否则应当适用该文本，而不应当对其解释；当文本模棱两可或者模糊不清时，法院应该寻找立法机关的意志，法官为此应该首先谨慎地检查文本，并且考虑该文本的语境，以及与该文本相关的书面评论；通过研究立法准备资料发现立法机关的意图，但该立法准备工作不能约束法院；当文本没有直接提供争议的解决方法时，法官至少应该从文本出发，考虑将涉及的规则；如果立法史存在混乱之处，或者法律过于古老，则法官可以参考其他因素，并使用学者所说的目的论解释方法。[1]

（4）意大利的法律解释方法。《意大利民法典》明确规定了文义解释、语境解释和法意解释，并且在适用顺序上首先适用文义解释，其次适用语境解释，最后适用法意解释。[2]但除了民法典规定的三种解释方法之外，学者和司法实践还普遍承认另外两种解释方法，即体系解释和历史解释。[3]

（5）德国的法律解释方法。无论是公法还是私法，德国基本的法律解释方法有四种，包括文义解释、法意解释（发现立法者的意图）、语境解释（上下文解释）以及历史解释（追述立法史）。[4]

（6）奥地利的法律解释方法。1811年《奥地利民法典》第6条和第7条分别对解释方法作出了规定，归纳起来具体包括文义解释、体系解释、历史解释、法意解释、比较方法解释。[5]虽然这些规则最初被设计为用以解释私法，但已被广泛地适用于整个法律制度之中。[6]

第三节　条约仲裁权边界的他律

根据权力边界遵循的一般理论，当权力主体不具有遵循权力边界的主观

---

〔1〕　参见陈林林：《法律方法比较研究——以法律解释为基点的考察》，浙江大学出版社2014年版，第119~120页。

〔2〕　See Massimo La Torre, Enrico Pattaro, Michele Taruffo, "Statutory Interpretation in Italy", in D. Neil MacCormick, Robert S. Summers ed., *Interpreting Statutes: A Comparative Study*, Ashgate Publishing Limited, 1991, p. 220.

〔3〕　参见孔祥俊：《法律解释与适用方法》，中国法制出版社2017年版，第230页。

〔4〕　Basil Markesinis, *Comparative Law in the Courtroom and Classroom*, *The Story of the Last Thirty-Five Years*, Hart Publishing, 2003, p. 108.

〔5〕　参见孔祥俊：《法律解释与适用方法》，中国法制出版社2017年版，第234~235页。

〔6〕　See Herbert Hausmaninger, *The Austrian Legal System* (*Second Edition*), Manzsche Verlags and Kluwer Law Internaitional, 2000, p. 30.

意愿时，应当设立完善的监督机制，促使权力主体基于外施而内化的压力，不敢、不能或不易僭越权力边界，进而达到促使权力主体遵循权力边界的目的。这些监督机制正是对权力边界的他律。条约仲裁权属于一种权力，当条约仲裁权主体不具有遵循权力边界的主观意愿时，也应当设立一定的监督机制促使其遵循。其中，法律监督机制主要包括以下四种。

一、以权力监督条约仲裁权

英国著名史学家阿克顿勋爵（John Emerich Edward Dalberg-Acton）指出："权力导致腐败，绝对权力导致绝对腐败。"[1]因此，为了减少权力导致腐败的可能性，必须防止权力过于集中，而权力制衡无疑是一条有效之路，其中就包括以一种权力监督另一种权力。条约仲裁权亦不例外，它也受到其他权力的监督。这种监督的权力一方面来自条约仲裁权内部，即以一种权能监督另一种权能（以下简称内部权力监督）；另一方面来自条约仲裁权外部，即以非条约仲裁权的其他权力对条约仲裁权进行监督（以下简称外部权力监督）。

（一）内部权力监督条约仲裁权

条约仲裁权包括诸多具体权能，它们虽然均属于条约仲裁权，但可能由不同的主体享有并行使，从而使得不同主体享有和行使的不同权能之间可能形成监督与被监督的关系。笔者根据这些关系的功效将它们分为直接监督和间接监督。

1. 内部权力直接监督条约仲裁权

内部权力直接监督条约仲裁权，是指条约仲裁权的一种权能对另一种权能进行监督并产生直接影响另一种权能行使的效果。比如，假设韩国投资者依据《黎巴嫩—韩国投资协定》第8条第2款第（c）项[2]以黎巴嫩共和国为被申请人向 ICC 提起投资条约仲裁，此时《ICC 仲裁规则》（2021）就是仲裁程序应当适用的规则。根据该规则，虽然实体裁决权主要由仲裁庭享有，但是仲裁院亦享有对裁决书的形式进行修改和就实体问题提醒仲裁庭注意的

---

〔1〕 ［英］约翰·埃默里克·爱德华·达尔伯格-阿克顿：《自由与权力》，侯建、范亚峰译，译林出版社 2014 年版，第 294 页。

〔2〕 See International Investment Agreement Navigator, https://investmentpolicy. unctad. org/international-investment-agreements, last visited on January 15, 2021.

权力［《ICC 仲裁规则》（2021）第 34 条］。由于前者实际上会涉及对裁决书说理形式和说理方式的修改，后者可能在很多情况下直接影响到仲裁庭的实体裁决，[1] 所以 ICC 仲裁院享有的这些权力就是对仲裁庭享有的实体裁决权进行直接监督的权力。

2. 内部权力间接监督条约仲裁权

内部权力间接监督条约仲裁权，是指条约仲裁权的一种权能对另一种权能进行监督并产生间接影响另一种权能行使的效果。这种监督方式主要出现在对条约仲裁权主体资格的赋予上。因为在不确定的群体中选择符合特定要求的主体进行赋权，无疑会对受权主体将来实际行权形成监督，从而降低其越权的可能性。由于这种监督方式并非对受权主体的实际行权过程进行监督，所以属于间接监督。

比如，根据《华盛顿公约》第 38 条[2] 的规定，如果未在规定时间内组成仲裁庭，则由 ICSID 主席（代表机构）任命仲裁员。那么，ICSID 主席享有的仲裁员任命权将对仲裁庭享有的条约仲裁权形成监督。因为主席所任命的仲裁员不仅应当具有崇高的道德水准，而且应当具备处理相关争端的精湛的专业技能。主席通过任命符合特定要求的仲裁员，来降低仲裁员越权的可能性，实质上就是对仲裁员行使相关权力的一种监督，而且属于间接监督。

再比如，当《荷兰民诉法（仲裁篇）》作为仲裁地法而成为条约仲裁程序法（之一）时，该法第 1035 条第 2 款[3] 赋予（荷兰）地区法院临时救济法官（provisional relief judge）以仲裁员回避决定权，而该权力属于程序管理权能的一种。临时救济法官通过决定仲裁员应否回避，将可能出现越权行为的仲裁员予以更换，从而降低仲裁员越权的可能性。这实质上也是对仲裁员行使相关权力的一种监督，同样属于间接监督。

（二）外部权力监督条约仲裁权

除了条约仲裁权不同权能之间可能形成监督与被监督的关系之外，非条

---

[1]　See W. Laurence Craig, William W. Park, Jan Paulsson, *International Chamber of Commerce Arbitration (Third Edition)*, Oceana Publications, Inc., 2000, pp. 378-380.

[2]　参见中华人民共和国外交部条约法律司编：《中华人民共和国多边条约集》（第六集），法律出版社 1994 年版，第 54~55 页。

[3]　See Bommel van der Bend, Marnix Leijten, Marc Ynzonides ed., *A Guide to the NAI Arbitration Rules: Including a Commentary on Dutch Arbitration Law*, Kluwer Law International, 2009, Annex.

约仲裁权的其他权力也可能对条约仲裁权进行监督。笔者不完全归纳出以下几种常见的情形。

1. 条约仲裁裁决撤销权

条约仲裁裁决撤销权是在仲裁程序终结之后才产生的权力，因此不属于条约仲裁权的任何一项权能。然而，该权力与条约仲裁权具有密切的联系，可以说是最常见的监督条约仲裁权的外部权力。如果裁决被依法撤销，那么此前行使条约仲裁权所作的一切努力都将付诸东流。因此，条约仲裁权主体在行使权力时，势必要考虑遵循权力边界，以尽量降低因越权而导致裁决被撤销的可能。显然，裁决撤销权对条约仲裁权主体行使权力形成了一种监督。

最常见的享有条约仲裁裁决撤销权的主体是仲裁地法院。比如，《荷兰民诉法（仲裁篇）》第1064a条第1款[1]规定，仲裁地所在司法区域的上诉法院享有撤销仲裁地位于荷兰的仲裁裁决的权力。特殊情形下，非法院的主体也可能享有条约仲裁裁决撤销权。最典型的特殊情形莫过于《华盛顿公约》设计的一套内部审查仲裁裁决的程序，[2]根据该公约第52条第3款，[3]撤销依据该公约作出的条约仲裁裁决的权力由ICSID主席任命的三人组成的专门委员会享有。

2. 条约仲裁裁决拒绝承认与执行权

一些条约仲裁裁决作出之后，需要得到有关国家的承认与执行，而裁决得到相应的承认与执行属于裁决效力权的内容。然而，被要求承认与执行的国家往往依据特定的法律享有拒绝承认与执行裁决的权力。这种权力产生于仲裁程序终结之后，故不属于条约仲裁权的任何一项权能，但却也与条约仲裁权密切相关。为了尽量避免裁决被不予承认与执行，条约仲裁权主体也势必考虑遵循其权力边界。这表明，条约仲裁裁决拒绝承认与执行权也会对条约仲裁权主体行使权力形成一种监督。

---

〔1〕 See Bommel van der Bend, Marnix Leijten, Marc Ynzonides ed. , *A Guide to the NAI Arbitration Rules: Including a Commentary on Dutch Arbitration Law*, Kluwer Law International, 2009, Annex.

〔2〕 参见鲁洋："论宏观仲裁法学的构建"，载《吉首大学学报（社会科学版）》2018年第4期。

〔3〕 参见中华人民共和国外交部条约法律司编：《中华人民共和国多边条约集》（第六集），法律出版社1994年版，第58页。

比如，依据 ECT 第 26 条第 5 款第（b）项[1]的规定，任何根据 ECT 第 26 条提起的投资条约仲裁应视为符合《纽约公约》第 1 条[2]规定的情形。换言之，相关裁决可以按照《纽约公约》的规定寻求承认与执行。但是，《纽约公约》第 5 条[3]赋予了承认与执行地国在特定情形下拒绝承认与执行裁决的权力。这种权力无疑会对条约仲裁权主体行使权力进行监督，使后者尽量避免违反公约第 5 条的规定。

3. 条约仲裁裁决上诉纠错权

依据特定法律，当事方可以申请对条约仲裁裁决进行上诉审查，上诉机构从而享有对条约仲裁裁决之错误进行纠正的权力。比如，《荷兰民诉法（仲裁篇）》第 1061b 条[4]规定，"裁决上诉只有在当事人通过协议作此约定时方能适用"。并且，该法第 1061a 条至第 1061l 条就仲裁上诉的具体条件和程序等作出了详细规定。显然，荷兰法院基于这些法律规定，享有对条约仲裁裁决进行上诉纠错的权力。这项权力产生于条约仲裁程序完结之后，故不属于条约仲裁权的任何一项权能。但它可能对条约仲裁权主体行使权力进行监督，使其为了避免裁决遭受上诉纠错而遵循条约仲裁权的边界。

二、以权利监督条约仲裁权

"无论权力从何而来、以何种方式存在，它必然要受到诸多因素制约。不同种类权力与权力之间的分立与制衡是重要的权力制约模式，但不是全部的模式。"[5]权利也会对权力进行监督与制约。在监督条约仲裁权的诸多因素中，权利同样扮演着重要的角色，它们既可能由当事方享有，也可能由第三方享有。

---

〔1〕　参见 ECT 网站，https://www.energychartertreaty.org/fileadmin/DocumentsMedia/Founding_ Docs/ECT-cn.pdf，最后访问时间：2021 年 1 月 15 日。

〔2〕　参见中华人民共和国外交部条约法律司编：《中华人民共和国多边条约集》（第六集），法律出版社 1994 年版，第 39 页。

〔3〕　参见中华人民共和国外交部条约法律司编：《中华人民共和国多边条约集》（第六集），法律出版社 1994 年版，第 40~41 页。

〔4〕　See Bommel van der Bend, Marnix Leijten, Marc Ynzonides ed., *A Guide to the NAI Arbitration Rules: Including a Commentary on Dutch Arbitration Law*, Kluwer Law International, 2009, Annex.

〔5〕　后向东：《权力限制哲学——权力限制模式及其作用机制研究》，中国法制出版社 2018 年版，第 87 页。

（一） 当事方权利监督条约仲裁权

在仲裁程序进行中以及仲裁程序终结后，仲裁当事人基于仲裁合意或者特定的法律规范而享有诸多权利。通过行使这些权利，当事人可以对条约仲裁权进行监督。由于条约仲裁权存在于仲裁程序进行中，所以可将当事人在仲裁程序进行中和仲裁程序终结后享有之权利对条约仲裁权进行的监督分别称为事中监督和事后监督。

1. 当事方权利事中监督条约仲裁权

在仲裁程序进行过程中，当事方基于仲裁合意或仲裁法律，可能享有诸多权利，并对条约仲裁权进行监督。这种监督与条约仲裁权的行使基本同步，故可称为事中监督。

一种典型的事中监督条约仲裁权的当事方权利是管辖异议提出权。如果当事方认为条约仲裁权主体对案件不享有管辖权，那么其可以提出管辖异议。这几乎是所有条约仲裁法律或条约仲裁合意都会赋予当事方的一项仲裁权利。其中，条约仲裁法律的赋权诸如：《海洋法公约》第 288 条第 4 款〔1〕明确规定可以就"法院或法庭是否具有管辖权发生争端"，实质上相当于赋予当事方提出管辖异议的权利；《华盛顿公约》第 41 条第 2 款〔2〕也明确赋予当事方可以提出争端不属于 ICSID 管辖范围或仲裁庭权限范围的异议。条约仲裁合意的赋权则主要通过仲裁规则（作为仲裁合意的一部分）体现，比如《贸法会仲裁规则》（2013）第 23 条〔3〕、《ICC 仲裁规则》（2021）第 6 条第 3 款〔4〕的规定。通过行使管辖异议提出权，当事方可以对可能的僭越条约仲裁案件管辖权的情形进行监督。

另一种典型的事中监督条约仲裁权的当事方权利是仲裁员回避申请权。如果当事方认为仲裁员存在可能影响公正裁决的情形，那么其可以申请仲裁

---

〔1〕 参见中华人民共和国外交部条约法律司编：《中华人民共和国多边条约集》（第四集），法律出版社 1987 年版，第 374 页。

〔2〕 参见中华人民共和国外交部条约法律司编：《中华人民共和国多边条约集》（第六集），法律出版社 1994 年版，第 55 页。

〔3〕 参见联合国网站，https://uncitral. un. org/sites/uncitral. un. org/files/media-documents/uncitral/zh/uncitral-arbitration-rules-2013-c. pdf，最后访问时间：2021 年 1 月 15 日。

〔4〕 参见 ICC 网站，https://iccwbo. org/content/uploads/sites/3/2021/02/icc-2021-arbitration-rules-2014-mediation-rules-chinese-version. pdf，最后访问时间：2021 年 1 月 15 日。

员回避。这也是许多条约仲裁法律或条约仲裁合意都会赋予当事方的一项仲裁权利。条约仲裁法律的赋权比如《荷兰民诉法（仲裁篇）》第 1033 条，[1]而条约仲裁合意的赋权比如《贸法会仲裁规则》（2013）第 12 条。[2]通过行使仲裁员回避申请权，当事方可以对仲裁员的任职资格进行监督，从而降低其因不适格而越权的可能性。

2. 当事方权利事后监督条约仲裁权

虽然条约仲裁权随着仲裁程序的终结而结束，但若条约仲裁权主体在仲裁过程中僭越权力，其对受害当事方造成的负面影响并不会随着程序的终结而消失。因此，法律还赋予了当事方一些在仲裁程序终结之后监督条约仲裁权的权利，相应的监督可被称为事后监督。事后监督不仅可能引发矫正越权行为的效果，而且可以促使条约仲裁权主体迫于监督压力而不敢越权。典型的事后监督条约仲裁权的当事方权利是申请撤销条约仲裁裁决的权利，而其被许多仲裁法律予以规定，比如《华盛顿公约》第 52 条[3]、《荷兰民诉法（仲裁篇）》第1064a 条[4]等。此外，当事方在特定情形下享有的申请不予承认与执行条约仲裁裁决的权利也属于此类，比如《纽约公约》第 5 条第 1 款[5]赋予当事方的权利。

（二）第三方权利监督条约仲裁权

条约仲裁权除了可能受到当事方权利的监督之外，还可能受到案外第三方权利的监督，这种监督主要来自第三方的舆论监督。因为条约仲裁具有一定的"公共"性质，[6]所以仲裁过程和仲裁资料的透明度较高，第三方往往

---

〔1〕　See Bommel van der Bend, Marnix Leijten, Marc Ynzonides ed. , *A Guide to the NAI Arbitration Rules*: *Including a Commentary on Dutch Arbitration Law*, Kluwer Law International, 2009, Annex.

〔2〕　参见联合国网站，https://uncitral. un. org/sites/uncitral. un. org/files/media-documents/uncitral/zh/uncitral-arbitration-rules-2013-c. pdf，最后访问时间：2021 年 1 月 15 日。

〔3〕　参见中华人民共和国外交部条约法律司编：《中华人民共和国多边条约集》（第六集），法律出版社 1994 年版，第 58 页。

〔4〕　See Bommel van der Bend, Marnix Leijten, Marc Ynzonides ed. , *A Guide to the NAI Arbitration Rules*: *Including a Commentary on Dutch Arbitration Law*, Kluwer Law International, 2009, Annex.

〔5〕　参见中华人民共和国外交部条约法律司编：《中华人民共和国多边条约集》（第六集），法律出版社 1994 年版，第 40~41 页。

〔6〕　投资者与国家之间的投资条约仲裁都具有公共性质，国家与国家之间发生的条约仲裁就更具有公共性质了。See William Kenny, "Transparency in Investor State Arbitration", *Journal of International Arbitration*, Volume 33, No. 5, 2016.

可以通过公开渠道获得仲裁相关的信息。因此，在获知条约仲裁信息之后，案外第三方享有的言论自由、知情等权利就会对条约仲裁权形成舆论监督和社会监督，从而迫使条约仲裁权主体不敢轻易地僭越权力边界。

三、以程序监督条约仲裁权

为了尽可能降低条约仲裁权越界的可能性，法律往往对条约仲裁权的激活与行使设置了一定的程序。换言之，通过要求条约仲裁权主体按照预先设定的程序激活与行使权力，使得条约仲裁权越界成为一项不能或不易之事，这便是程序对条约仲裁权的监督。相关程序可分为两类：其一，激活程序，即使得条约仲裁权主体享有的权力被激活的程序；其二，行使程序，即条约仲裁权主体行使权力时必须遵循的程序。

（一）激活程序监督条约仲裁权

条约仲裁权是法律赋予的权力，只要法律作出了相关规定，条约仲裁权主体就享有这些权力。然而，许多具体权能在经过激活程序之前处于"冻结"状态，不能被行使。换言之，只有经过激活程序，条约仲裁权主体才能真正行使这些权力。显然，激活程序可以避免条约仲裁权主体任意地开启行权过程，因而属于监督条约仲裁权的一种方式。

最典型的激活程序莫过于条约仲裁案件管辖权的激活程序。许多条约仲裁合意或条约仲裁法律都规定，未经一定程序，条约仲裁权主体不能行使案件管辖权。其中，条约仲裁合意的规定比如《印尼—埃及投资协定》第9条[1]有关"缔约一方与缔约另一方投资者之间可能发生的任何争端，如有可能，应当友好解决。如果该争端自任何一方提出争议之日起6个月内未能解决，争端可以按照投资者的选择（该选择是最终的）提交……"的表述。类似的表述被学者形象地称为"冷却期条款"。[2]根据该条款，无论投资者将争端提交 ICSID 或 CRCICA 仲裁，只要6个月的冷却期未过，ICSID 或 CRCICA 享有的案件管辖权就不能被激活，从而也不得被行使。条约仲裁法律的规定比

---

〔1〕 See International Investment Agreement Navigator, https://investmentpolicy. unctad. org/international-investment-agreements, last visited on January 15, 2021.

〔2〕 See Hanno Wehland, "Chapter 8, Jurisdiction and Admissibility in Proceedings under the ICSID Convention and the ICSID Additional Facility Rules", in Crina Baltag ed. , *ICSID Convention after 50 Years*：*Unsettled Issues*, Kluwer Law International, 2016, p. 241.

如《海洋法公约》第 283 条第 1 款[1]有关"如果缔约国之间对本公约的解释或适用发生争端，争端各方应迅速就以谈判或其他和平方法解决争端一事交换意见"的表述。根据该条款，如果争端各方未能就以谈判或其他和平方法解决争端一事交换意见，条约仲裁管辖权同样不能被激活，也同样不得被行使。

此外，对于许多须经当事方申请才能启动行使的条约仲裁权，当事方提交申请的行为便属于该权力的激活程序。比如，依据《华盛顿公约》第 46 条[2]的规定，仲裁庭享有"对争端主要问题直接引起的附带或附加的要求或反要求作出决定"的权力。然而，仲裁庭行使该条约仲裁权的前提之一是"经一方请求"。换言之，任何一方的申请是该条约仲裁权的激活程序，是启动行使该权力的前提。再比如，依据《海洋法公约》第 290 条第 3 款，[3]条约仲裁庭享有规定、修改或撤销临时措施的权力。但该条约仲裁权不能自动激活，必须首先经过"争端一方提出请求"的激活程序方可。

（二）行使程序监督条约仲裁权

除了激活程序之外，条约仲裁合意或条约仲裁法律还规定了行使条约仲裁权应遵循的程序。这些程序限制条约仲裁权相关权能的行使方式，从而避免它们被恣意任性地行使，故而对条约仲裁权形成监督。条约仲裁法律规定的行使程序比如《华盛顿公约》第 45 条第 2 款。[4]依据该条款，当"一方在程序的任何阶段未出席或陈述案情"且"另一方请求仲裁庭作出裁决处理"时，仲裁庭行使实体裁决权之前必须先履行"通知未出席或陈述案情的一方，并给以宽限日期"的程序性义务，否则就属于程序违法。条约仲裁合意规定的行使程序比如《贸法会仲裁规则》（2013）第 17 条第 2 款。[5]依据该条

---

[1]　参见中华人民共和国外交部条约法律司编：《中华人民共和国多边条约集》（第四集），法律出版社 1987 年版，第 372 页。

[2]　参见中华人民共和国外交部条约法律司编：《中华人民共和国多边条约集》（第六集），法律出版社 1994 年版，第 56 页。

[3]　参见中华人民共和国外交部条约法律司编：《中华人民共和国多边条约集》（第四集），法律出版社 1987 年版，第 375 页。

[4]　参见中华人民共和国外交部条约法律司编：《中华人民共和国多边条约集》（第六集），法律出版社 1994 年版，第 56 页。

[5]　参见联合国网站，https://uncitral.un.org/sites/uncitral.un.org/files/media-documents/uncitral/zh/uncitral-arbitration-rules-2013-c.pdf，最后访问时间：2021 年 1 月 15 日。

款，仲裁庭行使延长或缩短任何期间的程序管理权时，必须履行"请各方当事人发表意见"的程序性义务，否则也将构成程序违法。

四、以责任监督条约仲裁权

还有一种监督条约仲裁权的方式是为条约仲裁权主体设置一定的责任。虽然责任往往产生于权力行使之后，但其可在权力行使之前对条约仲裁权主体造成一定的心理警戒，从而促使条约仲裁权主体为避免承担责任而遵循条约仲裁权的边界。至于如何设置责任，国际社会一直在寻找平衡：既要通过责任尽量避免仲裁员故意或过失的不当行为对仲裁当事方造成损失以维护仲裁的公正性，又要给予仲裁员一定范围的责任豁免以实现仲裁的效益价值并保证仲裁员能够履行职责而免受不正当的干扰和攻击。[1]由于条约仲裁权的形式来源包括国际法（条约仲裁合意和国际仲裁法）和国内法（国内仲裁法），所以对条约仲裁权进行监督的责任类型应当包括国际法责任和国内法责任。

（一）国际法责任监督条约仲裁权

因为条约仲裁权的形式来源必然包括作为国际法的条约仲裁合意，或然包括国际仲裁法，所以条约仲裁权主体必定具备国际公共机构的角色，并行使国际权力。然而，目前规定国际组织责任的国际法并不多见，所以规定条约仲裁权主体责任的国际法也不多见。但不多见并不意味着不存在，相反，一些国际法规范实质上规定了条约仲裁权主体的责任。比如，根据《华盛顿公约》第 14 条第 1 款[2]的规定，ICSID 仲裁员必须"具有高尚的道德品质，并且在法律、商务、工业和金融方面有公认的能力，他们可以被信赖作出独立的判断"，并且"在法律方面的能力尤其重要"。如果仲裁员越权导致仲裁裁决被依法撤销，或被国际社会普遍批判，以致该仲裁员被认为不符合《华盛顿公约》第 14 条第 1 款规定的任职条件，并因此在任期届满后不再被指派，那么仲裁员实际上就因越权而承担了相应的国际法责任。显然，在这种

---

〔1〕 参见刘晓红："确定仲裁员责任制度的法理思考——兼评述中国仲裁员责任制度"，载《华东政法大学学报》2007 年第 5 期。

〔2〕 参见中华人民共和国外交部条约法律司编：《中华人民共和国多边条约集》（第六集），法律出版社 1994 年版，第 48 页。

国际法责任的监督之下，仲裁员将不敢轻易地越权。

（二）国内法责任监督条约仲裁权

当条约仲裁权形式来源于国内仲裁法时，条约仲裁权主体将同时具备国内公共机构的角色，并行使国内权力。此时，国内法很可能对其设置特定的责任。比如，《英国仲裁法》第 29 条规定："（1）仲裁员对其在履行或试图履行职权过程中的任何作为或不作为不承担责任，除非这种作为或不作为基于恶意。（2）第 1 款适用于仲裁员的雇员或代理人，就和适用于仲裁员自身一样。（3）本条不影响仲裁员因辞职而引发的责任。"[1]根据该条规定，如果条约仲裁的仲裁地位于英国，且仲裁员的越权行为属于基于恶意的作为或不作为，那么仲裁员就需要承担相应的责任。显然，这种源于《英国仲裁法》的国内法责任将对仲裁员行使条约仲裁权进行监督。同样，1984 年《澳大利亚国际仲裁法》第 28 条关于"仲裁员恶意行为不可免责"（仲裁员对于在其职权范围内的所有作为或不作为中存在的疏忽不承担责任，但对其职权范围内的所有作为或不作为中存在的欺诈要承担责任）的规定，[2]也属于国内法责任对仲裁员行使条约仲裁权的监督。

本章小结

要确保条约仲裁权在边界内行使，仅仅划定条约仲裁权边界尚不足够，因为通过法律限制而划定的条约仲裁权边界只是静态的边界，不足以确保条约仲裁权主体遵循该边界行权。所以，本章通过三节内容对条约仲裁权边界的遵循展开研究。

第一节主要阐述权力边界遵循的一般理论，因为这也是条约仲裁权边界的遵循所应适用的理论。关于权力边界的自律（自觉遵循），关键在于识别和适用限制权力的法律。识别是适用的前提，适用是识别的目的。其中，识别限制权力的法律不仅要识别所有限权法律，而且应当识别限权法律的效力等

---

〔1〕　See Julian D. M. Lew, et al. ed., *Arbitration in England, with Chapters on Scotland and Ireland*, Kluwer Law International, 2013, Appendix.

〔2〕　刘晓红："确定仲裁员责任制度的法理思考——兼评述中国仲裁员责任制度"，载《华东政法大学学报》2007 年第 5 期。

级、识别法律规则和法律原则、识别授权性规范和义务性规范。适用限制权力的法律主要包括适用的位序规则和解释规则：前者包括全部适用规则和部分适用规则，后者则包括若干具体的法律解释方法。关于权力边界的他律（迫于监督而遵循）则主要包括以权力监督权力、以权利监督权力、以程序监督权力和以责任监督权力四类法律监督方式。此外，国际权力边界的遵循与国内权力边界的遵循大同小异。其中，国际权力边界的自律关键在于识别和适用限制国际权力的法律，并且识别的内容与适用的方法与国内权力基本相同；国际权力边界的他律也主要包括以权力监督国际权力、以权利监督国际权力、以程序监督国际权力和以责任监督国际权力四类法律监督方式。

第二节主要分析了条约仲裁权边界的自律，并从识别限制条约仲裁权的法律和适用限制条约仲裁权的法律两个步骤展开分析。其中，识别限制条约仲裁权的法律主要包括识别限制条约仲裁权的所有法律（仲裁合意、仲裁法律、当事国法），识别限制条约仲裁权的法律规范的类型（法律规则与法律原则、授权性规范与义务性规范），以及识别限制条约仲裁权的法律规范的效力等级三个方面。适用限制条约仲裁权的法律则包括适用限制条约仲裁权的法律规范的位序规则（全部适用规则与部分适用规则）和适用限制条约仲裁权的法律规范的解释规则（适用限制条约仲裁权的国际法规范的解释规则、适用限制条约仲裁权的国内法规范的解释规则）两个方面。

第三节主要分析了条约仲裁权边界的他律，并重点探讨了以权力监督条约仲裁权、以权利监督条约仲裁权、以程序监督条约仲裁权和以责任监督条约仲裁权四种法律监督方式。其中，第一种监督方式包括以内部权力监督条约仲裁权和以外部权力监督条约仲裁权；第二种监督方式包括以当事方权利监督条约仲裁权和以第三方权利监督条约仲裁权；第三种监督方式包括以激活程序监督条约仲裁权和以行使程序监督条约仲裁权；第四种监督方式包括以国际法责任监督条约仲裁权和以国内法责任监督条约仲裁权等具体情形。

第四章

条约仲裁权越界的矫正

权力具有不断向外扩张的内部动力，而从外部制约权力扩张的手段常常捉襟见肘。[1]所以，即使划定了权力的边界，也为权力边界的自律提供了方法指引，为权力边界的他律设定了监督机制，但都只能尽量降低而无法杜绝权力越界行为的发生。一旦发生了权力越界的行为，就可能造成相应的危害后果，从而必须对其进行矫正。条约仲裁权作为一项权力，同样具有向外扩张的内部动力。因此，对条约仲裁权越界行为进行矫正，也是关于条约仲裁权边界研究的重要版块。本章将就这一版块的内容展开研究。

第一节　权力越界矫正的一般理论

与条约仲裁权边界的划定和遵循一样，条约仲裁权越界的矫正应当适用权力越界矫正的一般理论。因此，本节将对权力越界矫正的一般理论进行阐释，以便为条约仲裁权越界的矫正提供理论铺垫和方法指导。需要说明的是，权力越界的矫正以存在权力越界行为为前提，所以讨论权力越界的矫正事实上暗含权力已经越界的假设。本节前三个部分分别回答以下三个问题：第一，权力越界具有哪些行为表现？第二，矫正权力越界的方法有哪些？第三，矫正权力越界的效果是什么？此外，由于这三个部分主要以国内权力为研究对象，所以第四部分将单独讨论国际权力越界的矫正。

一、权力越界的行为表现

如果不能识别权力越界的行为表现，那么权力越界的矫正自然无法开展，因为矫正的对象不明确。因此，权力越界的行为表现是研究权力越界矫正的

---

〔1〕　参见潘爱国："论公权力的边界"，载《金陵法律评论》2011年第1期。

前提性和基础性的问题。如前指出，由于权力的边界通过法律对权力的限制而划定，而限制权力的法律既包括授权性规范，也包括义务性规范，所以权力越界具有两种行为表现：第一，不遵循授权性规范所作限制，即不遵循授权性规范在权力主体、权力范围以及行权条件等方面所作限制而构成的权力越界行为；第二，不遵循义务性规范所作限制，即不履行义务性规范所赋予的行权义务而构成的权力越界行为。鉴于授权性规范所作的限制可视为从正面对权力进行的限制，而义务性规范所作的限制可视为从反面对权力进行的限制，因此笔者将权力越界的两种行为表现分别称为权力正面越界的行为和权力反面越界的行为。

（一）权力正面越界的行为

权力正面越界的行为，是指权力主体不遵循授权性规范从正面对权力所作的限制而构成的僭越权力边界的行为。一般而言，完整的授权性规范在授予权力时会对权力主体、权力范围以及行权条件等作出明确的规定。此类完整的授权性规范既可能由单一法条构成，也可能由多个法条共同构成，区分的关键在于对权力所作的正面限制是否完整。比如，我国《刑事诉讼法》第136条就包括关于搜查权的完整的正面限制，因而属于单一法条构成的完整的授权性规范；相反，该法第8条有关"人民检察院依法对刑事诉讼实行法律监督"的规定则不能视为完整的授权性规范，因为其仅规定了享有和行使法律监督权的主体，而未规定可在何种条件下和多大范围内行使该权力。后两个问题还需要结合其他法条才能确定。

权力正面越界的行为主要表现为僭越授权性规范对权力主体、权力范围以及行权条件等方面的限制。比如，公安机关行使我国《刑事诉讼法》第8条的法律监督权就属于行权主体越界，侦查人员对"非犯罪嫌疑人"和"不可能隐藏罪犯或者犯罪证据的人"进行搜查就属于行权条件越界。所以，在判断一项行权行为是否构成正面越界的情形时，必须将行权行为与完整的授权性规范就相应权力所作的全部正面限制进行对照考察，否则作出的相关判断可能并不准确。

（二）权力反面越界的行为

权力反面越界的行为，是指权力主体不遵循义务性规范从反面对权力所作的限制而僭越权力边界的行为。权力主体在行使权力时，往往必须承担特定的行权义务，它们就是义务性规范对权力所作的限制。比如，我国《刑事诉讼法》第 138 条有关"进行搜查，必须向被搜查人出示搜查证"的规定，就是限制侦查机关搜查权的义务性规范；再比如，2017 年《中华人民共和国行政处罚法》第 31 条有关"行政机关在作出行政处罚决定之前，应当告知当事人作出行政处罚决定的事实、理由及依据，并告知当事人依法享有的权利"的规定，则是限制行政机关行政处罚权的义务性规范。这些规范对权力主体行使权力设置了相应的义务，权力主体在行使权力时必须履行这些义务，否则将构成对权力边界的僭越，属于权力反面越界的行为。

需要说明的是，授权性规范对权力所作的限制与义务性规范对权力所作的限制虽然有时难以严格区分，但很多情况下是能够区分的。之所以基于这种区分将权力越界的行为划分为正面越界的行为和反面越界的行为，是因为这将有利于全面判断行权行为越界与否，避免漏失因僭越任何一类规范所作限制而构成的越界，进而充分发挥矫正机制的功能。

二、权力越界的矫正方法

权力越界行为发生之后，无论出于公平正义的价值考量，还是出于消解危害的功利目的，都应当对权力越界行为进行矫正。由于权力的本质是对资源的控制和对"人"的支配，而对资源的控制既通过对"人"的支配来实现，又以实现对"人"的支配为目的，[1]所以权力行使的终极效果是对"人"进行支配，从而矫正权力越界的终极效果就是消解权力越界部分对"人"的支配力量。笔者认为，消解这些支配力量的方法有两种，即积极矫正方法和消极矫正方法，以下进行详细论述。

（一）权力越界的积极矫正

当权力越界后，往往存在某些法律规定的第三方主体，能够依据法律设定的条件和程序，对权力越界行为进行审查并消解权力越界的负面影响，使其无法产生超限的支配"人"的效果，或者在超限的支配效果无法逆转的情况下，通过其他途径弥补受害人的损失，从而实现矫正权力越界的目的。受权力支配之"人"若想通过这种方式矫正权力越界的行为，以期消解权力越

---

〔1〕　参见潘爱国："论公权力的边界"，载《金陵法律评论》2011 年第 1 期。

界部分对他的支配力量，一般需要主动向该第三方主体寻求救济，所以对受权力支配之"人"而言，这种方式构成一种积极因应的方式，笔者称之为权力越界的积极矫正。

现实中，积极矫正权力越界的情形非常普遍，比如，基于受害人的申请，二审法院审查和更改一审法院越权作出的判决，就是针对一审法院的审判权越界行为而进行的积极矫正；法院撤销仲裁庭越权作出的裁决，就是针对仲裁庭的仲裁权越界行为而进行的积极矫正；上级行政机关复议并更正下级行政机关越权作出的行政行为，也是针对下级行政机关的行政权越界行为而进行的积极矫正。相关实例，林林总总，不一而足。

根据以上界定和分析，我们不难看出，权力越界的积极矫正具有以下特点。

（1）合法性。权力越界的积极矫正属于法律规定的机制：不仅第三方主体审查并消解权力越界的负面影响具有法律依据，而且受权力支配之"人"向第三方主体寻求救济也具有法律依据。所以，这是一种具备合法性的矫正方法。

（2）积极性。因为对受权力支配之"人"而言，若想对权力越界行为展开积极矫正，一般需要主动向第三方主体寻求救济，属于一种积极因应的方式，所以权力越界的积极矫正还是一种具备积极性的矫正方法。

（3）事后性。不同于权力监督机制主要在权力尚未越界时发挥作用（使得权力主体不敢、不能或不易僭越权力边界），权力越界的积极矫正在权力已经越界之后才被实施并发挥作用，因此具有事后性。

（4）补救性。因为权力越界的积极矫正将使越界的权力无法发生超限的支配"人"的效果，或者在超限的支配效果无法逆转的情况下，通过其他途径弥补受害人的损害，所以这种矫正方法还具有补救性。

（二）权力越界的消极矫正

既然权力行使的终极效果是对"人"进行支配，那么当权力越界后，受支配之"人"还有可能不积极因应（不向第三方主体寻求救济），而是自行采取拒绝接受权力越界支配的消极因应方式，以阻碍越界权力实现其支配目的。由于权力基于法律而获得并行使，所以权力越界与否一般也应由法律授权的第三方主体依法评判，受权力越界支配之"人"自行拒绝接受支配的行为不具有合法性。比如日常生活中常见的拆迁行为。假设某次拆迁行为因拆迁条件不满足或拆迁程序不合法，客观上属于越权实施，那么被拆迁人拒绝接受拆迁的行为就属于拒绝接受拆迁权的越界支配。然而，由于未经法律授权的第三方主体对拆迁权越界作出认定，所以被拆迁人自行拒绝拆迁的行为不具有合法性。

但是，在一些特殊的情况下，受越界权力支配之"人"不经第三方主体认定，自行拒绝接受权力越界支配的行为也可能具有合法性。比如，当主权国家成为别国法院审理的非民商事诉讼案件的被告时，假设存在法院管辖权越界的行为，而主权国家可能依据管辖豁免原则拒绝接受别国法院的管辖，相当于自行拒绝接受管辖权越界的支配。此时，主权国家的拒绝行为就具有来自管辖豁免原则的合法性。鉴于此类具有合法性的拒绝接受权力越界支配的消极因应方式，同样能够消解越界权力的支配力量，所以笔者称之为权力越界的消极矫正。

根据以上界定和分析，我们也不难看出，权力越界的消极矫正具有以下特点。

（1）合法性。在以上的界定中，权力越界的消极矫正强调受权力支配之"人"自行拒绝接受权力的越界支配必须具有法律依据，所以合法性是消极矫正的第一个特点。

（2）消极性。因为权力越界的消极矫正以受权力支配之"人"拒绝接受权力的越界支配为表现方式，属于消极因应权力越界的行为，所以该矫正方式具有消极性。

（3）事后性。因为权力越界的消极矫正是在权力已经客观越界的情况下，通过拒绝接受权力的越界支配而实施的矫正行为，所以与权力越界的积极矫正一样，消极矫正也具有事后性。

（4）补救性。因为权力越界的消极矫正能使越界的权力无法产生超限的支配"人"的效果，所以这种矫正方法也具有一定的补救性。

三、权力越界的矫正效果

矫正权力越界的目的是消解权力越界造成的负面影响。那么，矫正措施究竟如何消解这种影响呢？这就需要探讨权力越界的矫正效果。笔者认为，矫正权力越界可能产生以下三种效果。

(一) 否定评价权力越界的行为

矫正以权力越界为前提，因此矫正行为的发生意味着权力越界被认定，即对权力越界行为作出了否定评价。比如，二审法院更改一审法院的越权判决，就对一审法院的审判权越界行为进行了否定评价；上级行政机关更改下级行政机关的越权行政行为，就对下级行政机关的行政权越界行为进行了否定评价。鉴于有说服力的评价源于合法的评价，而无论是积极矫正还是消极矫正，都具有合法性，所以两种矫正方法都能产生否定评价权力越界的行为之效果。

(二) 消解权力越界的支配力量

权力越界所产生的负面影响是对"人"施加本不应当施加的支配力量。所以，矫正权力越界行为最重要的效果就是消解其因越界而产生的额外支配力量，使这种超限的支配力量不能作用于"人"。无论是积极矫正还是消极矫正，都能够产生这种效果。

需要注意的是，虽然理论上这种被消解的支配力量应与权力超越边界的部分互成比例，但这种比例有时极难划分。因此，一般而言，当这种比例可以划分时，应当按照比例进行消解；当这种比例无法划分时，则应当消解全部支配力量。举例来说，在商事仲裁中，如果仲裁庭仅越权对某项请求作出裁决，那么法院应仅撤销针对该项请求的裁决内容（部分撤销制度）；但如果法院在认定仲裁庭越权之后难以辨别其对哪些仲裁请求产生了影响，那么法院就应当撤销对全部仲裁请求所作的裁决内容，即使有些裁决内容属于仲裁权边界内的事项。

(三) 弥补权力越界造成的损害

虽然在越界权力的支配力量发生作用之前就将其消解最为理想，但现实中经常出现越界权力的支配力量作用完成之后才进行矫正的情形。此时，由于力量作用的不可逆性，期望通过矫正行为消解这种力量已不可能，所以矫正行为只能发生弥补损害的效果。这种弥补效果可能表现为恢复原状，即恢复到未受越界权力侵害时的状态；也有可能表现为其他补偿，即当原状无法恢复时，采取其他措施对受害人的损失进行补偿。前者比如行政机关越权对个人所得予以没收后，基于矫正行为而返还所没收的个人所得的情形；后者比如侦查机关越权对个人予以拘留后，基于矫正行为而对受害人作出国家赔偿的情形。

由于这种矫正效果的产生需要积极作为才能实现，所以只可能发生于积极矫正的情形中。而在消极矫正中，由于受权力支配之"人"是以拒绝接受支配的方式进行矫正，属于消极应对，所以不可能产生从他处获得损害弥补的效果。

四、国际权力越界的矫正

以上对权力越界的矫正仅以国内权力为对象展开，属于国内权力越界的矫正。然而，与权力边界的划定和遵循类似，权力越界的矫正还应包括国际权力越界的矫正。本部分将对国际权力越界的矫正展开研究。

（一）国际权力越界的行为表现

与国内权力类似，要对国际权力越界进行矫正，必须首先明晰矫正的对象，即识别国际权力越界的行为表现。这是研究国际权力越界矫正的前提性和基础性的问题。由于限制国内权力的法律包括授权性规范和义务性规范，所以国内权力越界可以表现为正面越界的行为和反面越界的行为两类，前者是指不遵循授权性规范对权力所作的限制而构成的越界，后者则是指不遵守义务性规范对权力所作的限制（不履行义务性规范规定的行权义务）而构成的越界。

相比之下，限制国际权力的法律规范也包括授权性规范和义务性规范。前者比如《联合国宪章》第 42 条[1]的规定："安全理事会如认为第 41 条所规定之办法为不足或已经证明为不足时，得采取必要之空海陆军行动，以维持或恢复国际和平及安全。此项行动得包括联合国会员国之空海陆军示威、封锁及其他军事举动。"其中"第 41 条所规定之办法为不足或已经证明为不足"属于对联合国安全理事会行使"采取必要之空海陆军行动"的权力所作之正面限制。

---

[1]　中华人民共和国外交部条约法律司编：《中华人民共和国多边条约集》（第一集），法律出版社 1987 年版，第 303 页。

后者比如《联合国宪章》第 44 条[1]的规定："安全理事会决定使用武力时，于要求非安全理事会会员国依第 43 条供给军队以履行其义务之前，如经该会员国请求，应请其遣派代表，参加安全理事会关于使用其军事部队之决议。"其中"如经该会员国请求，应请其遣派代表，参加安全理事会关于使用其军事部队之决议"属于对联合国安全理事会行使"要求非安全理事会会员国依第 43 条供给军队"的权力所作之反面限制。

正因为授权性规范和义务性规范都可能对国际权力进行限制，所以国际权力的越界也可以分为僭越授权性规范划定的边界和僭越义务性规范划定的边界两类。前者可被称为国际权力正面越界的行为，后者可被称为国际权力反面越界的行为。

（二）国际权力越界的矫正方法

对国内权力越界的矫正方法包括积极矫正和消极矫正两种：前者表现为受国内权力支配之"人"主动向法律规定的第三方主体寻求救济，由该主体依据法律设定的条件和程序，对国内权力越界的行为进行审查并消解国内权力越界的负面影响；后者则表现为受国内权力支配之"人"不经过第三方主体对国内权力越界进行认定，而是依据特定的法律规定，自行拒绝接受国内权力的越界支配，以阻碍其实现支配目的。就各自特点而言，国内权力的积极矫正具有合法性、积极性、事后性和补救性，国内权力的消极矫正具有合法性、消极性、事后性和补救性。

与国内权力越界一样，当国际权力越界之后，无论出于公平正义的价值考量，还是出于消解危害的功利目的，都应当对国际权力越界的行为进行矫正。对国际权力越界的矫正方法也应当包括积极矫正和消极矫正两种：前者表现为受国际权力支配之"人"主动向法律规定的第三方主体寻求救济，由该主体依据法律设定的条件和程序，对国际权力越界行为进行审查并消解其负面影响；后者则表现为受国际权力支配之"人"不经过第三方主体对国际权力越界进行认定，而是依据特定的法律规定，自行拒绝接受国际权力的越界支配，以阻碍其实现支配目的。就各自特点而言，国际权力的积极矫正也具有合法性、积极性、事后性和补救性，国际权力的消极矫正也具有合法性、

---

[1] 中华人民共和国外交部条约法律司编：《中华人民共和国多边条约集》（第一集），法律出版社 1987 年版，第 303 页。

消极性、事后性和补救性。

（三）国际权力越界的矫正效果

对国际权力越界的行为进行矫正可能产生怎样的矫正效果呢？如前所述，对国内权力越界进行矫正的效果包括三类：第一，否定评价国内权力越界的行为；第二，消解国内权力越界的支配力量；第三，弥补国内权力越界造成的损害。其中，第三种效果只能发生在国内权力越界的积极矫正中，而第一种效果和第二种效果则在国内权力越界的积极矫正和消极矫正中都会发生。

类比推之，对国际权力越界行为进行矫正也可能发生否定评价国际权力越界的行为、消解国际权力越界的支配力量以及弥补国际权力越界造成的损害三种效果。其中，第一种效果和第二种效果在国际权力越界的积极矫正和消极矫正中都会发生，而第三种效果只能发生在国际权力越界的积极矫正中。

第二节 条约仲裁权越界的行为表现

无论作为国际权力还是国内权力，条约仲裁权越界的行为表现都是研究条约仲裁权越界矫正的前提性和基础性的问题。由于对条约仲裁权进行限制的法律规范包括授权性规范和义务性规范，所以条约仲裁权越界的行为表现也包括正面越界的行为和反面越界的行为。对两者进行区分有利于对条约仲裁权越界的所有行为进行识别，从而全面矫正条约仲裁权越界的行为。

一、条约仲裁权正面越界的行为

条约仲裁权正面越界的行为，是指条约仲裁权主体不遵循授权性规范从正面对条约仲裁权所作的限制而构成的僭越条约仲裁权边界的行为。授权性规范可能对条约仲裁权的行权主体、行权范围以及行权条件等事项作出正面限制；而对其中任何限制的僭越，都会构成条约仲裁权正面越界的行为。

以《华盛顿公约》第 25 条第 1 款[1]为例，该条款是授予 ICSID 机构案件管辖权的规范，属于一条授权性规范，其对案件管辖权作出了如下正面限制：（1）对行权主体的限制：只能由解决投资争端国际中心，即 ICSID 实施

---

[1] 参见中华人民共和国外交部条约法律司编：《中华人民共和国多边条约集》（第六集），法律出版社 1994 年版，第 50 页。

管辖；（2）对行权范围的限制：仅能对缔约国（或缔约国向 ICSID 指定的该国的任何组成部分或机构）和另一缔约国国民之间直接因投资而产生的任何法律争端实施管辖；（3）对行权条件的限制：仅在争端双方已经书面同意将争端提交 ICSID 后才能实施管辖。基于这些正面限制，如果非 ICSID 的其他机构——比如 PCA——依据该条规定行使管辖权，就构成行权主体越界；如果 ICSID 对非"缔约国和另一缔约国国民之间"的争端，或者对非"直接因投资而产生"的争端，或者对非"法律"的争端行使管辖权，就构成行权范围越界；如果 ICSID 在当事方尚未书面同意将争端提交其管辖时行使管辖权，就构成行权条件越界。无论哪一种越界行为，都属于条约仲裁案件管辖权正面越界的行为。

此外，不同授权性规范可能对条约仲裁权特定权能予以不同方面的正面限制。此时，僭越其中任何一条授权性规范所作的任何一项限制都将构成正面越界的行为。以《贸法会仲裁规则》（2013）第 26 条第 1 款、第 2 款、第 3 款、第 4 款的规定为例，[1] 它们都是有关授予仲裁庭程序管理权项下之准予临时措施权的规范。这些规范对仲裁庭准予临时措施的权力作出了如下正面限制：（1）对行权主体的限制：只有仲裁庭才可以准予临时措施（第 1 款）。（2）对行权范围的限制：仅能下令一方当事人采取诸如但不限于第 26 条第 2 款中列示的第（a）（b）（c）（d）项的临时措施（第 2 款）。（3）对行权条件的限制：①经一方当事人请求（第 1 款）；②若下令当事人采取第 26 条第 2 款中列示的第（a）（b）（c）项的临时措施，仲裁庭必须确信第 26 条第 3 款中列示的第（a）（b）两项情况（第 3 款）；③若下令当事人采取第 26 条第 2 款中列示的第（d）项的临时措施，仲裁庭在认为适当时也可以确信第 26 条第 3 款中列示的第（a）（b）两项情况（第 4 款）。在这些不同法律规范所作的正面限制之下，如果非仲裁庭——比如仲裁机构——依据第 26 条第 1 款准予临时措施，就构成行权主体越界；如果仲裁庭下令非当事人的其他主体采取临时措施，就构成行权范围越界；如果仲裁庭不经一方当事人请求就准予临时措施，或者未确信第 26 条第 3 款中列示的第（a）（b）两项情况就准予第 26 条第 2 款中列示的第（a）（b）（c）项的临时措施，就构成行权条

---

[1] 参见联合国网站，https://uncitral. un. org/sites/uncitral. un. org/files/media-documents/uncitral/zh/uncitral-arbitration-rules-2013-c. pdf，最后访问时间：2021 年 1 月 15 日。

件越界。

二、条约仲裁权反面越界的行为

条约仲裁权反面越界的行为，是指条约仲裁权主体不遵循义务性规范从反面对条约仲裁权所作的限制而构成的僭越条约仲裁权边界的行为。义务性规范可能对条约仲裁权主体行使条约仲裁权规定各种义务，而履行这些义务是行使权力的前提，不履行任何一项义务都将构成对义务性规范所作限制的突破，自然属于僭越条约仲裁权边界的行为。

以《海洋法公约》附件七第10条[1]为例，该条规定了仲裁庭行使制作裁决书的权力时所应履行的义务，属于一项义务性规范。其对裁决书制作权作出了以下反面限制：（1）仲裁庭制作的裁决书应以争端主题事项为限，不能超出争端的主题事项而制作裁决书；（2）仲裁庭应在裁决书中叙明其所根据的理由，不能不述理由地制作裁决书；（3）仲裁庭应在裁决书中载明参与作出裁决的仲裁员姓名和作出裁决的日期，不能缺失这些内容。如果仲裁庭未能履行以上任何一项义务，那么就反面僭越了裁决书制作权的边界。

同样，诸多义务性规范可能对条约仲裁权主体行使条约仲裁权特定权能附加诸多不同的义务，从而对特定权能的不同方面进行反面限制。此时，不履行其中任何一条义务性规范所赋予的任何一项义务都将构成反面越界的行为。以《ICC仲裁规则》（2021）第21条为例，[2]该条规定了仲裁庭行使实体裁决权项下的法律适用权时应当履行的义务，属于义务性规范。它们对仲裁庭法律适用权作出如下反面限制：（1）如果当事人对适用法律作出了约定，应当适用当事人约定的法律（第1款）；（2）应当考虑当事人之间的合同（如有）的规定以及任何有关的贸易惯例（第2款）。如果仲裁庭未履行第1款和第2款规定的任何一项义务，就属于反面僭越了法律适用权的边界。

---

[1] 参见中华人民共和国外交部条约法律司编：《中华人民共和国多边条约集》（第四集），法律出版社1987年版，第435页。

[2] 参见ICC网站，https://iccwbo.org/content/uploads/sites/3/2021/02/icc-2021-arbitration-rules-2014-mediation-rules-chinese-version.pdf，最后访问时间：2021年1月15日。

第三节　条约仲裁权越界的积极矫正

条约仲裁权作为一种权力，在其越界之后，当事方（受条约仲裁权支配之"人"）可以主动向法律规定的第三方主体寻求救济，由后者依据法律设定的条件和程序，对条约仲裁权越界的行为进行审查，消解条约仲裁权越界造成的负面影响，使其无法发生超限的支配条约仲裁当事方的效果，从而实现矫正条约仲裁权越界的目的。因为这种矫正方式以当事方的积极因应为前提，所以可称之为条约仲裁权越界的积极矫正。纵观当代条约仲裁权越界的积极矫正实践，不同的积极矫正方式在实施主体、实施条件、实施程序和实施效果方面存在一些差别，因此需要根据不同的法律规范进行具体分析。

一、条约仲裁裁决撤销机制

在一些情形下，仲裁当事方基于策略原因或一种根深蒂固的不公正感而认为对其不利的裁决是根本错误的，从而可能寻求撤销对其不利的裁决。[1]仲裁裁决的撤销机制是仲裁法律制度中的常见机制之一，许多条约仲裁合意或条约仲裁法律都会为条约仲裁裁决设置撤销机制。从权力角度考虑，条约仲裁裁决被撤销的事由可被解读为条约仲裁权主体的行权方式或行权结果存在失误，本质上属于僭越条约仲裁权特定权能之边界的情形。因此，条约仲裁裁决撤销机制（以下简称撤销机制）构成矫正条约仲裁权越界的方法之一。并且，由于撤销机制基于当事方向相应的实施主体寻求救济而得以实施，所以属于一种积极矫正的方法。

（一）撤销机制的实施主体

撤销机制的实施主体是指依法有权撤销条约仲裁裁决的主体，它们通过行使撤销权而对条约仲裁权越界的行为进行矫正。哪些主体享有并行使撤销权，必须依据相应的法律确定。实践中，常见的实施主体包括以下几类。

---

〔1〕　See Gary B. Born, *International Commercial Arbitration*（*Third Edition*）, Kluwer Law International, 2021, p. 3422.

1. 仲裁地所在国的主管法院

在条约仲裁中，仲裁地法作为国内法，可能属于仲裁程序法之一。在诸多国家（或地区）的仲裁法中，都有关于撤销仲裁地位于该国（或地区）之裁决的规定，而仲裁地所在国的主管法院则一般被规定为撤销机制的实施主体。比如，《荷兰民诉法（仲裁篇）》第 1064a 条规定，有权撤销仲裁地位于荷兰的裁决的主体是仲裁地所在司法区域的上诉法院。《瑞典仲裁法》第 43 条[1]规定，有权撤销仲裁地位于瑞典的裁决的主体是对仲裁地享有管辖权的上诉法院；当仲裁地未被确定或者未在裁决中阐明时，也可由瑞典斯韦亚（Svea）上诉法院进行撤销。可以说，仲裁地所在国的主管法院属于最常见的实施撤销机制的主体，并且该主体与《纽约公约》第 5 条第 1 款第（戊）项[2]规定的撤销仲裁裁决的主体之一——裁决地所在国的主管机关——具有高度的契合性。因为仲裁裁决一般被视为在仲裁地作出，[3]所以裁决地实际上等同于仲裁地；而有权撤销裁决的主管机关事实上总是裁决作出地所在国的主管法院。[4]

2. 仲裁裁决所依据法律之国家的主管机关

《纽约公约》第 5 条第 1 款第（戊）项[5]规定的有权撤销仲裁裁决的主体还包括“裁决所依据法律之国家的主管机关”。《纽约公约》未对“裁决所依据法律”的含义提供任何指引，导致在以下三种法律之间可能产生分歧：（1）管辖仲裁程序的法律，即仲裁程序法；（2）管辖当事人的仲裁协议的法律；（3）管辖当事人待决争端的实体法律。[6]不过，大部分的法院和评论者

---

〔1〕 See "The Swedish Arbitration Act 2019", in Lise Bosman ed., *ICCA International Handbook on Commercial Arbitration*, ICCA & Kluwer Law International, 2020, p. 11.

〔2〕 参见中华人民共和国外交部条约法律司编：《中华人民共和国多边条约集》（第六集），法律出版社 1994 年版，第 41 页。

〔3〕 See Nadia Darwazeh, "Article V (1) (e)", in Herbert Kronke, et al. ed., *Recognition and Enforcement of Foreign Arbitral Awards: A Global Commentary on the New York Convention*, Kluwer Law International, 2010, p. 320.

〔4〕 See Albert Jan van den Berg, *The New York Arbitration Convention of 1958: Towards a Uniform Judicial Interpretation*, Kluwer Law and Taxation Publishers, 1981, p. 350.

〔5〕 参见中华人民共和国外交部条约法律司编：《中华人民共和国多边条约集》（第六集），法律出版社 1994 年版，第 41 页。

〔6〕 See Nadia Darwazeh, "Article V (1) (e)", in Herbert Kronke, et al. ed., *Recognition and Enforcement of Foreign Arbitral Awards: A Global Commentary on the New York Convention*, Kluwer Law International, 2010, p. 321.

赞同公约的这一表述指向仲裁程序法，而非解决争端实体的法律。[1]换言之，按照《纽约公约》第5条第1款第（戊）项的规定，作出仲裁裁决所依据的仲裁程序法所属的国家之主管机关，也有权撤销仲裁裁决，[2]而该等裁决可能包括条约仲裁裁决（比如依据 ECT 第26条第5款第（b）项[3]的规定，基于该条提起的投资条约仲裁请求应被视为属于有关《纽约公约》第1条[4]规定的商事关系或商事交易的请求，因此基于 ECT 第26条而作出的投资条约仲裁裁决应当适用《纽约公约》）。然而，从实践的角度看，虽然一些国家曾经确立过裁决所依据法律之国家的主管法院撤销裁决的制度，比如德国、法国，但是随着仲裁制度的发展，当前仍采取这种制度的国家已经非常罕见，裁决所依据法律之国家的主管机关真正撤销仲裁裁决的情形亦不多见。[5]所以，有学者称《纽约公约》的该项规定已经成为一条"死亡的条款"。[6]

3. 专门委员会

作为投资条约仲裁经常适用的仲裁程序法，《华盛顿公约》第52条设置了一套内部机制以审查并决定是否撤销依据公约作出之裁决，从而排除了国内法院对裁决的司法审查。[7]这也是为何评论者和实务者经常将 ICSID 描述为自治的、非地域化的、独立的体系的原因。[8]这套内部撤销机制的实施主体是由 ICSID 主席从 ICSID 仲裁员小组中任命三人而组成的专门委员会。并且，担任专门委员会的成员必须同时满足如下条件：（1）任何成员都不得是

---

〔1〕 See Nadia Darwazeh, "Article V (1) (e) ", in Herbert Kronke, et al. ed. , *Recognition and Enforcement of Foreign Arbitral Awards*：*A Global Commentary on the New York Convention*, Kluwer Law International, 2010, p. 321.

〔2〕 参见中华人民共和国外交部条约法律司编：《中华人民共和国多边条约集》（第六集），法律出版社 1994 年版，第 40 页。

〔3〕 参见 ECT 网站，https://www.energychartertreaty.org/fileadmin/DocumentsMedia/Founding_ Docs/ ECT-cn.pdf，最后访问时间：2021 年 1 月 15 日。

〔4〕 参见中华人民共和国外交部条约法律司编：《中华人民共和国多边条约集》（第六集），法律出版社 1994 年版，第 39 页。

〔5〕 参见颜杰雄："仲裁裁决撤销制度的比较研究"，武汉大学 2013 年博士学位论文。

〔6〕 See Albert Jan van den Berg, *The New York Arbitration Convention of 1958*：*Towards a Uniform Judicial Interpretation*, Kluwer Law and Taxation Publishers, 1981, p. 28.

〔7〕 参见鲁洋："论宏观仲裁法学的构建"，载《吉首大学学报（社会科学版）》2018 年第 4 期。

〔8〕 See Sara McBrearty, Silvia M. Marchili, " Chapter 16, Annulment of ICSID Awards：Recent Trends", in Crina Baltag ed. , *ICSID Convention after 50 Years*：*Unsettled Issues*, Kluwer Law International, 2016, p. 428.

作出待审查的仲裁裁决的仲裁员之一；（2）三名成员不得具有相同的国籍；（3）任何成员都不得是东道国或投资者母国的国民；（4）任何成员都不得是东道国或投资者母国指派为参加 ICSID 仲裁员小组的人员；（5）任何成员都不得在同一争端中担任过调解员。近年来，为了通过专门委员会促进《华盛顿公约》和 ICSID 规则适用的连贯性和统一性，[1]ICSID 主席从一小部分具有丰富经验的仲裁员中进行了一系列任命以组建专门委员会。[2]

（二）撤销机制的实施条件

撤销机制的实施条件，是指法律规定的实施主体可以撤销条约仲裁裁决的条件。只有满足这些条件，实施主体才能撤销条约仲裁裁决。一般而言，撤销机制所依据的法律会规定一些撤销裁决的事由，这些事由就属于撤销机制的实施条件。由于不同法律所规定的撤销裁决的事由不完全相同，故而应当根据撤销机制所适用的具体法律，对相应的实施条件进行具体分析。实践中，常见的实施条件包括以下几项。

1. 仲裁协议的问题

仲裁协议是国际仲裁的基石，承载着当事方将争端提交仲裁的共同意思表示。[3]因此，仲裁程序得以开展以存在有效的仲裁协议为前提。由于仲裁协议在仲裁中具有基础性意义，所以欠缺有效的仲裁协议成为许多仲裁程序法规定的撤销裁决的事由之一。换言之，欠缺有效的仲裁协议是撤销机制常见的实施条件。比如，《荷兰民诉法（仲裁篇）》第 1065 条第 1 款第（a）项[4]和《瑞典仲裁法》第 34 条第 1 款[5]分别将"不存在有效的仲裁协议"和"超出当事人双方签订的有效仲裁协议规定的范围"列为裁决可被撤销的事

---

〔1〕　See Katia Yannaca-Small, "Chapter 23, Annulment of ICSID Awards: Limited Scope But is There Potential?" in Katia Yannaca-Small ed. , *Arbitration Under International Investment Agreements: A Guide to the Key Issues*, Oxford University Press, 2010, p. 623.

〔2〕　See Lucy Reed, Jan Paulsson, Nigel Blackaby, *Guide to ICSID Arbitration*, Kluwer Law International, 2010, p. 174.

〔3〕　See Nigel Blackaby, et al. , *Redfern and Hunter on International Arbitration (Sixth Edition)*, Oxford University Press, 2015, p. 71.

〔4〕　See Bommel van der Bend, Marnix Leijten, Marc Ynzonides ed. , *A Guide to the NAI Arbitration Rules: Including a Commentary on Dutch Arbitration Law*, Kluwer Law International, 2009, Annex.

〔5〕　See "The Swedish Arbitration Act 2019", in Lise Bosman ed. , *ICCA International Handbook on Commercial Arbitration*, ICCA & Kluwer Law International, 2020, p. 8.

由。于是，对于仲裁地位于荷兰或瑞典的条约仲裁而言，欠缺有效的仲裁协议就是裁决撤销机制的一项实施条件。因为条约仲裁庭在欠缺有效的仲裁协议的情形下作出仲裁裁决，属于僭越案件管辖权的情形，所以以欠缺有效的仲裁协议为条件撤销裁决，就构成对案件管辖权越界的矫正。

2. 仲裁程序的问题

仲裁本身就是一种程序，[1]因此加里·伯恩教授才会认为：

> "正是国际仲裁的程序性行为，以及其他因素，促使各方同意仲裁其争议。尤其是，当事各方同意进行仲裁，以便获得公正和中立的程序。这些程序是专门的、有效的、能够适应其具体争端需要的，而不受国家法院所适用的程序规则之形式和技术限制。"[2]

由此可见仲裁程序在国际仲裁（包括条约仲裁）中的重要性。而违反特定的程序规则也被一些仲裁程序法列为可以撤销裁决的事由。比如，《华盛顿公约》第52条第1款[3]将"仲裁庭的组成不适当"（第1项）和"有严重的背离基本程序规则的情况"（第4项）列为撤销裁决的事由；《荷兰民诉法（仲裁篇）》第1065条第1款第（b）项[4]将"仲裁庭的组成违反所适用之规定的"列为撤销裁决的事由；《瑞典仲裁法》第34条[5]将"仲裁庭作出裁决超过当事人规定的期限"（第2款）、"仲裁员的指定与双方当事人的协议或本法的规定相违背"（第5款），以及"当事人无过失，但在程序进行中出现对案件结果产生影响的任何不当情况"（第7款）等程序违法情形也列为撤销裁决的事由。从条约仲裁权主体行权的角度看，程序违法可以视为条约仲裁权主体僭越了程序管理权的边界。因此，依据程序违法实施撤销机制，属

---

〔1〕 See J. Gillis Wetter, *The International Arbitral Process: Public and Private*, Volume 4, Oceana Publications, Inc. 1979, p. 288.

〔2〕 See Gary B. Born, *International Commercial Arbitration (Third Edition)*, Kluwer Law International, 2021, p. 1643.

〔3〕 参见中华人民共和国外交部条约法律司编：《中华人民共和国多边条约集》（第六集），法律出版社1994年版，第58页。

〔4〕 See Bommel van der Bend, Marnix Leijten, Marc Ynzonides ed., *A Guide to the NAI Arbitration Rules: Including a Commentary on Dutch Arbitration Law*, Kluwer Law International, 2009, Annex.

〔5〕 See "The Swedish Arbitration Act 2019", in Lise Bosman ed., *ICCA International Handbook on Commercial Arbitration*, ICCA & Kluwer Law International, 2020, p. 8.

于对条约仲裁程序管理权越界的矫正。

3. 仲裁裁决的问题

仲裁过程的最后一步是仲裁裁决。裁决并非"咨询"建议，而是终局的、有约束力的法律文书，具有直接的法律效力，为当事人创造直接的权利和义务。[1]所以从终极意义上讲，仲裁裁决与当事方的切身利益关系最为密切，也自然是当事方最为关心的事项。如果仲裁裁决存在问题，无疑对当事方的权利侵害最为严重。所以，一些仲裁程序法将仲裁裁决存在问题作为撤销裁决的事由。然而，如果过分介入仲裁裁决的实体内容，将对仲裁庭的独立裁决造成损害。因此，能够成为撤销裁决事由的裁决问题主要存在于裁决形式方面。比如，《华盛顿公约》第 52 条第 1 款第 5 项[2]将"裁决未陈述其所依据的理由"作为一项撤销裁决的事由，而《荷兰民诉法（仲裁篇）》第 1065 条第 1 款第（d）项[3]将"裁决未被签署或者未依据 1057 条之规定包含特定理由"作为一项撤销裁决的事由。当然，有时裁决内容方面的问题也可能成为撤销裁决的事由，比如《荷兰民诉法（仲裁篇）》第 1065 条第 1 款第（e）项[4]将"裁决或其作出方式违反公共政策"列为一项裁决撤销的事由，其中"裁决违反公共政策"就属于裁决内容存在问题。仲裁裁决存在问题可以视为仲裁庭实体裁决权越界，故依此类事由实施撤销机制构成对条约仲裁实体裁决权越界的矫正。

4. 仲裁庭（员）的问题

合适的仲裁庭（员）对仲裁程序的成功至关重要，其不仅是特定争端各方的重要选择，而且是有关仲裁本身的声誉和地位的重要事项。仲裁庭（员）的质量决定了仲裁的成败，更是仲裁区别于司法程序的重要特征之一。[5]正

〔1〕 See Gary B. Born, *International Commercial Arbitration*（*Third Edition*），Kluwer Law International，2021，p. 3139.

〔2〕 参见中华人民共和国外交部条约法律司编：《中华人民共和国多边条约集》（第六集），法律出版社 1994 年版，第 58 页。

〔3〕 See Bommel van der Bend, Marnix Leijten, Marc Ynzonides ed., *A Guide to the NAI Arbitration Rules: Including a Commentary on Dutch Arbitration Law*，Kluwer Law International，2009，Annex.

〔4〕 See Bommel van der Bend, Marnix Leijten, Marc Ynzonides ed., *A Guide to the NAI Arbitration Rules: Including a Commentary on Dutch Arbitration Law*，Kluwer Law International，2009，Annex.

〔5〕 See Nigel Blackaby, et al., *Redfern and Hunter on International Arbitration*（*Sixth Edition*），Oxford University Press，2015，p. 233.

因如此，一些国际或国内仲裁法才会对仲裁员的任职资格作出严格限制（比如《华盛顿公约》第 14 条第 1 款[1]），以确保仲裁庭（员）的整体质量。然而，即使有着严格的筛选过程，完全杜绝仲裁庭（员）实施违法、渎职行为也绝不可能。因此，一些仲裁程序法将仲裁庭（员）出现问题作为撤销裁决的事由。比如，《华盛顿公约》第 52 条第 1 款第 2 项和第 3 项[2]分别将"仲裁庭显然超越其权力"和"仲裁庭的成员有受贿行为"作为撤销裁决的事由；《荷兰民诉法（仲裁篇）》第 1065 条第 1 款第（c）项[3]将"仲裁庭未遵守其授权"作为撤销裁决的事由；《瑞典仲裁法》第 34 条第 3 款和第 6 款[4]分别将"仲裁员超越了其授权，导致可能影响裁决结果""仲裁员因第 7 条或第 8 条规定的原因而未被授权审裁争端"作为撤销裁决的事由。显然，仲裁庭（员）的问题同样意味着仲裁庭（员）僭越了其权力边界，所以相应的撤销机制构成对条约仲裁权越界的矫正。

(三) 撤销机制的实施程序

撤销机制的实施程序，是指实施主体在实施撤销机制时必须遵循的程序。只有遵循这些程序，撤销机制的实施才具有程序合法性。然而，依据不同法律实施撤销机制，相应的程序有所不同，所以应当根据撤销机制所适用的法律确定具体的实施程序。但总体而言，这些程序主要包括申请、审查、决定三个阶段的程序。

1. 申请程序

实施撤销机制一般需以裁决当事方的申请为启动条件，但不同法律规定的申请程序并不一致。比如，关于申请期限，《华盛顿公约》规定为裁决作出后的 120 天（以受贿为理由的，为发现受贿情况后的 120 天，但最长不超过裁

---

〔1〕 参见中华人民共和国外交部条约法律司编：《中华人民共和国多边条约集》（第六集），法律出版社 1994 年版，第 48 页。

〔2〕 参见中华人民共和国外交部条约法律司编：《中华人民共和国多边条约集》（第六集），法律出版社 1994 年版，第 58 页。

〔3〕 See Bommel van der Bend, Marnix Leijten, Marc Ynzonides ed., *A Guide to the NAI Arbitration Rules: Including a Commentary on Dutch Arbitration Law*, Kluwer Law International, 2009, Annex.

〔4〕 See "The Swedish Arbitration Act 2019", in Lise Bosman ed., *ICCA International Handbook on Commercial Arbitration*, ICCA & Kluwer Law International, 2020, p. 8.

决作出之日起三年）；[1]《荷兰民诉法（仲裁篇）》规定为裁决发送或按照第1058 条第 1 款第（b）项存放之日起三个月（若裁决连同执行批准一起送达另一方，则于裁决送达之日起三个月）；[2]《瑞典仲裁法》则规定为收到裁决书之后的二个月内（若依据《瑞典仲裁法》第 32 条对裁决进行修改、补充或解释的，则于收到最终裁决书后的二个月内）。[3]再比如，关于提交申请的对象，如果适用《荷兰民诉法（仲裁篇）》和《瑞典仲裁法》申请撤销，那么当事方均可直接向有权实施撤销机制的法院提交申请；但如果适用《华盛顿公约》申请撤销，那么当事方不能直接向有权实施撤销机制的专门委员会提交申请，而只能向 ICSID 秘书长提交申请。因此，当事方应当按照撤销机制适用的法律所规定的申请程序进行申请。

2. 审查程序

如果撤销机制的实施主体是国内法院，那么一般应依据该国的诉讼程序法对撤销申请进行审查。易言之，撤销机制的审查程序应当依据实施主体所在国的诉讼程序法确定。但是，如果依据《华盛顿公约》实施撤销机制，那么专门委员会审查撤销申请的程序应当依据该公约第 52 条第 4 款[4]的规定进行，即适用《华盛顿公约》第 41 条至第 45 条、第 48 条至第 49 条、第 53 条至第 54 条以及第六章和第七章的规定，并可以作出必要的程序修改。

3. 决定程序

如果由国内法院实施撤销机制，那么法院作出决定的程序也一般依据该国的诉讼程序法确定。但是，如果由依据《华盛顿公约》组建的专门委员会实施撤销机制，那么专门委员会作出决定的程序同样应当依据公约第 52 条第 4 款的规定进行。需要注意的是，不同法律关于决定程序的一项重要规则是能否对相关决定进行上诉的问题。对此，《瑞典仲裁法》规定，瑞典上诉法院

---

〔1〕 参见中华人民共和国外交部条约法律司编：《中华人民共和国多边条约集》（第六集），法律出版社 1994 年版，第 58 页。

〔2〕 See Bommel van der Bend, Marnix Leijten, Marc Ynzonides ed. , *A Guide to the NAI Arbitration Rules: Including a Commentary on Dutch Arbitration Law*, Kluwer Law International, 2009, Annex.

〔3〕 See "The Swedish Arbitration Act 2019", in Lise Bosman ed. , *ICCA International Handbook on Commercial Arbitration*, ICCA & Kluwer Law International, 2020, p.9.

〔4〕 参见中华人民共和国外交部条约法律司编：《中华人民共和国多边条约集》（第六集），法律出版社 1994 年版，第 58 页。

（撤销机制的实施主体）的决定只有在上诉法院准许其决定被上诉的情况下才能进一步上诉至最高法院，[1]以便限制成本并促进仲裁法适用的一致性；[2]《荷兰民诉法（仲裁篇）》第1064条第5款则规定，荷兰上诉法院（撤销机制的实施主体）所作决定可被继续上诉至最高法院，但当事方可以约定放弃提起上诉的权利，从而避免撤销程序成为旷日持久的战争。[3]至于专门委员会所作的决定，《华盛顿公约》并未设置任何上诉机制。

（四）撤销机制的实施效果

撤销机制的实施效果，是指实施撤销机制可能产生的效果，是撤销机制实施的目的所在。根据权力越界矫正的一般理论，积极矫正可能产生否定评价权力越界的行为、消解权力越界的支配力量、弥补权力越界造成的损害等效果。撤销机制属于对条约仲裁权越界进行积极矫正的方法，所以也可能产生这三大效果。

1. 否定评价条约仲裁权越界的行为

权力越界矫正以权力存在越界为前提，而撤销机制的实施条件可被解读为条约仲裁权主体的行权方式或行权结果存在失误，本质上属于僭越相应的权力边界的情形。因此，一旦实施主体依据相应的实施条件实施了撤销机制，就相当于实施主体认定了条约仲裁权存在越界。这是法律规定的实施主体依据法律规定的实施条件和实施程序作出的认定，无疑会对条约仲裁权越界的行为进行否定评价。

2. 消解条约仲裁权越界的支配力量

因为对当事人权利义务产生终局影响的是仲裁裁决，所以无论条约仲裁权的哪项权能越界，超限的支配力量最终都表现在条约仲裁裁决的效力上。撤销机制以仲裁裁决为撤销对象，故该机制是通过消解仲裁裁决的法律效力完成对条约仲裁权越界产生的超限支配力量的消解。

---

〔1〕 See Gisela Knuts, "Chapter 9, Recourse to the Courts against an Arbitral Award", in Ulf Franke, et al. ed., *International Arbitration in Sweden: A Practitioner's Guide*, Kluwer Law International, 2013, p. 265.

〔2〕 See Lars Heuman, *Arbitration Law of Sweden: Practice and Procedure*, Juris Publishing, Inc., 2003, p. 574.

〔3〕 See Bommel van der Bend, Marnix Leijten, Marc Ynzonides ed., *A Guide to the NAI Arbitration Rules: Including a Commentary on Dutch Arbitration Law*, Kluwer Law International, 2009, p. 280.

（1）被消解的仲裁裁决法律效力的范围。撤销机制所依据的法律往往允许实施主体全部或者部分撤销裁决。比如，从《华盛顿公约》第52条第3款[1]有关"委员会根据第1款规定的任何理由有权撤销裁决或裁决中的任何部分"的规定可以看出，专门委员会可以撤销全部或者部分仲裁裁决。再比如，从《荷兰民诉法（仲裁篇）》第1065条第5款[2]的规定可以看出，当撤销机制的实施条件仅针对部分裁决时，那么实施主体应当仅撤销相应部分的裁决（只要该部分是可分的）。这表明实施主体同样可以撤销全部或者部分仲裁裁决。

当裁决被全部撤销时，消解的是整个裁决的法律效力，即裁决全部内容不再有效；当裁决被部分撤销时，消解的仅是被撤销的那部分裁决的法律效力，即仅有被撤销的那部分裁决不再有效，未被撤销的部分裁决依然有效。

（2）被消解的仲裁裁决法律效力的内容。条约仲裁裁决的法律效力主要包括确认效力和执行效力：前者表现为确认申请方所主张的事实或权利是否具有法律依据；后者则表现为要求一当事方向另一当事方为或不为特定的行为。虽然前者往往是后者的基础（只有确认具有法律依据，才能赋予执行效力），但后者并非前者的必然结果（当事方可能仅请求确认某项事实或权利，而不要求对方为或不为特定的行为）。此外，裁决的确认效力是必然具备的，因为无论仲裁庭认定申请方所主张的事实或权利有或没有法律依据，都属于一种确认；裁决的执行效力则并非必然具备，因为申请方可能并不请求对方为或不为特定的行为，或者即使申请人有此请求，但仲裁庭不予支持。

因为仲裁裁决的法律效力包括确认效力和执行效力，所以仲裁裁决法律效力的消解包括确认效力的消解和执行效力的消解：前者表现为仲裁庭对申请方主张的事实或权利有或没有法律依据的认定归于无效，后者则表现为仲裁庭对当事方为或不为特定行为的要求归于无效。

---

[1] 参见中华人民共和国外交部条约法律司编：《中华人民共和国多边条约集》（第六集），法律出版社1994年版，第58页。

[2] See Bommel van der Bend, Marnix Leijten, Marc Ynzonides ed., *A Guide to the NAI Arbitration Rules: Including a Commentary on Dutch Arbitration Law*, Kluwer Law International, 2009, Annex.

3. 弥补条约仲裁权越界造成的损害

一些国家的法律对仲裁员的法律责任进行了规定。比如《意大利民事诉讼法》第813条规定："仲裁员必须在当事人协议或法定的期限内作出裁决，否则裁决被宣布无效，他们要对损失负责任，如果他们接受任命而没有正当理由退出也一样负责任。"[1]再比如，《以色列仲裁法》第30条规定："仲裁员一旦接受任命就要忠实于当事人，如果背叛了当事人对他的信任，受损害方有权要求违反契约或本法规定任何损害的赔偿。"[2]所以，假设条约仲裁的仲裁地在意大利或以色列，那么当条约仲裁权主体因越界行权而导致裁决被撤销进而给当事方造成损害时，受害的当事方可以依据上述法律，要求仲裁庭赔偿损失。显然，这表明撤销机制可以产生弥补条约仲裁权越界造成的损害之效果。

二、条约仲裁裁决拒绝承认与执行机制

条约仲裁裁决作出后，如果当事方不主动履行仲裁裁决，那么裁决效力的真正发挥就离不开非当事国对仲裁裁决的承认与执行。非当事国承认与执行的义务一般来源于条约。比如，《华盛顿公约》第53条第1款和第54条第1款[3]要求所有缔约国必须承认和执行依照该公约作出的裁决；《纽约公约》第3条[4]要求所有缔约国必须承认与执行满足第1条规定之条件的仲裁裁决（其中包括特定的条约仲裁裁决）。然而，在规定缔约国承认与执行义务的同时，相关条约往往还会设置拒绝承认与执行的机制。[5]比如，《华盛顿公约》规定，当依照公约作出的裁决被专门委员会撤销或者尚待原仲裁庭或新仲裁庭解释或修改时，裁决可被拒绝承认与执行；[6]《纽约公约》也规定，当满

---

〔1〕 参见刘晓红："确定仲裁员责任制度的法理思考——兼评述中国仲裁员责任制度"，载《华东政法大学学报》2007年第5期。

〔2〕 参见刘晓红："确定仲裁员责任制度的法理思考——兼评述中国仲裁员责任制度"，载《华东政法大学学报》2007年第5期。

〔3〕 参见中华人民共和国外交部条约法律司编：《中华人民共和国多边条约集》（第六集），法律出版社1994年版，第59页。

〔4〕 参见中华人民共和国外交部条约法律司编：《中华人民共和国多边条约集》（第六集），法律出版社1994年版，第40页。

〔5〕 See Gary B. Born, *International Commercial Arbitration* (*Third Edition*), Kluwer Law International, 2021, p. 3760.

〔6〕 See Lucy Reed, Jan Paulsson, Nigel Blackaby, *Guide to ICSID Arbitration*, Kluwer Law International, 2010, p. 181.

足公约第 5 条所列情形时，裁决可被拒绝承认与执行。[1]从权力的角度考察，一些拒绝承认与执行条约仲裁裁决的事由也可被解读为条约仲裁权主体的行权方式或行权结果存在失误，本质上也属于僭越相应的权力边界的情形，所以条约仲裁裁决拒绝承认与执行机制（以下简称拒绝承认与执行机制）也构成矫正条约仲裁权越界的一种方法。并且，这种机制与撤销机制一样，主要基于当事方向相应的实施主体寻求救济而得以实施，因而也属于一种积极矫正的方法。

（一）拒绝承认与执行机制的实施主体

拒绝承认与执行机制的实施主体，是指依法有权拒绝承认与执行条约仲裁裁决的主体，它们通过行使拒绝承认与执行的权力而对条约仲裁权越界的行为进行矫正。毫无疑问，拒绝承认与执行裁决同承认与执行裁决是同一主体享有的两种相对应的权力，因此拒绝承认与执行裁决的主体同承认与执行裁决的主体应是同一的，主要是缔约国的主管机关。比如，《纽约公约》第 5 条第 1 款[2]规定，有权拒绝承认与执行仲裁裁决的主体是"申请承认及执行地之主管机关"；而根据《华盛顿公约》第 54 条第 2 款[3]的规定，承认与执行仲裁裁决的主体是"缔约国为此目的而指定的主管法院或其他机构"，故而这些主管法院或其他机构也是有权拒绝承认与执行裁决的主体。

（二）拒绝承认与执行机制的实施条件

拒绝承认与执行机制的实施条件，是指法律规定的实施主体可以拒绝承认与执行条约仲裁裁决的条件。只有满足这些条件，实施主体才能拒绝承认与执行条约仲裁裁决。一般而言，拒绝承认与执行机制所依据的法律会规定一些拒绝承认与执行仲裁裁决的事由，这些事由就属于相应的实施条件。由于不同法律所规定的事由（实施条件）不完全相同，因此应当根据拒绝承认与执行机制所适用的具体法律，对相应的实施条件进行具体分析。实践中，

---

〔1〕 参见中华人民共和国外交部条约法律司编：《中华人民共和国多边条约集》（第六集），法律出版社 1994 年版，第 40~41 页。

〔2〕 参见中华人民共和国外交部条约法律司编：《中华人民共和国多边条约集》（第六集），法律出版社 1994 年版，第 40 页。

〔3〕 参见中华人民共和国外交部条约法律司编：《中华人民共和国多边条约集》（第六集），法律出版社 1994 年版，第 59 页。

常见的实施条件包括以下几项。

1. 仲裁协议的问题

仲裁协议存在问题可能成为拒绝承认与执行机制的实施条件之一。比如，根据《纽约公约》第5条第1款第（甲）项，[1]当事人依据特定法律无行为能力或者仲裁协议依据特定法律为无效时，实施主体有权拒绝承认与执行仲裁裁决。其中，当事人无行为能力的实际后果是其所签订的仲裁协议不具有法律效力，因此可以归结为仲裁协议无效的情形。仲裁协议是获得仲裁案件管辖权的基础，若条约仲裁权主体在仲裁协议无效的情形下依然行使案件管辖权，无疑僭越了案件管辖权的边界。因此，基于仲裁协议无效而拒绝承认与执行相应的条约仲裁裁决，属于对条约仲裁案件管辖权越界的矫正。

2. 仲裁程序的问题

仲裁程序存在问题也可能成为拒绝承认与执行机制的实施条件之一。比如，根据《纽约公约》第5条第1款第（乙）项，[2]如果被申请承认与执行裁决的当事方在仲裁过程中未收到指定仲裁员的适当通知，或者未收到关于仲裁程序的适当通知，又或者因其他原因而未能进行申辩，那么实施主体可以拒绝承认与执行相应的条约仲裁裁决。根据该款第（丁）项，[3]如果仲裁庭的组成或者仲裁程序与当事方的约定不符，或者在没有相关约定时与仲裁地的仲裁法不符，实施主体也可以拒绝承认与执行相应的条约仲裁裁决。显然，以上两项规定的情形全部构成仲裁程序存在问题，而条约仲裁权主体不按约定或规定的程序开展仲裁，实质上构成僭越程序管理权的边界。因此，基于程序问题而拒绝承认与执行相应的条约仲裁裁决，属于对条约仲裁程序管理权越界的矫正。

3. 仲裁裁决的问题

仲裁裁决存在问题同样可能成为拒绝承认与执行机制的实施条件之一。比

---

[1] 参见中华人民共和国外交部条约法律司编：《中华人民共和国多边条约集》（第六集），法律出版社1994年版，第40页。

[2] 参见中华人民共和国外交部条约法律司编：《中华人民共和国多边条约集》（第六集），法律出版社1994年版，第40页。

[3] 参见中华人民共和国外交部条约法律司编：《中华人民共和国多边条约集》（第六集），法律出版社1994年版，第41页。

如，依据《纽约公约》第 5 条第 1 款第（戊）项，[1]如果仲裁裁决尚未对当事方生效，或者已被有权的主管机关撤销或停止执行，那么实施主体有权拒绝承认与执行该裁决。《华盛顿公约》也有类似的规定，依据《华盛顿公约》第 50 条第 2 款、第 51 条第 4 款、第 52 条第 5 款，[2]如果裁决尚待仲裁庭解释或修改，或者处于撤销程序中，那么在满足一定条件之后，实施主体同样可以拒绝承认与执行该裁决。这些条款规定的实施条件主要是仲裁裁决效力存在问题，即仲裁裁决尚未生效、哪些内容生效尚未确定或者因被撤销而归于无效。但除了仲裁裁决效力存在问题之外，仲裁裁决内容存在问题也可能成为拒绝承认与执行机制的实施条件。比如，《纽约公约》第 5 条第 2 款规定，[3]如果依据承认与执行地国的法律，争议事项不得以仲裁方式解决，或者承认与执行该裁决有违该国的公共政策，实施主体同样可以拒绝承认与执行裁决。显然，该条款规定的实施条件主要是仲裁裁决内容存在问题，即处理了承认与执行地国不允许以仲裁方式解决的争议，或者裁决内容违背了承认与执行地国的公共政策。仲裁裁决效力存在问题，可以被视为裁决效力权越界；仲裁裁决内容存在问题，则可以被视为实体裁决权越界。因此，基于仲裁裁决存在问题而拒绝承认与执行有关的条约仲裁裁决，相当于对实体裁决权和裁决效力权越界的矫正。

（三）拒绝承认与执行机制的实施程序

拒绝承认与执行机制的实施程序，是指实施主体在实施拒绝承认与执行机制时必须遵循的程序。只有遵循这些程序，拒绝承认与执行机制的实施才具有程序合法性。然而，依据不同法律实施拒绝承认与执行机制，相应的程序有所不同，所以应当根据拒绝承认与执行机制所适用的法律确定具体的实施程序。以《纽约公约》为代表，国际条约往往将主要的实施程序留待国内

---

〔1〕 参见中华人民共和国外交部条约法律司编：《中华人民共和国多边条约集》（第六集），法律出版社 1994 年版，第 41 页。

〔2〕 参见中华人民共和国外交部条约法律司编：《中华人民共和国多边条约集》（第六集），法律出版社 1994 年版，第 57~58 页。

〔3〕 参见中华人民共和国外交部条约法律司编：《中华人民共和国多边条约集》（第六集），法律出版社 1994 年版，第 41 页。

法解决。[1]所以，正如（拒绝）承认与执行国际商事仲裁裁决的程序受法院地法控制一样，[2]（拒绝）承认与执行条约仲裁裁决的程序也主要受承认与执行地国的法律控制。但总体而言，这些程序无外乎申请、审查、决定三个阶段的程序。

1. 申请程序

拒绝承认与执行机制作为矫正条约仲裁权越界的方式之一，相关的申请程序包括两个方面：其一是裁决债权人（award-*creditor*）申请承认与执行条约仲裁裁决。根据《纽约公约》第 4 条第 1 款[3]的规定，申请承认与执行的当事方应在申请时提交原裁决正本或其正式副本，以及仲裁协议正本或其正式副本。《纽约公约》第 4 条第 2 款[4]还规定，如果仲裁裁决或仲裁协议的文字并非承认与执行地国的正式文字，申请承认与执行的当事方还应当提供合格的译本。相比之下，《华盛顿公约》第 54 条第 2 款[5]仅要求申请承认与执行的当事方在申请时应当提交经 ICSID 秘书处的秘书长核证无误的裁决副本一份。其二是裁决债务人（award-*debtor*）申请拒绝承认与执行条约仲裁裁决，该申请往往以裁决债务人答辩的形式体现。比如，从《纽约公约》第 5 条第 1 款[6]使用的"始得依该造之请求，拒予承认及执行"的表述中可以看出，依据该款拒绝承认与执行裁决需以裁决债务人的请求为前提。但是，《纽约公约》并未规定裁决债务人申请的程序，因此需要依据承认与执行地国的国内法确定。

2. 审查程序

申请程序完成之后，在决定是否实施拒绝承认与执行机制之前，实施主

---

[1] See Gary B. Born, *International Commercial Arbitration* (*Third Edition*), Kluwer Law International, 2021, p. 3715.

[2] 参见杨玲："国际商事仲裁中的国家豁免"，载《法学》2013 年第 2 期。

[3] 参见中华人民共和国外交部条约法律司编：《中华人民共和国多边条约集》（第六集），法律出版社 1994 年版，第 40 页。

[4] 参见中华人民共和国外交部条约法律司编：《中华人民共和国多边条约集》（第六集），法律出版社 1994 年版，第 40 页。

[5] 参见中华人民共和国外交部条约法律司编：《中华人民共和国多边条约集》（第六集），法律出版社 1994 年版，第 59 页。

[6] 参见中华人民共和国外交部条约法律司编：《中华人民共和国多边条约集》（第六集），法律出版社 1994 年版，第 40 页。

体需要依据一定的审查程序对是否存在相应的实施条件进行审查。由于国际条约一般不对审查程序作出具体规定，所以该程序主要依据承认与执行地国的国内法确定。当然，一些条约对承认与执行外国仲裁裁决作出了"国民待遇"的要求，即承认与执行外国仲裁裁决不得比承认与执行本国仲裁裁决更加困难。比如《纽约公约》第3条规定："承认或执行适用本公约之仲裁裁决时，不得较承认或执行内国仲裁裁决附加过苛之条件或征收过多之费用。"[1]反过来看，"国民待遇"要求落实在拒绝承认与执行机制的审查程序上，即相应的审查程序不能导致拒绝承认与执行外国仲裁裁决比拒绝承认与执行本国仲裁裁决更加容易。

3. 决定程序

在对申请进行审查之后，实施主体就应当对是否拒绝承认与执行条约仲裁裁决作出决定了。由于条约一般不对相关的决定程序作出具体规定，所以决定程序也主要依据承认与执行地国的国内法确定。但是，《纽约公约》对承认与执行外国仲裁裁决的"国民待遇"要求，同样会表现在拒绝承认与执行机制之决定程序的设置上，即相应的决定程序不能导致拒绝承认与执行外国仲裁裁决比拒绝承认与执行本国仲裁裁决更加容易。

(四) 拒绝承认与执行机制的实施效果

拒绝承认与执行机制的实施效果，是指实施拒绝承认与执行机制可能产生的效果，是拒绝承认与执行机制实施的目的所在。由于拒绝承认与执行机制也是积极矫正条约仲裁权越界的方式之一，所以实施该机制也可能产生否定评价权力越界的行为、消解权力越界的支配力量、弥补权力越界造成的损害等效果。

1. 否定评价条约仲裁权越界的行为

因为拒绝承认与执行机制的实施条件可被解读为条约仲裁权主体的行权方式或行权结果存在失误，本质上也属于僭越相应的权力边界的情形，所以一旦实施该机制，就表明条约仲裁权越界的行为得以认定。作为一种积极矫正方式，拒绝承认与执行机制和撤销机制一样，是法律规定的实施主体依据

---

〔1〕 参见中华人民共和国外交部条约法律司编：《中华人民共和国多边条约集》（第六集），法律出版社1994年版，第40页。

法律规定的实施条件和实施程序作出的认定，所以实施拒绝承认与执行机制同样会对条约仲裁权越界的行为产生否定评价的效果。

2. 消解条约仲裁权越界的支配力量

如前指出，无论条约仲裁权的哪一项权能越界，超限的支配力量最终都表现在条约仲裁裁决的效力上。由于拒绝承认与执行机制以条约仲裁裁决为拒绝承认与执行的对象，所以该机制也是通过消解仲裁裁决的法律效力，完成对条约仲裁权越界产生的超限支配力量的消解。

（1）被消解的仲裁裁决法律效力的范围。拒绝承认与执行机制所依据的法律往往也允许实施主体拒绝承认与执行仲裁裁决的全部或部分内容。比如，依据《纽约公约》第5条第1款第（丙）项[1]之规定，如果仲裁协议包括的争议事项与未包括的争议事项之间是可分的，那么实施主体可以承认与执行有关已包括之争议事项的裁决内容，而拒绝承认与执行有关未包括之争议事项的裁决内容。至于适用《纽约公约》第5条规定的其他实施条件时，是否也可以拒绝承认与执行仲裁裁决的部分内容，公约没有明确规定。但当裁决内容可分时，允许拒绝承认与执行裁决的部分内容，应当是合理的，并且一系列申请承认与执行仲裁裁决案件的判例也支持这种观点。[2]

当拒绝承认与执行裁决全部内容时，消解的是整个裁决具有的在被申请承认与执行地国得以承认与执行的法律效力；当拒绝承认与执行裁决部分内容时，消解的仅是被拒绝承认与执行的那部分裁决内容所具有的在被申请承认与执行地国得以承认与执行的法律效力，而其他部分的裁决内容依然具有法律效力。

（2）被消解的仲裁裁决法律效力的内容。如前指出，条约仲裁裁决的法律效力主要表现为确认效力和执行效力。实施拒绝承认与执行机制既包括拒绝承认条约仲裁裁决的效力，又包括拒绝执行条约仲裁裁决的内容。虽然"拒绝执行"仅体现对裁决执行效力的消解，但是"拒绝承认"体现了对裁决确认效力和执行效力的一并消解，即不仅拒绝承认裁决的确认效力，而且

---

〔1〕 参见中华人民共和国外交部条约法律司编：《中华人民共和国多边条约集》（第六集），法律出版社1994年版，第40~41页。

〔2〕 See Gary B. Born, *International Commercial Arbitration* (*Third Edition*), Kluwer Law International, 2021, p. 3748.

拒绝承认裁决的执行效力。有鉴于此，笔者认为，拒绝承认与执行机制所消解的是被拒绝承认与执行的全部或部分仲裁裁决所具有的确认效力和执行效力，但是仅仅在被申请承认与执行地国发生此种消解效果。

3. 弥补条约仲裁权越界造成的损害

如果条约仲裁裁决被拒绝承认与执行，那么受损害的当事方同样可能依据相关法律要求存在过错的条约仲裁权主体承担一定的责任。比如，依据前述《以色列仲裁法》第30条的规定，仲裁员如果背叛了当事方的信任而僭越其权力边界，并因此导致条约仲裁裁决被拒绝承认与执行，那么仲裁员可能需要就受损害方受到的损害给予一定的赔偿。显然，这就表明拒绝承认与执行机制可能产生弥补条约仲裁权越界造成的损害之效果。

三、条约仲裁裁决上诉纠错机制

虽然历史上比较常见的对仲裁裁决的事实和法律问题进行上诉审查的机制现已比较罕见了，但仍有一些国家的国内法院扮演着仲裁上诉法院的角色并对仲裁实体问题进行重新审查。[1]这些国家的国内仲裁法一般会就上诉审查仲裁裁决作出明确规定。比如，《荷兰民诉法（仲裁篇）》第三A节（仲裁上诉）[2]专门就特定情形下仲裁裁决的上诉审查进行了规定；《英国仲裁法》第69条[3]专门就仲裁裁决之法律问题的上诉审查进行了规定。由于其中一些国家的国内仲裁法适用于仲裁地位于该国的所有仲裁（比如《英国仲裁法》《荷兰民诉法（仲裁篇）》等），[4]所以这些国家的法院能够依法上诉审查的仲裁裁决自然包括条约仲裁裁决，只要相应的条约仲裁的仲裁地位于这些国家即可。上诉审查条约仲裁裁决的结果包括对正确的条约仲裁裁决予以维持和对错误的条约仲裁裁决予以纠正。笔者将通过上诉审查对错误的条约仲裁裁决予以纠正的机制称为"条约仲裁裁决上诉纠错机制（以下简称上

---

〔1〕　See Roman Mikhailovich Khodykin, "Chapter 16, National Court Review of Arbitration Awards: Where Do We Go from Here?" in Stavros L. Brekoulakis, Julian D. M. Lew, Loukas Mistelis ed., *The Evolution and Future of International Arbitration*, Kluwer Law International, 2016, p. 269.

〔2〕　See Bommel van der Bend, Marnix Leijten, Marc Ynzonides ed., *A Guide to the NAI Arbitration Rules: Including a Commentary on Dutch Arbitration Law*, Kluwer Law International, 2009, Annex.

〔3〕　See Julian D. M. Lew, et al. ed., *Arbitration in England, with Chapters on Scotland and Ireland*, Kluwer Law International, 2013, Appendix.

〔4〕　参见鲁洋："论宏观仲裁法学的构建"，载《吉首大学学报（社会科学版）》2018年第4期。

诉纠错机制)"。从权力的角度看，当条约仲裁权主体僭越条约仲裁权边界导致条约仲裁裁决出现错误时，上诉纠错机制实际上就成了矫正条约仲裁权越界的方式之一。并且，因为这种机制也主要基于当事方向相应的实施主体寻求救济而得以实施，所以其亦属于一种积极矫正的方法。

（一）上诉纠错机制的实施主体

上诉纠错机制的实施主体，是指依法可以通过上诉审查对错误的条约仲裁裁决予以纠正的主体。它们通过行使上诉审查并依法纠错的权力，对条约仲裁权越界的行为进行矫正。由于上诉纠错机制属于上诉审查制度的一个方面（另一个方面是上诉维持机制），所以该机制的实施主体正是有权对条约仲裁裁决进行上诉审查的主体。一般而言，设置上诉审查制度的国内仲裁法会规定该国的特定法院是有权进行上诉审查的主体。比如，根据《英国仲裁法》第 69 条[1]的规定，有权进行上诉审查的主体是英国法院，因此上诉纠错机制的实施主体也是英国法院。不过该法规定的法院包括高等法院和郡法院，至于哪些程序分别由何种法院实施，则由大法官（Lord Chancellor）以命令的形式予以规定（《英国仲裁法》第 105 条第 1 款和第 2 款[2]）。再比如，依据《荷兰民诉法（仲裁篇）》的规定，有权对仲裁裁决进行上诉审查的法院是荷兰的上诉法院，因此荷兰的上诉法院是该上诉纠错机制的实施主体。[3]

（二）上诉纠错机制的实施条件

上诉纠错机制的实施条件，是指法律规定的实施主体通过上诉审查对错误的条约仲裁裁决予以纠正的条件。只有满足这些条件，实施主体才可以对条约仲裁裁决进行上诉审查，并对错误的裁决予以纠正。显然，要实施上诉纠错机制，必须同时满足两个方面的条件：第一，上诉审查条约仲裁裁决的条件；第二，纠正错误的条约仲裁裁决的条件。

---

〔1〕 See Julian D. M. Lew, et al. ed., *Arbitration in England*, *with Chapters on Scotland and Ireland*, Kluwer Law International, 2013, Appendix.

〔2〕 See Julian D. M. Lew, et al. ed., *Arbitration in England*, *with Chapters on Scotland and Ireland*, Kluwer Law International, 2013, Appendix.

〔3〕 See Mark Ziekman, Marlous de Groot, "Chapter 18, Arbitration in the Netherlands", in Torsten Lörcher, Guy Pendell, Jeremy Wilson ed., *CMS Guide to Arbitration* (*Fourth Edition*), Volume I, CMS Legal Services EEIG, 2012, p. 513.

1. 上诉审查条约仲裁裁决的条件

设置仲裁裁决上诉审查制度的国内法一般会对上诉审查的条件作出规定。只有满足这些条件，才能启动对仲裁裁决的上诉审查。比如，根据《英国仲裁法》第69条、第70条[1]的规定，要对仲裁裁决（包括条约仲裁裁决）进行上诉审查，必须满足如下条件。（1）当事方未通过约定，排除对仲裁裁决的上诉审查。这是因为《英国仲裁法》第69条规定的上诉审查制度是非强制性的，可以被当事方通过约定排除适用。[2]（2）所有当事方均同意上诉审查，或者法院许可上诉审查。换言之，若当事方在仲裁程序开始之前或之后作出同意，则无需法院许可就能上诉审查；否则，必须经过法院许可。[3]此外，法院许可必须以同时符合《英国仲裁法》第69条第3款规定的四项条件为前提。（3）当事方已用尽现存的有关申诉或审查的仲裁程序，以及《英国仲裁法》第57条项下现存的修改裁决或补充裁决等救济途径。这些对条约仲裁裁决进行上诉审查的条件，是对错误的条约仲裁裁决进行纠正的前提，因此属于上诉纠错机制实施条件的一部分。

2. 纠正错误的条约仲裁裁决的条件

对条约仲裁裁决进行上诉审查的结果包括维持和纠正。然而，由于条约仲裁权越界（比如僭越实体裁决权的边界）是许多条约仲裁裁决出现错误的根源，所以作为条约仲裁权越界矫正方式之一的上诉纠错机制仅涵盖纠正错误的裁决这一个审查结果。因此，上诉纠错机制的另一部分实施条件就是裁决存在错误。一般而言，裁决错误包括事实认定方面的错误（以下简称事实认定错误）和法律适用方面的错误（以下简称法律适用错误）两类，但并非所有的错误都可被上诉纠正，而要看上诉纠错机制所依据之法律的具体规定。比如，《英国仲裁法》第69条第1款将可以上诉审查的问题限定为法律问题

---

[1] See Julian D. M. Lew, et al. ed., *Arbitration in England, with Chapters on Scotland and Ireland*, Kluwer Law International, 2013, Appendix.

[2] See David Wolfson, Susanna Charlwood, "Chapter 25, Challenges to Arbitration Awards", in Julian D. M. Lew, et al. ed., *Arbitration in England, with Chapters on Scotland and Ireland*, Kluwer Law International, 2013, p. 544.

[3] See David Wolfson, Susanna Charlwood, "Chapter 25, Challenges to Arbitration Awards", in Julian D. M. Lew, et al. ed., *Arbitration in England, with Chapters on Scotland and Ireland*, Kluwer Law International, 2013, pp. 549-550.

（question of law），从而将可被纠正的错误限定为法律适用错误。而《荷兰民诉法（仲裁篇）》第三 A 节未将可被上诉纠正的错误限定为事实认定错误或者法律适用错误，所以应当理解为包括所有错误。

（三）上诉纠错机制的实施程序

上诉纠错机制的实施程序，是指实施主体在实施上诉纠错机制时必须遵循的程序。只有遵循这些程序，上诉纠错机制的实施才具有程序合法性。作为上诉审查制度的一个方面，上诉纠错机制的实施程序与对裁决进行上诉审查的程序实际上是同一的。但是，依据不同的法律（这些法律一般是仲裁地法）实施上诉纠错机制，具体的程序设置有所不同，故而应当根据上诉纠错机制所适用的法律确定具体的实施程序，在此笔者付诸阙如。

（四）上诉纠错机制的实施效果

上诉纠错机制的实施效果，是指实施上诉纠错机制可能产生的效果，是上诉纠错机制实施的目的所在。由于上诉纠错机制也是条约仲裁权越界的积极矫正方式之一，所以其同样可能产生矫正权力越界的三大效果。比如，在《英国仲裁法》第 69 条第 7 款规定的上诉审查仲裁裁决之后可以作出的四类决定中，除了"确定裁决"的决定之外，另外三种都属于对错误的裁决进行纠正的决定。它们分别是：修改裁决；根据法院决定，将全部或部分裁决发回原仲裁庭重审；当法院认为不宜将问题事项发回原仲裁庭重审时，则撤销全部或部分裁决。于是，针对条约仲裁裁决而言，无论法院采取其中哪一种纠错方式，都表明法院对原条约仲裁裁决存在错误以及错误背后体现的条约仲裁权越界的事实予以了确认，从而产生否定评价条约仲裁权越界的效果。同时，因为法院纠错而使得原本错误的条约仲裁裁决归于无效或被变更，就会发生消解条约仲裁权越界的支配力量的效果。至于弥补条约仲裁权越界造成之损害的效果，在《英国仲裁法》规定的上诉纠错机制中表现得不甚明显。但这不能排除其他国家的仲裁法中可能对此类效果予以了直接或间接的规定。

第四节　条约仲裁权越界的消极矫正

当条约仲裁权越界后，当事方还可能不经过第三方主体对条约仲裁权越界行为进行认定，而是依据特定的法律自行拒绝接受条约仲裁权的越界支配，以阻碍其实现越界支配的目的，从而矫正条约仲裁权越界的行为。由于这种矫正方式以当事方拒绝进行或终止越界的条约仲裁权所要求进行或终止的行为而实现，属于一种消极因应的方式，并且当事方的拒绝具有特定的法律依据，所以可将这种矫正方式称为条约仲裁权越界的消极矫正。本节将分别从理论和实践的视角，对条约仲裁权越界的消极矫正展开分析。

一、条约仲裁权越界之消极矫正的法理分析

要构成消极矫正，不仅需要客观上存在条约仲裁权越界的情形，而且需要确保当事方在不经过第三方主体对越权行为进行认定的情况下，自行拒绝接受条约仲裁权越界支配的行为具有特定的法律依据。这意味着，在当前有关条约仲裁的法律设计中，条约仲裁权越界的消极矫正并不多见，因为在绝大多数情况下，即使条约仲裁权主体越界行权，除非该行为得到积极矫正（相当于第三方主体对越权行为进行了认定），否则当事方在法律上都只能遵从，不能拒绝接受支配。笔者基于目前的阅读范围，发现唯一属于对条约仲裁权越界进行消极矫正的情形是：因为当事国超条约国内法会对条约仲裁裁决效力权、实体裁决权和案件管辖权进行限制（相当于划定它们的边界），所以当条约仲裁权主体僭越当事国超条约国内法划定的边界，并最终导致履行遵从条约仲裁裁决的义务将违反当事国超条约国内法的规定时，那么当事国可以不经第三方主体认定而自行拒绝履行遵从条约仲裁裁决的义务，从而实质上相当于拒绝接受条约仲裁权的越界支配。并且，这种拒绝不仅具有国内法层面的依据，即源于当事国超条约国内法的依据，而且具有国际法层面的依据，即源于国际习惯法的依据。以下，笔者从实施主体、实施条件、实施程序和实施效果四个方面，对这种消极矫正条约仲裁权越界的方式展开分析。

（一）条约仲裁权越界之消极矫正的实施主体

条约仲裁权越界之消极矫正的实施主体，是指依法对条约仲裁权的越界行为进行消极矫正的主体。正如第一章所述，条约仲裁权的人员/机构客体包括国家、国际组织、国家特定地区和私人。理论上，它们都可能成为受条约仲裁权支配的当事方，进而都可能拒绝接受条约仲裁权的越界支配。然而，并非以上所有类型的当事方都可以成为条约仲裁权越界之消极矫正的实施主体，因为在这些不同类型的当事方中，只有作为国家的当事方，也即当事国，

才可能依据本国的超条约国内法和国际习惯而拒绝履行遵从与之相违的条约仲裁裁决的义务，从而在不经过第三方主体认定的情况下，合法地拒绝接受条约仲裁权的越界支配。

（二）条约仲裁权越界之消极矫正的实施条件

条约仲裁权越界之消极矫正的实施条件，是指实施主体可以对越界的条约仲裁权进行消极矫正的条件。只有满足这些条件时，实施主体才能实施消极矫正。笔者认为，主要的实施条件包括以下三项。

1. 当事国国内法律体系中存在超条约国内法

根据第二章的研究，虽然世界上大部分国家都会在其国内法律体系中划定一部分位阶高于条约的国内法，即超条约国内法，但是在个别国家（比如荷兰、希腊）的国内法律体系中依然有不存在超条约国内法的情形。然而，由于当事国实施消极矫正所依据的正是其超条约国内法的规定，以及"超条约国内法先于条约适用"的国际习惯，所以当事国要对条约仲裁权越界行为实施消极矫正，必须以其国内法律体系中存在超条约国内法为前提。换言之，存在超条约国内法属于当事国对条约仲裁权越界行为进行消极矫正的一项实施条件。

2. 条约仲裁裁决违反了当事国超条约国内法

当事国对条约仲裁权越界行为进行消极矫正，意味着拒绝接受越界权力的支配，具体而言是拒绝履行遵从条约仲裁裁决的条约义务。从原理上说，当事国拒绝履行该义务，是因为一旦履行该义务，将违反其本国超条约国内法的规定，从而根据高位阶的超条约国内法而拒绝履行低位阶的条约规定的义务。那么，为何当事国履行遵从条约仲裁裁决的条约义务会违反其本国超条约国内法的规定呢？原因是条约仲裁裁决自身违反了当事国超条约国内法的规定。正是基于这样的逻辑，当事国才能合法地对条约仲裁权越界行为进行消极矫正。因此，条约仲裁裁决违反当事国超条约国内法是当事国实施消极矫正的另一项条件。

3. 条约仲裁权主体僭越了条约仲裁权的边界

对权力越界行为进行矫正以权力存在越界为前提。没有越界，就没有矫正。所以，权力越界是矫正越界行为所共有的实施条件，不论矫正何种权力，也不论是积极矫正还是消极矫正。依此道理，要对条约仲裁权越界实施消极矫正，必须以条约仲裁权主体僭越了条约仲裁权的边界为前提。或者说，存在条约仲裁权越界的行为属于消极矫正的一项实施条件。这里，条约仲裁权主体僭越的是当事国超条约国内法划定的条约仲裁裁决效力权、实体裁决权和案件管辖权的边界（详见第二章的论述）。

最后需要说明的是，以上三项条件属于同时适用的关系，即要对条约仲裁权越界行为实施消极矫正，必须同时满足以上三项条件方可。

（三）条约仲裁权越界之消极矫正的实施程序

理论上说，条约仲裁权越界之消极矫正的实施程序，是指实施主体对条约仲裁权越界行为进行消极矫正所应当遵循的程序。然而，由于条约仲裁权越界之消极矫正主要表现为当事国不履行条约规定的遵从条约仲裁裁决的义务，属于一种消极因应的方式，所以一般不存在特定的实施程序。

（四）条约仲裁权越界之消极矫正的实施效果

条约仲裁权越界之消极矫正的实施效果，是指实施主体对条约仲裁权越界行为进行消极矫正后将产生的效果。根据权力越界矫正的一般理论，权力的消极矫正可能产生否定评价权力越界的行为和消解权力越界的支配力量两种效果，但不能产生弥补权力越界造成的损害的效果。因此，对条约仲裁权越界进行消极矫正，也只可能产生前两种效果。

1. 否定评价条约仲裁权越界的行为

消极矫正能否产生否定评价条约仲裁权越界的行为之效果，关键在于消极矫正是否具有合法性。如前所述，当事国对条约仲裁权越界行为实施消极矫正，一方面具有源自当事国超条约国内法的国内合法性，另一方面具有源自国际习惯的国际合法性。因为消极矫正意味着对条约仲裁权的越界行为进行了确认，而消极矫正的合法性意味着这种确认属于合法的确认，所以消极矫正能够产生否定评价条约仲裁权越界行为的效果。

2. 消解条约仲裁权越界的支配力量

消极矫正以条约仲裁权的行使存在越界为实施条件，即条约仲裁权主体僭越了当事国超条约国内法划定的条约仲裁裁决效力权、实体裁决权或案件管辖权的边界。条约仲裁权僭越这些权能的边界而产生的超限的支配力量由条约仲裁裁决表现出来，即要求当事国遵从违反其超条约国内法的条约仲裁裁决。然而，消极矫正表现为当事国拒绝履行遵从这样的条约仲裁裁决的义务，从而使得条约仲裁权越界的支配力量无法通过条约仲裁裁决得以实施。显然，这意味着消极矫正消解了条约仲裁权越界的支配力量。

二、条约仲裁权越界之消极矫正的实例分析

笔者在现有的阅读范围内，并未找到当事国依据超条约国内法拒绝履行"遵从条约仲裁裁决"的条约义务以消极矫正条约仲裁权越界行为的实例。然而，作为一种具有可比性的情形，笔者发现一个当事国依据超条约国内法拒绝履行"遵从国际法院判决"的条约义务的实例，即美国联邦最高法院在麦得林诉得克萨斯州案（Jose Ernesto Medellin v. Texas，以下简称麦德林案）中，拒绝履行遵从"国际法院就 2003 年墨西哥诉美国阿维纳（Avena）和其他墨西哥国民案"（以下简称阿维纳案）所作判决的条约义务。笔者认为，这种可比性至少源自以下三个方面：第一，国际法院的判决权与条约仲裁权主体的仲裁权都属于居中裁判的权力；第二，国际法院的判决权与条约仲裁权主体的仲裁权都是基于条约而发生的裁判活动中的权力；第三，遵从国际法院判决的义务与遵从条约仲裁裁决的义务都属于条约义务。因此，笔者以麦德林案为例，对条约仲裁权越界之消极矫正进行分析。

（一）美国的超条约国内法

在展开麦德林案的分析之前，有必要先对哪些法律属于美国的超条约国内法进行梳理。《美国联邦宪法》第 6 条第 2 款规定，"本宪法及依照本宪法所制定之合众国法律以及根据合众国权力所缔结或将缔结的一切条约，均为全国的最高法律"。[1]若仅从该条款的字面意思理解，似乎条约与《美国联邦宪法》具有同等地位，均为全国的最高法律，从而美国不存在超条约国内法。然而，美国属于判例法国家，联邦最高法院的判决就是对全国生效的判例法。回顾美国的司法史就能发现，联邦最高法院通过早年的两个著名判例确定了其国内法律体系中超条约国内法的范围。

第一个判例是美国联邦最高法院于 1801 年审理的威廉·马伯里诉詹姆斯·

---

〔1〕 See Kenneth R. Thomas, Larry M. Eig ed., *The Constitution of the United States of America: Analysis and Interpretation (Centennial Edition)*, U. S. Government Printing Office, 2013, p. 18.

麦迪逊案（William Marbury v. James Madison，以下简称马伯里案）。在该案的最终判决中，法院不仅确立了著名的司法审查原则，而且就联邦宪法与联邦普通法律的关系进行了认定：

> "合众国宪法的特定用语证实和加强了对一切成文宪法都极其重要的那个原则，即一条与宪法相悖的法律是无效的，法院和其他部门均受宪法约束。"[1]

显然，该判决确立了美国联邦宪法效力高于普通法律效力的规则，当某条普通法律与联邦宪法相冲突时，前者归于无效。

此后，美国联邦最高法院在 1888 年惠特尼诉罗伯森案（Whitney v. Robertson，以下简称惠特尼案）的判决中认为：

> "根据宪法规定，一项条约与一项国会立法处于同样的基础，并创设同类的义务。美国宪法宣称条约和国会立法都是全国的最高法律，但没有规定两者谁为优先。当条约和国会立法都关涉同一案件时，若可以不违反任何一方的文义，法院总是努力作出使两者均有效的解释；但是，如果两者相互冲突，时间在后的一个将支配另一个，只要条约的相关规定是自动执行的。"[2]

显然，该判决确立了条约与普通法律具有同等的效力位阶，[3]当两相冲突时，后生效者优先适用。

根据惠特尼案，我们可以清晰地看出，美国第一部分超条约国内法是晚于条约生效的联邦普通法律。再结合马伯里案，我们可以推论出，美国另一部分超条约国内法是联邦宪法：因为条约的效力与普通法律的效力相同，而联邦宪法的效力高于普通法律的效力，所以联邦宪法的效力也必然高于条约的效力。这一规则此后一直被最高法院所坚持，正如最高法院在 1957 年柯蒂

---

〔1〕 Supreme Court of the United States, "William Marbury v. James Madison, Secretary of State of the United State", 1 Cranch 137, 5 U. S. 137, 1803 WL 893, 2 L. Ed. 60, Judgement.

〔2〕 Supreme Court of the United States, "Whitney et al. v. Robertson, Collector", 124 U. S. 190, 8 S. Ct. 456, 31 L. Ed. 386, Judgement.

〔3〕 See Ronald D. Rotunda, John E. Nowak, *Treatise on Constitutional Law: Substances and Procedure* (*Forth Edition*), Volume 1, Thomson/West, 2007, p. 814.

斯·里德诉克拉丽丝·卡维特案（Curtis Reid v. Clarice B. Covert）的判决中所说的那样："本院已经经常地、一致地确认了宪法高于条约的地位。"[1]

（二）麦德林案的基本情况

关于麦德林案的案情，孔庆江教授等作了精辟的归纳，[2]笔者在此予以借鉴：

> "2004 年，国际法院在阿维纳案（墨西哥诉美国案）中作出裁决，指出在包括麦德林在内的 51 名墨西哥人的多起案件中，美国没有告知这些人所享有的领事协助权，违反了《维也纳领事关系公约》，要求美国对这些案件进行重新审理。[3]基于此，麦德林起诉得克萨斯州，并提出理由称，'美国总统布什在 2005 年 2 月给联邦司法部的一份备忘录中称，根据国际法上普遍遵循的国际礼让规则，美国法院应承认并执行国际法院阿维纳案的判决，重新审理该案，以履行美国在国际法院判决中形成的国际义务'。"[4]

美国联邦最高法院基于两点认定，驳回了麦德林的请求并维持了得克萨斯州法院所作的死刑判决：第一，阿维纳案的判决不能像国内法一样在州法院直接执行。第二，总统的备忘录并未独立地要求联邦在不考虑得克萨斯州的程序缺失规则的情况下，对阿维纳案的 51 名墨西哥公民之请求予以重审。[5]

就第一项认定而言，最高法院在最后一条理由中写道：

---

〔1〕 Supreme Court of the United States, "Curtis Reid, Superintendent of the District of Columbia Jail, Appellant, v. Clarice B. Covert. Nina Kinsella, Warden of the Federal Reformatory for Women, Alderson, West Virginia, Petitioner, v. Walter Krueger", 77 S. Ct. 1222, 1 L. Ed. 2d 1148, Judgement.

〔2〕 孔庆江、王艺琳："国际法与国内法的关系：国际组织法律文件的视角"，载《武大国际法评论》2018 年第 1 期。

〔3〕 See ICJ, "Case Concerning Avena and Other Mexican Nationals（Mexico v. United States of America）", Judgement.

〔4〕 See Supreme Court of the United States, "Jose Ernesto Medellin, Petitioner, v. Texas", 128 S. Ct. 1346, 170 L. Ed. 2d 190, Judgement.

〔5〕 See Supreme Court of the United States, "Jose Ernesto Medellin, Petitioner, v. Texas", 128 S. Ct. 1346, 170 L. Ed. 2d 190, Judgement.

"我们所持的观点并未对外国判决的正常执行提出质疑。确实，我们赞同麦德林的这一观点，即作为一般性事项，'一项遵守国际判决的协议'——或以其真意表达，即一项给予该判决以国内法效力的协议——和其他任何条约一样，属于一项条约义务，只要该协议与宪法相一致……总之，虽然国际法院在阿维纳案中的判决为美国创建了一项国际法律义务，但是其自身并不构成有约束力的、可以优先于（得克萨斯）州关于连续性人身保护状之申诉限制的联邦法律。正如我们在桑切斯诉拉玛斯案中认定的那样，考虑到我们自己的宪法所保护的基本权利并没有取代各州程序规则的效力，所以相反的结论将非常离谱。在（条约的）文本、背景、谈判和起草历史或者缔约国实践中，没有任何事项表明总统或参议院有意同意这种不大可能发生的结果，即赋予国际法庭判决比（我们）所享有的'许多最根本的宪法保护（的事项）'以更高的地位。"[1]

其实，最高法院的言外之意是：虽然执行阿维纳案的判决属于一项条约义务，但如果履行该义务会违反联邦宪法保护的事项，那么该义务并不像联邦法律那样具有优先于州法律的效力。所以，法院归根结蒂还是以违反联邦宪法为由拒绝履行条约义务。

就第二项认定而言，最高法院在第一条理由中写道：

"行政分支认为总统的备忘录从《任择议定书》和《联合国宪章》获得权力。易言之，因为相关条约'创建了遵从阿维纳案判决的义务'，所以它们'暗含着给予总统执行条约义务的职权'……我们不同意。总统有许多现存的政治和外交手段去履行国际义务，但是单方地将非自行实施的条约转变为自行实施的条约并不在其中。将源自非自行实施条约的国际义务转化为国内法的职责在国会……国会——而非总统——决定执行一项非自行实施的条约之要求源于宪法文本，该要求在国会和总统之间划分了条约制定权……然而，一旦被批准的条约不含明确授予其国内效力的条款，其是否具有这样的效力取决于基本的宪法原则：'制定必要

---

〔1〕　See Supreme Court of the United States, "Jose Ernesto Medellin, Petitioner, v. Texas", 128 S. Ct. 1346, 170 L. Ed. 2d 190, Judgement.

的法律的权力在国会，执行法律的权力在总统'。"[1]

该条理由实际上也是依据联邦宪法而拒绝履行条约义务，因为法院认为其履行这种源于非自行实施条约所规定的遵从阿维纳案判决的义务，将会违反联邦宪法关于总统与国会权限划分的规定。

(三) 对麦德林案的分析与思考

从麦德林案可以看出，如果履行遵从国际法院判决的条约义务将违反《美国联邦宪法》，美国联邦最高法院将不会同意履行该条约义务。虽然美国总统在麦德林案中表达了遵从国际法院判决、履行条约义务的意愿（只不过最高法院不同意而已），但这不能否认最终的结果是美国没有履行遵从国际法院判决的条约义务（不论其政府的三大分支之间是否存在意见分歧），而拒绝履行条约义务的重要理由之一就是履行条约义务将违反其联邦宪法的规定。

换个角度思考，履行遵从阿维纳案判决的条约义务将违反美国联邦宪法，这相当于将违反美国的超条约国内法。之所以出现这种情形，根源于阿维纳案判决本身——要求美国重新审理包括麦德林案在内的一系列国内案件——违反了美国的超条约国内法（联邦宪法）。根据第二章的论证，假设不存在"越权构成的例外情形"，那么国际法院作出违反美国超条约国内法的判决，就意味国际法院僭越了当事国超条约国内法划定的实体判决权的边界。而即使存在"越权构成的例外情形"，可以阻却国际法院构成实体判决权越界，那么国际法院也将构成判决效力权越界。所以，美国不履行"遵从阿维纳案这一国际法院判决"的条约义务，实际上属于对条约判决权越界的消极矫正。同样的道理，如果条约仲裁庭作出违反美国联邦宪法的裁决，那么可以肯定的是，美国也会依据其超条约国内法而拒绝履行遵从裁决的义务，这就构成对条约仲裁权越界的消极矫正了。

本章小结

即使划定了条约仲裁权的边界，并对其自律提供了方法指引，对其他律

---

[1] See Supreme Court of the United States, "Jose Ernesto Medellin, Petitioner, v. Texas", 128 S. Ct. 1346, 170 L. Ed. 2d 190, Judgement.

设定了监督机制，但都无法杜绝条约仲裁权越界行为的发生。一旦发生了条约仲裁权越界的行为，就可能造成相应的危害后果，从而应当对其进行矫正。本章通过四节内容展开对条约仲裁权越界矫正的研究。

第一节主要阐述权力越界矫正的一般理论，因为这同样是条约仲裁权越界矫正应当遵循的理论。关于权力越界的行为表现，本节认为包括正面越界的行为和反面越界的行为。两者分别指权力主体不遵循授权性规范从正面对权力所作的限制和不遵循义务性规范从反面对权力所作的限制而构成的僭越权力边界的行为。关于权力越界的矫正方法，本节认为包括积极矫正和消极矫正两种。前者表现为受权力支配之"人"主动向法律规定的第三方主体寻求救济，由该主体依据法律设定的条件和程序，对权力越界的行为进行审查并消解国内权力越界的负面影响；后者则表现为受权力支配之"人"不经过第三方主体对权力越界进行认定，而是依据特定的法律规定自行拒绝接受权力的越界支配，以阻碍其实现支配之目的。关于权力越界的矫正效果，本节认为可能包括否定评价权力越界的行为、消解权力越界的支配力量、弥补权力越界造成的损害三种，而积极矫正和消极矫正能够产生的效果并不完全一样。最后是关于国际权力越界的矫正，本节认为国际权力越界的行为表现、矫正方法和矫正效果与国内权力越界大同小异。

第二节主要论述了条约仲裁权越界的行为表现，这是研究条约仲裁权越界矫正的前提性和基础性的问题。由于授权性规范和义务性规范都可能对条约仲裁权的特定权能进行限制，所以条约仲裁权不遵循授权性规范从正面所作的限制就构成正面越界的行为，不遵循义务性规范从反面所作的限制就构成反面越界的行为。

第三节主要研究了条约仲裁权越界的积极矫正。从条约仲裁实践看，积极矫正条约仲裁权越界的机制主要包括条约仲裁裁决撤销机制、条约仲裁裁决拒绝承认与执行机制、条约仲裁裁决上诉纠错机制三种。本节分别从实施主体、实施条件、实施程序和实施效果四个方面对这三种机制展开了详细的研究。

第四节主要从理论和实例两方面分析了条约仲裁权越界的消极矫正。从理论上分析，笔者仅发现一例属于对条约仲裁权越界行为进行消极矫正的情形，即当事国依据超条约国内法和国际习惯拒绝履行"遵从与之相违的条约仲裁裁决"的条约义务。在这种消极矫正中，实施主体仅为当事国，实施条件包括"当事国国内法律体系中存在超条约国内法""条约仲裁裁决违反了当事国超条约国内法""条约仲裁权主体僭越了条约仲裁权的边界"三项，实施程序表现为没有特定的程序，实施效果则包括否定评价条约仲裁权越界的行为和消解条约仲裁权越界的支配力量两种。从实例上分析，虽然笔者未能找到当事国依据超条约国内法对条约仲裁裁决进行消极矫正的实例，但是通过美国依据超条约国内法（联邦宪法）拒绝履行国际法院有关阿维纳案的判决可以推断，如果条约仲裁庭作出了违反美国联邦宪法的裁决，那么美国同样会拒绝履行遵从条约仲裁裁决的义务，从而对条约仲裁权越界行为实施消极矫正。

结　论

　　本书的选题，源于对南海仲裁案的思考。关于该案，我国明确表示不接受、不参与；关于该案裁决，我国也明确表示不接受、不承认。我国如此主张的重要理由之一是仲裁庭越权管辖并越权裁决。所谓越权，是指"僭越权力的边界"。因此，要论证南海仲裁庭越权，就必须首先论证其权力边界这个前提性问题。毫无疑问，南海仲裁庭享有并行使的是仲裁权，其权力边界属于仲裁权的边界。并且，由于南海仲裁属于基于条约而发生的仲裁活动，所以南海仲裁庭享有并行使的仲裁权属于"基于条约而发生的仲裁活动中的仲裁权"，即本书所称的条约仲裁权。研究条约仲裁权的边界虽然始于对南海仲裁庭的权力边界之追问，但笔者并不止于回答这一问题，而是将其作为一个抽象的理论范畴看待，并对其展开系统、全面的研究。除此之外，本书的选题还考虑了研究的必要性和可行性。就必要性而言，由于目前学术界对条约仲裁基础理论问题的研究还比较匮乏，所以研究本书选题不仅会对条约仲裁的理论空缺进行一定的填补，更重要的是会对研究条约仲裁基础理论的价值和意义作出例证，从而激发学术界研究这一范畴的兴趣，并逐步填补相关的理论空白。这便是研究本书选题的必要性之所在。就可行性而言，一方面表现为研究对象具有可行性。条约仲裁权的边界包括"条约仲裁"和"权力边界"两个重要范畴，其中从学术界和实务界对"投资条约仲裁"一词的使用可以证明，条约仲裁的范畴是得到学术界和实务界认可的，即研究这一对象本身是可行的；而权力的边界则属于法理学和法哲学上常见的范畴，自然也具有研究对象的可行性。另一方面表现为研究路径具有可行性。虽然目前有关条约仲裁权边界的直接、现成的研究成果并不多见，但关于权力边界理论、条约法理论以及仲裁法理论的研究成果则比较丰富。所以本书通过结合这三大理论进行分析的研究路径具有可行性。

　　然而，由于学术界尚未对条约仲裁权的概念进行权威界定，所以研究

"条约仲裁权的边界"应当首先界定条约仲裁权的概念。条约仲裁权的基础是条约仲裁，出于对"条约仲裁"这一学术概念之稳定性和普适性的考虑，本书所研究的条约仲裁系指条约作为全部或部分仲裁合意的实现方式的仲裁。从属性来看，条约仲裁权属于一项权力，其中，形式源于条约仲裁合意与国际仲裁法的条约仲裁权属于国际权力，而形式来源于国内仲裁法的条约仲裁权属于国内权力。从权能来看，条约仲裁权包括四项权能，分别是：案件管辖权，即管辖条约仲裁案件的权能；程序管理权，即对条约仲裁案件的程序进行管理的权能；实体裁决权，即对条约仲裁案件的实体问题进行裁决的权能；裁决效力权，即使得条约仲裁裁决具有特定法律效力的权能。条约仲裁权只能由特定的主体行使，它们包括仲裁庭、仲裁机构以及仲裁支持与监督机构；同时，条约仲裁权也只能针对特定的客体发挥作用，其中人员/机构客体包括国家、国际组织、国家的特定地区和私人，事项客体则包括投资争端、贸易争端、条约解释和适用的争端、领土主权争端、环境争端等。根据以上主要特征，条约仲裁权的概念可被界定为：仲裁庭、仲裁机构或其他仲裁支持与监督机构在条约作为全部或部分仲裁合意之实现方式的仲裁活动中享有并行使的，对国家、国际组织、国家的特定地区或者私人之间的投资、贸易、条约解释与适用、领土主权、环境等争端进行居中裁判的国际权力或国内权力，具体包括案件管辖权、程序管理权、实体裁决权和裁决效力权四类权能。

在明确了条约仲裁权的概念之后，本着确保条约仲裁权主体在边界内行权的目的，对条约仲裁权的边界之研究应当按照条约仲裁权边界的划定、条约仲裁权边界的遵循以及条约仲裁权越界的矫正三个步骤展开。

首先，就条约仲裁权边界的划定而言，由于权力的边界通过法律的限制而划定，所以条约仲裁权的边界也通过法律的限制而划定，此种法律既包括国际法，又包括国内法。其中，在国际法层面，作为国际法三大渊源的国际条约、国际习惯和一般法律原则都可能对条约仲裁权进行限制，进而划定其边界；而在国内法层面，无论是仲裁地法还是当事国法，都可能对条约仲裁权进行限制，进而划定其边界。尤其需要说明的是，限制条约仲裁权的当事国法主要指当事国超条约国内法，即当事国国内法律体系中位阶高于条约的那部分国内法。由于当事国履行遵从条约仲裁裁决的义务源于条约的规定，属于一项条约义务，所以当条约仲裁裁决的结果违反当事国超条约国内法时，履行遵从该裁决的条约义务也势必违反当事国超条约国内法。此时，当事国只能拒绝履行遵从裁决的条约义务，因为这是作为上位法的超条约国内法的要求。显然，当事国的此种拒绝具有国内法上的合法性，因为其符合当事国国内法律体系中"上位法优先于下位法"的法律规则。除此之外，当事国的此种拒绝也具有国际法上的合法性，因为"超条约国内法先于条约适用"构成一项国际习惯：一方面存在如此通例，另一方面该通例被接受为法律。正是因为当条约仲裁裁决的结果违反当事国超条约国内法时，当事国有合法依据拒绝履行遵从该裁决的条约义务，所以当事国超条约国内法会对条约仲裁权进行限制。其中，对裁决效力权的限制是：当事国有权拒绝履行遵从违反其超条约国内法的裁决之义务；对实体裁决权的限制是：条约仲裁庭原则上不应作出违反当事国超条约国内法的裁决，除非存在"构成越权的例外情形"；对案件管辖权的限制是：对于关涉当事国超条约国内法直接保护的根本利益的争端，条约仲裁权主体在判断是否具有管辖权时，应当秉持司法克制理念，对具有弹性的仲裁条款和管辖权规则作出不具有管辖权的解释。

其次，就条约仲裁权边界的遵循而言，如果条约仲裁权主体具有遵循边界的主观意愿，那么应当对其遵循提供方法指引，此谓条约仲裁权边界的自律；如果条约仲裁权主体不具有遵循边界的主观意愿，那么应当设置一定的监督机制迫使其遵循，此谓条约仲裁权边界的他律。条约仲裁权边界的自律应当通过识别限制条约仲裁权的法律和适用限制条约仲裁权的法律两个步骤实现。其中，前者包括识别限制条约仲裁权的所有法律、识别限制条约仲裁权的法律规范的类型，以及识别限制条约仲裁权的法律规范的效力等级；后者则包括适用限制条约仲裁权的法律规范之位序规则和适用限制条约仲裁权的法律规范之解释规则。条约仲裁权边界的他律则主要设置四类监督机制：（1）以权力监督条约仲裁权，具体包括以内部权力监督条约仲裁权和以外部权力监督条约仲裁权；（2）以权利监督条约仲裁权，具体包括以当事方权利监督条约仲裁权和以第三方权利监督条约仲裁权；（3）以程序监督条约仲裁权，具体包括以激活程序监督条约仲裁权和以行使程序监督条约仲裁权；（4）以责任监督条约仲裁权，具体包括以国际法责任监督条约仲裁权和以国内法责任监督条约仲裁权。通过设置这些监督机制，条约仲裁权主体将迫于外施而内化的压力，不敢、不能或不易僭越条约仲裁权的边界，从而实现遵循边界的目的。

最后，就条约仲裁权越界的矫正而言，根据受条约仲裁权支配的当事方是否需要主动向第三方主体寻求救济，可以将相应的矫正方法分为积极矫正和消极矫正。其中，对条约仲裁权越界行为进行积极矫正的机制主要包括条约仲裁裁决撤销机制、条约仲裁裁决拒绝承认与执行机制、条约仲裁裁决上诉纠错机制。这些机制都由法律规定的实施主体，基于法律规定的实施条件，遵循法律规定的实施程序而实施，并且产生相应的实施效果。对条约仲裁权越界行为进行消极矫正则主要通过当事国基于超条约国内法而拒绝履行与之相违背的条约仲裁裁决而实现。根据第二章的论证，当条约仲裁裁决结果违反当事国超条约国内法时，当事国具有国内法和国际法上的合法依据拒绝履行遵从该裁决的条约义务。正是基于这一原因，如果条约仲裁权主体僭越了当事国超条约国内法划定的条约仲裁权边界，并最终导致当事国履行遵从条约仲裁裁决的义务将违反其超条约国内法的规定，那么当事国就可以直接拒绝履行遵从该裁决的条约义务，从而实现对条约仲裁权越界行为的消极矫正。

参考文献

一、著作

（一）中文著作

1. 李浩培：《国际法的概念和渊源》，贵州人民出版社 1994 年版。

2. 王铁崖：《国际法引论》，北京大学出版社 1998 年版。

3. 赵秀文：《国际商事仲裁及其适用法律研究》，北京大学出版社 2002 年版。

4. 李浩培：《条约法概论》，法律出版社 2003 年版。

5. 陈金钊等：《法律解释学》，中国政法大学出版社 2006 年版。

6. 黄茂荣：《法学方法与现代民法》，法律出版社 2007 年版。

7. 张文显主编：《法理学》，法律出版社 2007 年版。

8. 石慧：《投资条约仲裁机制的批判与重构》，法律出版社 2008 年版。

9. 周鲠生：《国际法》（上），武汉大学出版社 2009 年版。

10. 乔欣：《仲裁权论》，法律出版社 2009 年版。

11. 王夏昊：《法律规则与法律原则的抵触之解决：以阿列克西的理论为线索》，中国政法大学出版社 2009 年版。

12. 姜世波：《习惯国际法的司法确定》，中国政法大学出版社 2010 年版。

13. 万鄂湘主编：《国际法与国内法关系研究》，北京大学出版社 2011 年版。

14. 蔡从燕：《类比与国际法发展的逻辑》，法律出版社 2012 年版。

15. 朱文奇：《现代国际法》，商务印书馆 2013 年版。

16. 杨仁寿编：《法学方法论》，中国政法大学出版社 2013 年版。

17. 余劲松主编：《国际投资法》，法律出版社 2014 年版。

18. 彭中礼：《法律渊源论》，方志出版社 2014 年版。

19. 陈林林：《法律方法比较研究——以法律解释为基点的考察》，浙江大学出版社 2014 年版。

20. 王虎华主编：《国际公法学》，北京大学出版社 2015 年版。

21. 周占生：《权利的限制与抗辩》，科学技术文献出版社 2015 年版。

22. 胡荻：《国际商事仲裁权研究》，法律出版社 2015 年版。

23. 梁慧星：《民法解释学》，法律出版社 2015 年版。

24. 肖光辉主编：《法理学》，中国政法大学出版社 2015 年版。

25. 梁淑英主编：《国际法》，中国政法大学出版社 2016 年版。

26. 王利明：《法律解释学》，中国人民大学出版社 2016 年版。

27. 孔祥俊：《法律解释与适用方法》，中国法制出版社 2017 年版。

28. 王利明等：《民法学》，法律出版社 2017 年版。

29. 《国际公法学》编写组：《国际公法学》，高等教育出版社 2018 年版。

30. 后向东：《权力限制哲学——权力限制模式及其作用机制研究》，中国法制出版社 2018 年版。

31. 中国国际法学会：《南海仲裁案裁决之批判》，外文出版社 2018 年版。

（二）英文著作

1. Wolfgang Friedmann, *The Changing Structure of International Law*, Columbia University Press, 1964.

2. Max Weber, *On Law in Economy and Society*, Edited and Annotated by Max Rheinstein, Translated by Edward Shils and Max Rheinstein, Harvard University Press, 1967.

3. Edgar Bodenheimer, *Jurisprudence*: *The Philosophy and Method of the Law (Revised Edition)*, Harvard University Press, 1974.

4. J. Gillis Wetter, *The International Arbitral Process*: *Public and Private*, Volume 4, Oceana Publications, Inc. 1979.

5. Albert Jan van den Berg, *The New York Arbitration Convention of* 1958: *Towards a Uniform Judicial Interpretation*, Kluwer Law and Taxation Publishers, 1981.

6. R. St. J. Macdonald, Douglas M. Johnston ed., *The Structure and Process of International Law*: *Essays in Legal Philosophy Doctrine and Theory*, Martinus Nijhoff Publishers, 1983.

7. Patrick Nerhot ed., *Law, Interpretation and Reality*: *Essays in Epistemology, Hermeneutics and Jurisprudence*, Kluwer Academic Publishers, 1990.

8. D. Neil MacCormick, Robert S. Summers ed., *Interpreting Statutes*: *A Comparative Study*, Ashgate Publishing Limited, 1991.

9. Andrei Marmor, *Interpretation and Legal Theory*, Oxford University Press, 1992.

10. Robert Jennings, Arthur Watts ed., *Oppenheim's International Law (Ninth Edition)*, Longman Group UK Limited and Mrs Tomoko Hudson, 1992.

11. G. M. Danilenko, *Law-making in the International Community*, Martinus Nijhoff Publishers, 1993.

12. Ronald Dworkin, *Taking Rights Seriously*, Bloomsbury Academic, 1997.

13. Aulis Aarnio, *Reason and Authority*: *A Treatise on the Dynamic Paradigm of Legal Dogmatics*,

Dartmouth Publishing Company Limited, 1997.

14. George P. Fletcher, *Basic Concepts of Criminal Law*, Oxford University Press, 1998.

15. Emmanuel Gaillard, Joh Savage ed. , *Fouchard, Gaillard, Goldman on International Commercial Arbitration*, Kluwer Law International, 1999.

16. W. Laurence Craig, William W. Park, Jan Paulsson, *International Chamber of Commerce Arbitration (Third Edition)*, Oceana Publications, Inc. , 2000.

17. Herbert Hausmaninger, *The Austrian Legal System (Second Edition)*, Manzsche Verlags and Kluwer Law Internaitional, 2000.

18. Robert Alexy, *A Theory of Constitutional Rights*, Translated by Julian Rivers, Oxford University Press, 2002.

19. Basil Markesinis, *Comparative Law in the Courtroom and Classroom, The Story of the Last Thirty-Five Years*, Hart Publishing, 2003.

20. Lars Heuman, *Arbitration Law of Sweden: Practice and Procedure*, Juris Publishing, Inc. , 2003.

21. Ronald D. Rotunda, John E. Nowak, *Treatise on Constitutional Law: Substances and Procedure (Forth Edition)*, Volume 1, Thomson/West, 2007.

22. Anthony Aust, *Modern Treaty Law and Practice (Second Edition)*, Cambridge University Press, 2007.

23. Malcom N. Shaw, *International Law (Sixth Edition)*, Cambridge University Press, 2008.

24. Christopher F. Dugan, et al. , *Investor-State Arbitration*, Oxford University Press, 2008.

25. Christoph H. Schreuer, et al. , *The ICSID Convention: A Commentary (Second Edition)*, Cambridge University Press, 2009.

26. Bommel van der Bend, Marnix Leijten, Marc Ynzonides ed. , *A Guide to the NAI Arbitration Rules: Including a Commentary on Dutch Arbitration Law*, Kluwer Law International, 2009.

27. Lori Fisher Damrosch, et al. , *International Law, Cases and Materials (Fifth Edition)*, Thomson Reuters, 2009.

28. Lucy Reed, Jan Paulsson, Nigel Blackaby, *Guide to ICSID Arbitration*, Kluwer Law International, 2010.

29. Katia Yannaca-Small ed. , *Arbitration Under International Investment Agreements: A Guide to the Key Issues*, Oxford University Press, 2010.

30. Herbert Kronke, et al. ed. , *Recognition and Enforcement of Foreign Arbitral Awards: A Global Commentary on the New York Convention*, Kluwer Law International, 2010.

31. Rudolf Dolzer, Christoph Schreuer, *Principles of International Investment Law (Second Edition)*, Oxford University Press, 2012.

32. Crina Baltag, *The Energy Charter Treaty*：*The Notion of Investor*, Kluwer Law International, 2012.

33. James Crawford, *Brownlie's Principles of Public International Law*（*Eight Edition*）, Oxford University Press, 2012.

34. Oliver Dörr, Kirsten Schmalenbach ed., *Vienna Convention on the Law of Treaties*, *A Commentary*, Springer-verlag Berlin Heidelberg, 2012.

35. Gideon Boas, *Public International Law*：*Contemporary Principles and Perspectives*, Edward Elgar Publishing Limited, 2012.

36. Torsten Lörcher, Guy Pendell, Jeremy Wilson ed., *CMS Guide to Arbitration*（*Fourth Edition*）, Volume I, CMS Legal Services EEIG, 2012.

37. Julian D. M. Lew, et al. ed., *Arbitration in England*, *with Chapters on Scotland and Ireland*, Kluwer Law International, 2013.

38. Manuel Indlekofer, *International Arbitration and the Permanent Court of Arbitration*, Kluwer Law International, 2013.

39. Ulf Franke, et al. ed., *International Arbitration in Sweden*：*A Practitioner's Guide*, Kluwer Law International, 2013.

40. Kenneth R. Thomas, Larry M. Eig ed., *The Constitution of the United States of America*：*Analysis and Interpretation*（*Centennial Edition*）, U. S. Government Printing Office, 2013.

41. Richard K Gardiner, *Treaty Interpretation*（*Second Edition*）, Oxford University Press, 2015.

42. Maxi Scherer, Lisa Richman, Rémy Gerbay, *Arbitrating under the 2014 LCIA Rules*：*A User's Guide*, Kluwer Law International, 2015.

43. Nigel Blackaby, et al., *Redfern and Hunter on International Arbitration*（*Sixth Edition*）, Oxford University Press, 2015.

44. Gary B. Born, *International Arbitration and Forum Selection Agreements*：*Drafting and Enforcing*（*Fifth Edition*）, Kluwer Law International, 2016.

45. Gary B. Born, *International Arbitration*：*Law and Practice*（*Second Edition*）, Kluwer Law International, 2016.

46. Crina Baltag ed., *ICSID Convention after 50 Years*：*Unsettled Issues*, Kluwer Law International, 2016.

47. Ulf Franke, Annette Magnusson, Joel Dahlquist ed., *Arbitrating for Peace*：*How Arbitration Made a Difference*, Kluwer Law International, 2016.

48. Stavros L. Brekoulakis, Julian D. M. Lew, Loukas Mistelis ed., *The Evolution and Future of International Arbitration*, Kluwer Law International, 2016.

49. Lise Bosman ed., *ICCA International Handbook on Commercial Arbitration*, ICCA & Kluwer

Law International，2020.

50. Gary B. Born，*International Commercial Arbitration*（*Third Edition*），Kluwer Law International，2021.

（三）译文著作

1. ［苏］格·伊·童金：《国际法理论问题》，刘慧珊等译，世界知识出版社 1965 年版。

2. ［英］劳特派特修订：《奥本海国际法》（上卷，平时法，第二分册），王铁崖、陈体强译，商务印书馆 1972 年版。

3. ［德］马克斯·韦伯：《经济与社会》（上卷），林荣远译，商务印书馆 1997 年版。

4. ［古希腊］柏拉图：《政治家》，原江译，云南人民出版社 2004 年版。

5. ［美］罗斯科·庞德：《法理学》（第三卷），廖德宇译，法律出版社 2007 年版。

6. ［法］让·雅克·卢梭：《社会契约论》，徐强译，中国社会科学出版社 2009 年版。

7. ［英］郑斌：《国际法院与法庭适用的一般法律原则》，韩秀丽、蔡从燕译，法律出版社 2012 年版。

8. ［法］孟德斯鸠：《论法的精神》（上卷），许明龙译，商务印书馆 2012 年版。

9. ［德］拉德布鲁赫：《法学导论》，米健译，商务印书馆 2013 年版。

10. ［英］约翰·埃默里克·爱德华·达尔伯格-阿克顿：《自由与权力》，侯建、范亚峰译，译林出版社 2014 年版。

11. ［美］汉密尔顿、杰伊、麦迪逊：《联邦党人文集》，程逢如、在汉、舒逊译，商务印书馆 2015 年版。

12. ［荷］格劳秀斯：《战争与和平法》（第二卷），［美］弗兰西斯 W. 凯尔西等英译，马呈元、谭睿译，中国政法大学出版社 2016 年版。

13. ［荷］格劳秀斯：《战争与和平法》（第三卷），［美］弗兰西斯 W. 凯尔西等英译，马呈元、谭睿译，中国政法大学出版社 2017 年版。

二、论文类

（一）中文论文

1. 邓世豹：“法律位阶与法律效力等级应当区分开”，载《法商研究》1999 年第 2 期。

2. 莫负春：“论权力监督和权利监督”，载《华东政法学院学报》1999 年第 3 期。

3. 谢晖：“判例法与经验主义哲学”，载《中国法学》2000 年第 3 期。

4. 漆多俊：“论权力”，载《法学研究》2001 年第 1 期。

5. 童之伟：“法权中心的猜想与证明——兼答刘旺洪教授”，载《中国法学》2001 年第 6 期。

6. 王莉君、孙国华：“论权力与权利的一般关系”，载《法学家》2003 年第 5 期。

7. 乔欣、李莉："争议可仲裁性研究（上）"，载《北京仲裁》2004 年第 2 期。

8. 胡玉鸿："试论法律位阶划分的标准——兼及行政法规与地方性法规之间的位阶问题"，载《中国法学》2004 年第 3 期。

9. 罗豪才、宋功德："和谐社会的公法建构"，载《中国法学》2004 年第 6 期。

10. 张德瑞："论我国宪法部门和国际法的冲突与协调"，载《郑州大学学报（哲学社会科学版）》2005 年第 6 期。

11. 张春良："国际商事仲裁权的性态"，载《西南政法大学学报》2006 年第 2 期。

12. 张平华："私法视野里的权利限制"，载《烟台大学学报（哲学社会科学版）》2006 年第 3 期。

13. 张翔："基本权利冲突的规范结构与解决模式"，载《法商研究》2006 年第 4 期。

14. 江海平："国际习惯法理论问题研究"，厦门大学 2006 年博士学位论文。

15. 陈雪梅："论香港特别行政区参加国际组织和国际条约的权力和限制"，载《法学杂志》2007 年第 4 期。

16. 刘晓红："确定仲裁员责任制度的法理思考——兼评述中国仲裁员责任制度"，载《华东政法大学学报》2007 年第 5 期。

17. 温晓莉："人治向法治敞亮的辩证法——柏拉图'哲王治国'思想与法治的关系"，载《法学》2007 年第 10 期。

18. 何志鹏："国际法治：一个概念的界定"，载《政法论坛》2009 年第 4 期。

19. 谢佑平、江涌："论权力及其制约"，载《东方法学》2010 年第 2 期。

20. 罗国强："一般法律原则的困境与出路——从《国际法院规约》第 38 条的悖论谈起"，载《法学评论》2010 年第 2 期。

21. 李洪积、马杰、崔强："论英国仲裁法下法律问题可上诉原则——厦船重工案评析"，载《北京仲裁》2010 年第 2 期。

22. 王立君："国际组织责任的若干问题评析"，载《法学评论》2010 年第 4 期。

23. 潘爱国："论公权力的边界"，载《金陵法律评论》2011 年第 1 期。

24. 李建明："优化权能结构：检察权优化配置的实质"，载《河南社会科学》2011 年第 2 期。

25. 余劲松："国际投资条约仲裁中投资者与东道国权益保护平衡问题研究"，载《中国法学》2011 年第 2 期。

26. 郭玉军："论国际投资条约仲裁的正当性缺失及其矫正"，载《法学家》2011 年第 3 期。

27. 杨彩霞、秦泉："国际投资争端解决中的无默契仲裁初探"，载《比较法研究》2011 年第 3 期。

28. 潘德勇："论国际法规范的位阶"，载《北方法学》2012 年第 1 期。

29. 何志鹏："国际社会契约：法治世界的原点架构"，载《政法论坛》2012 年第 1 期。

30. 杨玲："论条约仲裁裁决执行中的国家豁免———以 ICSID 裁决执行为中心"，载《法学评论》2012 年第 6 期。

31. 杨玲："国际商事仲裁中的国家豁免"，载《法学》2013 年第 2 期。

32. 陈金钊："法律解释规则及其运用研究（上）——法律解释规则的含义与问题意识"，载《政法论丛》2013 年第 3 期。

33. 陈金钊："法律解释规则及其运用研究（中）——法律解释规则及其分类"，载《政法论丛》2013 年第 4 期。

34. 最高人民检察院法律政策研究室："我国民事检察的功能定位和权力边界"，载《中国法学》2013 年第 4 期。

35. 韩大元："论宪法权威"，载《法学》2013 年第 5 期。

36. 王燕："国际投资条约仲裁审查标准之反思"，载《法学》2013 年第 6 期。

37. 冯寿波："论条约序言的法律效力——兼论 TRIPS 序言与《WTO 协定》及其涵盖协定之序言间的位阶关系"，载《政治与法律》2013 年第 8 期。

38. 颜杰雄："仲裁裁决撤销制度的比较研究"，武汉大学 2013 年博士学位论文。

39. 何志鹏："国际法治何以必要——基于实践与理论的阐释"，载《当代法学》2014 年第 2 期。

40. 张文显："法治与国家治理现代化"，载《中国法学》2014 年第 4 期。

41. 彭诚信："从法律原则到个案规范——阿列克西原则理论的民法应用"，载《法学研究》2014 年第 4 期。

42. 冯寿波："论条约的'善意'解释——《维也纳条约法公约》第 31.1 条'善意'的实证研究"，载《太平洋学报》2014 年第 5 期。

43. 徐兴祥："知识产权权能结构法律分析"，载《法治研究》2014 年第 7 期。

44. 赵骏："全球治理视野下的国际法治与国内法治"，载《中国社会科学》2014 年第 10 期。

45. 宋玲："商鞅'法治'思想与中国传统社会治理"，载《比较法研究》2015 年第 1 期。

46. 肖军："建立国际投资仲裁上诉机制的可行性研究——从中美双边投资条约谈判说起"，载《法商研究》2015 年第 2 期。

47. 冯寿波："论条约解释中的国际法体系之维护"，载《太平洋学报》2015 年第 2 期。

48. 吴晓秋："论宪法上的领土原则"，载《政法论坛》2015 年第 3 期。

49. 吴卡："国际条约解释：变量、方法与走向——《条约法公约》第 31 条第 3 款（c）项研究"，载《比较法研究》2015 年第 5 期。

50. 钱容德："依法治国的着力点：明晰权力边界"，载《科学社会主义》2015 年第 6 期。

51. 古祖雪："治国之法中的国际法：中国主张和制度实践"，载《中国社会科学》2015 年第 10 期。

52. 葛洪义、王文琦："基于权力视角的法治对象之辨"，载《湖北社会科学》2016 年第 3 期。

53. 马驰："法律认识论视野中的法律渊源概念"，载《环球法律评论》2016 年第 4 期。

54. 张立国："国家治理现代化中的公共权力边界调整"，载《吉首大学学报（社会科学版）》2016 年第 4 期。

55. 孙国华、孟强："权力与权利辨析"，载《法学杂志》2016 年第 7 期。

56. 王虎华："国际法渊源的定义"，载《法学》2017 年第 1 期。

57. 王夏昊："论作为法的渊源的制定法"，载《政法论坛》2017 年第 3 期。

58. 鲁洋："论'一带一路'国际投资争端解决机构的创建"，载《国际法研究》2017 年第 4 期。

59. 张建："对无默契仲裁管辖权正当性的反思——以中国参与国际投资争议解决的实践为视角"，载《西部法学评论》2017 年第 5 期。

60. 鲁品越、王永章："从'普世价值'到'共同价值'：国际话语权的历史转换——兼论两种经济全球化"，载《马克思主义研究》2017 年第 10 期。

61. 孔庆江、王艺琳："国际法与国内法的关系：国际组织法律文件的视角"，载《武大国际法评论》2018 年第 1 期。

62. 徐崇利："国际争端的政治性与法律解决方法"，载《国际政治研究》2018 年第 2 期。

63. 王洪："论判例法推理"，载《政法论丛》2018 年第 3 期。

64. 师华："条约解释的嗣后实践研究"，载《理论探索》2018 年第 4 期。

65. 鲁洋："论宏观仲裁法学的构建"，载《吉首大学学报（社会科学版）》2018 年第 4 期。

（二）英文论文

1. International Law Commission, "Draft Articles on the Law of Treaties with Commentaries", *Yearbook of the International Law Commission*, Volume 2, 1966.

2. Georg Schwarzenberger, "Myths and Realities of Treaty Interpretation：Articles 27–29 of the Vienna Draft Convention on the Law of Treaties", *The Virginia Journal of International Law*, Volume 9, No. 1, 1968.

3. J. G. Merrills, "Two Approaches to Treaty Interpretation", *Australian Year Book of International Law*, Volume 4, 1969.

4. Prosper Weil, "Towards Relative Normativity in International Law", *The American Journal of International Law*, Volume 77, No. 3, 1983.

5. Paul Peters, "Dispute Settlement Arrangements in Investment Treaties", *Netherlands Yearbook of International Law*, Volume 22, 1991.

6. Hiram E. Chodosh, "Neither Treaty nor Custom: The Emergence of Declarative International Law", *Texas International Law Journal*, Volume 26, 1991.

7. Jan Paulsson, "Arbitration Without Privity", *ICSID Review-Foreign Investment Law Journal*, Volume 10, No. 2, 1995.

8. V. S. Mani, "Effectuation of International Law in the Municipal Legal Order: The Law and Practice In India", *Asian Yearbook of International Law*, Volume 5, 1995.

9. J. H. H. Weiler, Andreas L Paulus, "The Structure of Change in International Law or Is There a Hierarchy of Norms in International Law?" *European Journal of International Law*, Volume 8, No. 4, 1997.

10. Stanimir A. Lexandrov, "Breaches of Contract and Breaches of Treaty: The Jurisdiction of Treaty-based Arbitration Tribunals to Decide Breach of Contract Claims in SGs v. Pakistan and SGs v. Philippines", *Journal of World Investment & Trade*, Volume 5, No. 4, 2004.

11. Susan D. Franck, "The Legitimacy Crisis in Investment Treaty Arbitration: Privatizing Public International Law Through Inconsistent Decisions", *Fordham Law Review*, Volume 73, No. 4, 2005.

12. Abhijit P. G. Pandya, Andy Moody, "Legitimate Expectations in Investment Treaty Arbitration: An Unclear Future", *Tilburg Law Review*, Volume 15, No. 1, 2010.

13. William Kenny, "Transparency in Investor State Arbitration", *Journal of International Arbitration*, Volume 33, No. 5, 2016.

14. Berk Demirkol, "Non-treaty Claims in Investment Treaty Arbitration", *Leiden Journal of International Law*, Volume 31, No. 1, 2018.

15. Susan D. Franck, Linsey E. Wylie, "Predicting Outcomes in Investment Treaty Arbitration", *Duke Law Journal*, Volume 65, No. 3, 2018.

三、法律法规汇编

1. 中华人民共和国外交部条约法律司编:《中华人民共和国多边条约集》（第一集），法律出版社 1987 年版。

2. 中华人民共和国外交部条约法律司编:《中华人民共和国多边条约集》（第四集），法律出版社 1987 年版。

3. 王德禄、蒋世和编:《人权宣言》，求实出版社 1989 年版。

4. 中华人民共和国外交部条约法律司编:《中华人民共和国多边条约集》（第六集），法律出版社 1994 年版。

5. 姜士林等主编:《世界宪法全书》，青岛出版社 1997 年版。

6. 鲍志才编:《世界贸易组织法典》，四川辞书出版社 2001 年版。

7. 中华人民共和国外交部条约法律司编：《中华人民共和国多边条约集》（第七集），法律出版社 2002 年版。

四、裁判文书

1. Supreme Court of the United States, "William Marbury v. James Madison, Secretary of State of the United State", 1 Cranch 137, 5 U. S. 137, 1803 WL 893, 2 L. Ed. 60, Judgement.

2. Supreme Court of the United States, "Whitney et al. v. Robertson, Collector", 124 U. S. 190, 8 S. Ct. 456, 31 L. Ed. 386, Judgement.

3. Supreme Court of the United States, "Curtis Reid, Superintendent of the District of Columbia Jail, Appellant, v. Clarice B. Covert. Nina Kinsella, Warden of the Federal Reformatory for Women, Alderson, West Virginia, Petitioner, v. Walter Krueger", 77 S. Ct. 1222, 1 L. Ed. 2d 1148, Judgement.

4. Supreme Court of the United States, "Jose Ernesto Medellin, Petitioner, v. Texas", 128 S. Ct. 1346, 170 L. Ed. 2d 190, Judgement.

5. US Court of Appeals, 2nd Circuit, "Helvering v. Gregory Revenue", 69 F 2d 809, Judgement.

6. ICJ, "Case Concerning Avena and Other Mexican Nationals (Mexico v. United States of America)", Judgement.

7. PCA Case No. AA 227, Final Award.

五、官方文件

1. WTO, WT_DS160_15, 3 August 2001.

2. WTO, WT/DS160/ARB25/1, 9 November 2001.

3. 《国际法委员会第六十三届会议的报告》。

4. 《中华人民共和国外交部关于应菲律宾共和国请求建立的南海仲裁案仲裁庭关于管辖权和可受理性问题裁决的声明》。

5. 《中华人民共和国外交部关于应菲律宾共和国请求建立的南海仲裁案仲裁庭所作裁决的声明》。

6. 《国际法委员会第六十八届会议的报告》。

六、网址

1. https://www.fmprc.gov.cn/web/zyxw/t1379490.shtml.

2. http://tfs.mofcom.gov.cn/article/h/au/201007/20100707041031.shtml.

3. http://tfs.mofcom.gov.cn/article/h/at/201811/20181102805372.shtml.

4. https：//uncitral. un. org/sites/uncitral. un. org/files/media-documents/uncitral/en/transparency-convention-e. pdf.

5. https：//uncitral. un. org/sites/uncitral. un. org/files/media - documents/uncitral/en/rules - on - transparency-e. pdf.

6. https：//uncitral. un. org/sites/uncitral. un. org/files/media-documents/uncitral/zh/uncitral-ar-bitration-rules-2013-c. pdf.

7. https：//uncitral. un. org/sites/uncitral. un. org/files/media - documents/uncitral/zh/07 - 86997_ebook. pdf.

8. https：//legal. un. org/ilc/reports/2016/chinese/a_71_10. pdf.

9. https：//documents - dds - ny. un. org/doc/UNDOC/GEN/N11/527/73/PDF/N1152773. pdf? OpenElement.

10. https：//investmentpolicy. unctad. org/international-investment-agreements.

11. http：//www. pcacases. com/web/sendAttach/786.

12. http：//www. pcacases. com/web/sendAttach/469.

13. https：//icsid. worldbank. org/en/Documents/icsiddocs/ICSID%20Convention%20English. pdf# search＝icsid%20convention.

14. https：//iccwbo. org/content/uploads/sites/3/2021/02/icc-2021-arbitration-rules-2014-me-diation-rules-chinese-version. pdf.

15. https：//www. energychartertreaty. org/fileadmin/DocumentsMedia/Founding_ Docs/ECT-cn. pdf.

附　录
本书所涉主要法律规则表

多边条约	
《联合国宪章》第 2 条	为求实现第一条所述各宗旨起见，本组织及其会员国应遵行下列原则： 　　一、本组织系基于各会员国主权平等之原则。 　　二、各会员国应一秉善意，履行其依本宪章所担负之义务，以保证全体会员由加入本组织而发生之权益。 　　三、各会员国应以和平方法解决其国际争端，俾免危及国际和平、安全及正义。 　　四、各会员国在其国际关系上不得使用威胁或武力，或以与联合国宗旨不符之任何其他方法，侵害任何会员国或国家之领土完整或政治独立。 　　五、各会员国对于联合国依本宪章规定而采取之行动，应尽力予以协助，联合国对于任何国家正在采取防止或执行行动时，各会员国对该国不得给予协助。 　　六、本组织在维持国际和平及安全之必要范围内，应保证非联合国会员国遵行上述原则。 　　七、本宪章不得认为授权联合国干涉在本质上属于任何国家国内管辖之事件，且并不要求会员国将该项事件依本宪章提请解决；但此项原则不妨碍第七章内执行办法之适用。
《联合国宪章》第 15 条第 1 款	大会应收受并审查安全理事会所送之常年及特别报告；该项报告应载有安全理事会对于维持国际和平及安全所已决定或施行之办法之陈述。
《联合国宪章》第 32 条	联合国会员国而非为安全理事会之理事国，或非联合国会员国之国家，如于安全理事会考虑中之争端为当事国者，应被邀参加关于该项争端之讨论，但无投票权。安全理事会应规定其所认为公平之条件，以便非联合国会员国之国家参加。
《联合国宪章》第 42 条	安全理事会如认为第 41 条所规定之办法为不足或已经证明为不足时，得采取必要之空海陆军行动，以维持或恢复国际和平及安全。此项行动得包括联合国会员国之空海陆军示威、封锁及其他军事举动。

续表

多边条约	
《联合国宪章》第 44 条	安全理事会决定使用武力时，于要求非安全理事会会员国依第 43 条供给军队以履行其义务之前，如经该会员国请求，应请其遣派代表，参加安全理事会关于使用其军事部队之决议。
《联合国宪章》第 103 条	联合国会员国在本宪章下之义务与其依任何其他国际协定所负之义务有冲突时，其在本宪章下之义务应居优先。
《国际法院规约》第 38 条第 1 款	法院对于陈诉各项争端，应依国际法裁判之，裁判时应适用： （子）不论普通或特别国际协约，确立诉讼当事国明白承认之规条者。 （丑）国际习惯，作为通例之证明而经接受为法律者。 （寅）一般法律原则为文明各国所承认者。 （卯）在第 59 条规定之下，司法判例及各国权威最高之公法学家学说，作为确定法律原则之补助资料者。
《海洋法公约》第 279 条	各缔约国应按照《联合国宪章》第 2 条第 3 项以和平方法解决它们之间有关本公约的解释或适用的任何争端，并应为此目的以《宪章》第 33 条第 1 项所指的方法求得解决。
《海洋法公约》第 281 条	1. 作为有关本公约的解释或适用的争端各方的缔约各国，如已协议用自行选择的和平方法来谋求解决争端，则只有在诉诸这种方法而仍未得到解决以及争端各方间的协议并不排除任何其他程序的情形下，才适用本部分所规定的程序。 2. 争端各方如已就时限也达成协议，则只有在该时限届满时才适用第 1 款。
《海洋法公约》第 282 条	作为有关本公约的解释或适用的争端各方的缔约各国如已通过一般性、区域性或双边协定或以其他方式协议，经争端任何一方请示，应将这种争端提交导致有拘束力裁判的程序，该程序应代替本部分规定的程序而适用，除非争端各方另有协议。
《海洋法公约》第 283 条第 1 款	如果缔约国之间对本公约的解释或适用发生争端，争端各方应迅速就以谈判或其他和平方法解决争端一事交换意见。
《海洋法公约》第 288 条第 1 款、第 2 款、第 4 款	1. 第 287 条所指的法院或法庭，对于按照本部分向其提出的有关本公约的解释或适用的任何争端，应具有管辖权。 2. 第 287 条所指的法院或法庭，对于按照与本公约的目的有关的国际协定向其提出的有关该协议的解释或适用的任何争端，也应具有管辖权。 …… 4. 对于法院或法庭是否具有管辖权如果发生争端，这一问题应由该法院或法庭以裁定解决。

多 边 条 约	
《海洋法公约》 第 290 条第 3 款	临时措施仅在争端一方提出请求并使争端各方有陈述意见的机会后，才可根据本条予以规定、修改或撤销。
《海洋法公约》 第 291 条	1. 本部分规定的所有解决争端程序应对各缔约国开放。 2. 本部分规定的解决争端程序应仅依本公约具体规定对缔约国以外的实体开放。
《海洋法公约》 第 295 条	缔约国间有关本公约的解释或适用的任何争端，仅在依照国际法的要求用尽当地补救办法后，才可提交本节规定的程序。
《海洋法公约》 第 296 条	1. 根据本节具有管辖权的法院或法庭对争端所作的任何裁判应有确定性，争端所有各方均应遵从。 2. 这种裁判仅在争端各方间和对该特定争端具有拘束力。
《海洋法公约》 第 297 条第 2 款 第（a）项	本公约关于海洋科学研究的规定在解释或适用上的争端，应按照第二节解决，但对下列情形所引起的任何争端，沿海国并无义务同意将其提交这种解决程序： （1）沿海国按照第 246 条行使权利或斟酌决定权；或 （2）沿海国按照第 253 条决定命令暂停或停止一项研究计划。
《海洋法公约》 第 298 条第 1 款	一国在签署、批准或加入本公约时，或在其后任何时间，在不妨害根据第一节所产生的义务的情形下，可以书面声明对于下列各类争端的一类或一类以上，不接受第二节规定的一种或一种以上的程序： （a）（1）关于划定海洋边界的第 15 条、第 74 条、第 83 条在解释或适用上的争端，或涉及历史性海湾或所有权的争端，但如这种争端发生于本公约生效之后，经争端各方谈判仍未能在合理期间内达成协议，则作此声明的国家，经争端任何一方请求，应同意将该事项提交附件五第二节所规定的调解；此外，任何争端如果必然涉及同时审议与大陆或岛屿陆地领土的主权或其他权利有关的任何尚未解决的争端，则不应提交这一程序； （2）在调解委员会提出其中说明所根据的理由的报告后，争端各方应根据该报告以谈判达成协议；如果谈判未能达成协议，经彼此同意，争端各方应将问题提交第二节所规定的程序之一，除非争端各方另有协议； （3）本项不适用于争端各方已以一项安排确定解决的任何海洋边界争端，也不适用于按照对争端各方有拘束力的双边或多边协定加以解决的任何争端； （b）关于军事活动，包括从事非商业服务的政府船只和飞机的军事活动的争端，以及根据第 297 条第 2 款和第 3 款不属法院或法庭

续表

多 边 条 约	
《海洋法公约》第 298 条第 1 款	管辖的关于行使主权权利或管辖权的法律执行活动的争端； （c）正由联合国安全理事会执行《联合国宪章》所赋予的职务的争端，但安全理事会决定将该事项从其议程删除或要求争端各方用本公约规定的方法解决该争端者除外。
《海洋法公约》第 300 条	缔约国应诚意履行根据本公约承担的义务并应以不致构成滥用权利的方式，行使本公约所承认的权利、管辖权和自由。
《海洋法公约》附件七第 3 条第 e 项	除非争端各方协议将本条（c）和（d）项规定的任何指派交由争端各方选定的某一人士或第三国作出，应由国际海洋法法庭庭长作出必要的指派。如果庭长不能依据本项办理，或为争端一方的国民，这种指派应由可以担任这项工作并且不是争端任何一方国民的国际海洋法法庭年资次深法官作出。本项所指的指派，应于收到请示后三十天内，在与当事双方协商后，从本附件第二条所指名单中作出。这样指派的仲裁员应属不同国籍，且不得为争端任何一方的工作人员，或其境内的通常居民或其国民。
《海洋法公约》附件七第 5 条	除非争端各方另有协议，仲裁法庭应确定其自己的程序，保证争端每一方有陈述意见和提出其主张的充分机会。
《海洋法公约》附件七第 10 条	仲裁法庭的裁决书应以争端的主题事项为限，并应叙明其所根据的理由。裁决书应载明参与作出裁决的仲裁员姓名以及作出裁决的日期。任何仲裁员均可在裁决书上附加个别意见或不同意见。
《海洋法公约》附件七第 11 条	除争端各方事前议定某种上诉程序外，裁决应有确定性，不得上诉，争端各方均应遵守裁决。
《华盛顿公约》第 14 条第 1 款	指派在小组服务的人员应具有高尚的道德品质，并且在法律、商务、工业和金融方面有公认的能力，他们可以被信赖作出独立的判断。对仲裁员小组的人员而言，在法律方面的能力尤其重要。
《华盛顿公约》第 25 条第 1 款	中心的管辖适用于缔约国（或缔约国向中心指定的该国的任何组成部分或机构）和另一缔约国国民之间直接因投资而产生并经双方书面同意提交给中心的任何法律争端。当双方表示同意后，任何一方不得单方面撤销其同意。
《华盛顿公约》第 38 条	如果在秘书长依照第 36 条第 3 款发出关于请求已予以登记的通知后九十天内，或在双方可能同意的其他期限内未能组成仲裁庭，主席经任何一方请求，并尽可能同双方磋商后，可任命尚未任命的仲裁员或数名仲裁员。主席根据本条任命的仲裁员不得为争端一方的缔约国的国民或其国民是争端一方的缔约国的国民。

续表

多 边 条 约	
《华盛顿公约》 第 41 条第 2 款	争端一方提出的反对意见，认为该争端不属于中心的管辖范围，或因其他原因不属于仲裁庭的权限范围，仲裁庭应加以考虑，并决定是否将其作为先决问题处理，或与该争端的是非曲直一并处理。
《华盛顿公约》 第 42 条第 1 款	仲裁庭应依照双方可能同意的法律规则对争端作出裁决。如无此种协议，仲裁庭应适用作为争端一方的缔约国的法律（包括其冲突法规则）以及可能适用的国际法规则。
《华盛顿公约》 第 45 条第 2 款	如果一方在程序的任何阶段未出席或陈述案情，另一方可以请求仲裁庭处理向其提出的问题并作出裁决。仲裁庭在作出裁决之前，应通知未出席或陈述案情的一方，并给以宽限日期，除非仲裁庭确信该方不愿意这么做。
《华盛顿公约》 第 46 条	除非双方另有协议，如经一方请求，仲裁庭应对争端的主要问题直接引起的附带或附加的要求或反要求作出决定，但上述要求应在双方同意的范围内，或在中心的管辖范围内。
《华盛顿公约》 第 52 条第 1 款、 第 3 款	1. 任何一方可以根据下列一个或几个理由，向秘书长提出书面申请，要求撤销裁决： 　　（1）仲裁庭的组成不适当； 　　（2）仲裁庭显然超越其权力； 　　（3）仲裁庭的成员有受贿行为； 　　（4）有严重的背离基本程序规则的情况； 　　（5）裁决未陈述其所依据的理由。 　　…… 　　3. 主席在接到要求时，应立即从仲裁员小组中任命一个由三人组成的专门委员会。委员会的成员不得为作出裁决的仲裁庭的成员，不得有相同的国籍，不得为争端一方国家的国民或其国民是争端一方的国家的国民，不得为上述任一国指派参加仲裁员小组的成员，也不得在同一争端中担任调解员。委员会根据第 1 款规定的任何理由有权撤销裁决或裁决中的任何部分。
《华盛顿公约》 第 53 条第 1 款	裁决对双方具有约束力。不得进行任何上诉或采取除本公约规定外的任何其他补救办法。除依照本公约有关规定予以停止执行的情况外，每一方应遵守和履行裁决的规定。
《华盛顿公约》 第 54 条第 1 款、 第 2 款	1. 每一缔约国应承认依照本公约作出的裁决具有约束力，并在其领土内履行该裁决所加的财政义务，正如该裁决是该国法院的最后判决一样。具有联邦宪法的缔约国可以在联邦法院或通过该法院执行裁决，并可规定联邦法院应把该裁决视为组成联邦的某一邦的法院作出的最后判决。

续表

多 边 条 约	
《华盛顿公约》 第 54 条第 1 款、 第 2 款	2. 要求在一缔约国领土内予以承认或执行的一方，应向该缔约国为此目的而指定的主管法院或其他机构提供经秘书长核证无误的该裁决书的副本 1 份。每一缔约国应将为此目的而指定的主管法院或其他机构以及随后关于此项指定的任何变动通知秘书长。
《条约法公约》 （1969）第 26 条	凡有效之条约对其各当事国有拘束力，必须由各该国善意履行。
《条约法公约》 （1969）第 27 条	一当事国不得援引其国内法规定为理由而不履行条约。此项规定不妨碍第 46 条。
《条约法公约》 （1969）第 30 条	1. 以不违反联合国宪章第 103 条为限，就同一事项先后所订条约当事国之权利与义务应依下列各项确定之。 2. 遇条约订明须不违反先订或后订条约或不得视为与先订或后订条约不合时，该先订或后订条约之规定应居优先。 3. 遇先订条约全体当事国亦为后订条约当事国但不依第 59 条终止或停止施行先订条约时，先订条约仅于其规定与后订条约规定相合之范围内适用之。 4. 遇后订条约之当事国不包括先订条约之全体当事国时： （甲）在同为两条约之当事国间，适用第 3 项之同一规则； （乙）在为两条约之当事国与仅为其中一条约之当事国间彼此之权利与义务依两国均为当事国之条约定之。 5. 第 4 项不妨碍第 41 条或依第 60 条终止或停止施行条约之任何问题，或一国因缔结或适用一条约而其规定与该国依另一条约对另一国之义务不合所生之任何责任问题。
《条约法公约》 （1969）第 31 条	1. 条约应依其用语按其上下文并参照条约之目的及宗旨所具有之通常意义，善意解释之。 2. 就解释条约而言，上下文除指连同牟言及附件在内之约文外，并应包括： （甲）全体当事国间因缔约条约所订与条约有关之任何协定； （乙）一个以上当事国因缔结条约所订并经其他当事国接受为条约有关文书之任何文书。 3. 应与上下文一并考虑者尚有： （甲）当事国嗣后所订关于条约之解释或其规定之适用之任何协定； （乙）嗣后在条约适用方面确定各当事国对条约解释之协定之任何惯例； （丙）适用于当事国间关系之任何有关国际法规则。 4. 倘经确定当事国有此原意，条约用语应使其具有特殊意义。

多边条约	
《条约法公约》（1969）第 32 条	为证实由适用第 31 条所得之意义起见，或遇依第 31 条作解释而： （甲）意义仍属不明或难解；或 （乙）所获结果显属荒谬或不合理时，为确定其意见起见，得使用解释之补充资料，包括条约之准备工作及缔约之情况在内。
《纽约公约》第 3 条	各缔约国应承认仲裁裁决具有拘束力，并依援引裁决地之程序规则及下列各条所载条件执行之。承认或执行适用本公约之仲裁裁决时，不得较承认或执行内国仲裁裁决附加过苛之条件或征收过多之费用。
《纽约公约》第 4 条	1. 声请承认与执行之一造，为取得前条所称之承认及执行，应于声请时提具： （甲）原裁决之正本或其正式副本， （乙）第 2 条所称协定之原本或其正式副本。 2. 倘前述裁决或协定所用文字非为援引裁决地所在国之正式文字，声请承认及执行裁决之一造应备具各该文件之此项文字译本。译本应由公设或宣誓之翻译员或外交或领事人员认证之。
《纽约公约》第 5 条	1. 裁决唯有于受裁决援用之一造向声请承认及执行地之主管机关提具证据证明有下列情形之一时，始得依该造之请求，拒予承认及执行： （甲）第 2 条所称协定之当事人依对其适用之法律有某种无行为能力情形者，或该项协定依当事人作为协定准据之法律系属无效，或未指明以何法律为准时，依裁决地所在国法律系属无效者； （乙）受裁决援用之一造未接获关于指派仲裁员或仲裁程序之适当通知，或因他故，致未能申辩者； （丙）裁决所处理之争议非为交付仲裁之标的或不在其条款之列，或裁决载有关于交付仲裁范围以外事项之决定者，但交付仲裁事项之决定可与未交付仲裁之事项划分时，裁决中关于交付仲裁事项之决定部得予承认及执行； （丁）仲裁机关之组成或仲裁程序与各造间之协议不符，或无协议而与仲裁地所在国法律不符者； （戊）裁决对各造尚无拘束力，或业经裁决地所在国或裁决所依据法律之国家之主管机关撤销或停止执行者。 2. 倘声请承认及执行地所在国之主管机关认定有下列情形之一，亦得拒不承认及执行仲裁裁决： （甲）依该国法律，争议事项系不能以仲裁解决者； （乙）承认或执行裁决有违该国公共政策者。

续表

多 边 条 约	
DSU 第 21 条第 3 款	在通过专家组或上诉机构报告的 30 天内举行的 DSB 会议上，有关的成员应通知 DSB 其执行 DSB 各项建议和裁决的意向。如立即履行各项建议和裁决不是切实可行，有关的成员应确定一个合理的履行各项建议和裁决的时间期限，该合理的时间期限应当是： 　　（a）由有关成员拟议的时间期限，只要该期限经 DSB 的认可；或未经 DSB 的认可， 　　（b）则在通过各项建议和裁决之后的 45 天内，由争端各当事方一致同意的一段时间；或没有此类协议的情况下， 　　（c）则在通过各项建议和裁决之后的 90 天内经有约束力的仲裁来决定的一段时间。 　　在此类仲裁中，仲裁员的方针应是执行专家组或上诉机构的建议的合理时间期限，不应超过自通过专家组或上诉机构的报告后的 15 个月。但是，该时间期限可按特殊情况而有所缩短或延长。
DSU 第 22 条第 6 款	若发生第 2 款所述的情况，DSB 一经请求，即应在合理期限届满后 30 天内，授权中止这些减让或其他义务，除非 DSB 一致同意拒绝该项请求。然而，如果有关成员反对拟议的中止范围，或某个上述当事方按照第 3 款（b）项或（c）项的规定，已经请求授权中止减让或其他义务，但由第 3 款确立的原则和程序并没有执行而要求赔偿时，则该事项应诉诸仲裁。此类仲裁如能请到原来的专家小组成员，则应由该专家组解决，或者由总干事任命的仲裁员解决，并且这样的仲裁应在该合理期限届满后 60 天内完成。在仲裁过程中，均不应中止各项减让或其他义务。
DSU 第 22 条第 7 款	按照第 6 款规定工作的仲裁员，不应审议已中止的减让或其他义务的性质，但应确定此类中止的范围是否和利益丧失或损害的范围相同。该仲裁员也可确定根据有关协议所拟议的中止减让或其他义务是否正当。然而，如果诉诸仲裁的该事项包括就第 3 款确立的原则和程序未予执行而提出赔偿要求时，该仲裁则应审查此赔偿要求。若仲裁员认定这些原则和程序未被执行时，该上诉当事方应按与第 3 款规定相一致的方式，适用这些原则和程序。各当事方应接受仲裁员的最终裁决，有关当事方不应寻求第二次仲裁。仲裁员应迅速将决定通知 DSB。一经提出与仲裁员决定相符合的请求，则 DSB 应同意中止各项减让或其他义务，除非 DSB 一致同意决定拒绝该项请求。

续表

多 边 条 约	
ECT 第 26 条第 4 款第 (b) 项、第 5 款第 (b) 项	4. 如果投资者选择根据第 (2) (c) 项提交解决争议, 投资者应为争议进一步提供其书面同意, 提交到: …… (b) 根据联合国委员会国际贸易法仲裁规则设立的独任仲裁员或特别仲裁庭。 5. …… (b) 应任何一争议方的要求, 本条规定项下的任何仲裁应在纽约公约成员一方的国家进行。本协议项下提请仲裁诉求应被视为根据该公约第 1 条产生的商业关系或交易。
ECT 第 27 条	1. 缔约各方应争取通过外交途径解决涉及本条约的应用和解释的争议。 2. 如在合理期限内, 争议尚未根据第 1 款解决, 除本条约另有规定或缔约另有书面约定, 及涉及第 6 条或第 19 条的应用或解释, 或适用于附录 IA 所列缔约方的第 10 条第 1 款最后一句以外, 任何一方可以书面形式通知另一争议方向本条项下的特设法庭提交该事件。 3. 该特设法庭的构成如下: (a) 缔约一方提起诉讼须任命一名仲裁员, 并在收到第 2 款所提另一缔约方的通知后 30 日内通知另一争议缔约方其任命; (b) 收到第 2 款所提书面通知后 60 日内, 另一争议缔约方应任命一名委员。如该任命没有在规定的期限内完成, 在收到第 2 款所提书面通知后 90 日内, 已经提起诉讼的缔约方可要求按照 (d) 项所述完成该任命; (c) 第三方成员应由争议的缔约双方各自任命, 该成员不能够是争议的缔约方的国民或公民。该成员应作为该法庭的庭长。在收到第 2 款所提书面通知后 150 日内, 如缔约双方就第三方成员的任命无法达成一致, 在收到该通知后 180 日内, 应任何一提请缔约方的请求按照 (d) 项所述完成该任命; (d) 需按照本款完成的任命应由国际常设仲裁法院的秘书长在收到请求通知后 30 日内完成。如秘书长不能履行该任务, 则由该仲裁法院的第一书记完成。如后者依然不能履行该任务, 则应由最高代理人完成该任命; (e) 按照 (a) 项至 (d) 项执行的任命应考虑候选成员的资历与经验, 尤其是本条约涉及的事项; (f) 缔约方之间没有其他约定的情况下, 受 UNCITRAL 仲裁规则管理, 由争议的缔约双方或仲裁员修改的范围除外。法庭应根据其成员的多数票作出决定; (g) 法庭应根据本条约和国际法适用的规则和原则判决争议; (h) 仲裁裁决应是终局的且对争议的缔约双方均具有约束力; (i) 在作出裁决时, 如法庭发现附录 P 第 I 部分所列缔约方所在区域的地区或地方政府或当局的措施不符合本条约, 任何一争议方

续表

多 边 条 约	
ECT 第 27 条	调用附录 P 第二部分的规定； （j）法庭的费用，包括其成员的报酬，应由争议的缔约双方平摊。但是，法庭可能酌情要求争议的缔约双方其中一方支付较高比例的费用； （k）除非争议的缔约双方另有约定，法庭应设于海牙，并使用常设仲裁法院的场所和设施； （1）应将一份裁决存放在秘书处以供日常使用。
NAFTA 第 1116 条	1. 一缔约方的投资者可将另一缔约方违反以下义务的请求提交本节项下的仲裁： （1）第 A 节或第 1503（2）条（国有企业），或者 （2）第 1502（3）（a）条（垄断和国有企业），如果垄断行为的行为方式与该缔约方在第 A 节下的义务不符，并且投资者因该违约而引起的损失或损害。 2. 如果投资者首次知道或应当首次知道所诉求的违约行为以及投资者已经发生损失或损害超过三年，则投资者不得提出诉求。
NAFTA 第 1120 条	1. 除了附件 1120.1 规定的情况外，如果自引起诉求的事件起已经过去 6 个月，则争议投资者可以在下列情况下将索赔提交仲裁： （a）ICSID 公约，如果争议缔约国和投资者所属的缔约国均为 ICSID 公约的缔约方； （b）ICSID 的附加便利规则，如果争议缔约国或者投资者所属的缔约国（但不是两者）是 ICSID 公约的缔约方；或者 （c）贸易法委员会仲裁规则。 2. 适用的仲裁规则应当管辖仲裁，但本节作出修改的内容除外。
双 边 条 约	
《印尼—埃及投资协定》第 9 条	缔约一方与缔约另一方投资者之间可能发生的任何争端，如有可能，应当友好解决。如果该争端自任何一方提出争议之日起 6 个月内未能解决，争端可以按照投资者的选择（该选择是最终的）提交： （1）在其领土内进行投资的缔约方有管辖权的法院； （2）依据 1965 年 3 月 18 日在华盛顿开放签署的《解决国家和他国国民之间投资争端公约》设立的"解决投资争端国际中心"，一旦本协定的缔约双方均成为该中心的成员国； （3）国际商事仲裁开罗区域中心，只要其适用联合国贸易法委员会规则。

续表

双 边 条 约	
《香港—瑞典投资协定》第9条	缔约一方投资者与缔约另一方之间有关前者在后者区域内的投资并且未能友好解决的争端，在诉求的书面通知6个月之后，应当提交当事方之间可能就争端约定的解决程序。如果在6个月之内未能约定此类程序，争端当事方应当有义务将争端提交依据联合国贸法会届时有效的仲裁规则进行的仲裁。当事方可以书面约定修改这些规则。
《美国—埃及投资协定》第7条第2款	当缔约国与另一缔约国的国民或公司之间关于该国民或公司在该缔约国领土内的投资发生法律投资争端时，当事方应当首先寻求通过磋商或谈判解决该争端。
《中国—韩国投资协定》第9条第3款	在国际仲裁的情况下，根据投资者的选择，争议将被提交到： （1）依据1965年3月18日在华盛顿签署的《解决国家和他国国民之间投资争端公约》设立的"解决投资争端国际中心"；或者 （2）根据联合国国际贸易法委员会仲裁规则或者经双方同意的任何别的仲裁规则设立的专设仲裁庭； 争议中的缔约方可以要求相关的投资者在提交到国际仲裁之前用尽该缔约方的法律和法规规定的国内行政复议程序。包括要求提交文件的时间，国内的行政复议程序从复议申请被提交之日起算不超过4个月。如果程序在4个月内没有完成，它将被视为已经完成，投资者可以提起国际仲裁。投资者可以在本条第2款中规定的4个月的谈判或协商期间提起行政复议程序。
《印度—塞浦路斯投资协定》第9条第3款第（d）项	如果当事人未能就本条第2款约定的程序达成一致意见，或者争端付诸调解但调解程序终结而非签订处理的协议，争端可以提交仲裁。仲裁程序应当如下：……（d）争端可以提交斯德哥尔摩商会仲裁机构的仲裁庭……
《中国—法国投资协定》第10条	对本协定的解释或适用所产生的任何争议，应尽可能通过外交渠道解决。如争议自缔约任何一方提出之日起6个月内未能解决，根据缔约任何一方的邀请，应将争议提交仲裁庭解决。所述仲裁庭应按下述程序逐案设立：缔约各方应任命一名仲裁员，该两名仲裁员应根据合意任命一名第三国国民作为缔约双方选定的仲裁庭主席。所有仲裁员应自缔约一方通知缔约另一方将争议提交仲裁之日起两个月内任命。如仲裁庭未能在上述第3款规定的期限内组成，缔约双方又无其他约定，应提请联合国组织秘书长作出必要的任命。如秘书长为缔约任何一方的国民，或由于其他原因不能履行此项任命，应请秘书长以外非缔约任何一方国民的最资深副秘书长作出必要的任命。仲裁庭的裁决应以多数票作出。该裁决应为终局，并对缔约双方具有拘束力。仲裁庭应自行决定其程序，应缔约任何一方的请求，仲裁庭应对其裁决作出解释。除非仲裁庭在特殊情况下另行作

续表

双 边 条 约	
《中国—法国投资协定》第10条	出决定，包括仲裁员费用在内的法律费用应由缔约双方平均承担。
《黎巴嫩—韩国投资协定》第8条第2款第（c）项	若这些磋商自书面请求解决纠纷之日起6个月内未能达成解决方案，投资者可以基于其选择将争端提交以下方式解决：……（c）国际商会国际仲裁院……
国 内 法 律	
我国《刑事诉讼法》第8条	人民检察院依法对刑事诉讼实行法律监督。
我国《刑事诉讼法》第136条	为了收集犯罪证据、查获犯罪人，侦查人员可以对犯罪嫌疑人以及可能隐藏罪犯或者犯罪证据的人的身体、物品、住处和其他有关的地方进行搜查。
我国《刑事诉讼法》第138条第1款	进行搜查，必须向被搜查人出示搜查证。
国 外 法 律	
《美国联邦宪法》第6条第2款	本宪法及依照本宪法所制定之合众国法律以及根据合众国权力所缔结或将缔结的一切条约，均为全国的最高法律……
《英国仲裁法》第29条	1. 仲裁员不对其在履行或试图履行职权过程中的任何作为或不作为承担责任，除非该种作为或不作为表明其违反了诚信原则。 　　2. 本条第1款之规定如同适用于仲裁员本人一样适用于其雇员或代理人。 　　3. 本条不影响因仲裁员辞职而产生的责任。
《英国仲裁法》第69条	1. 除非当事人另有约定，仲裁程序的一方当事人（经通知其他当事人和仲裁庭）可就仲裁程序中所作的裁决的法律问题向法院上诉。当事人约定仲裁庭作出不附具理由裁决的，应视为约定排除法院根据本条所具有的管辖权。 　　2. 根据本条，除非在下述事由，当事人不得上诉： 　　（1）仲裁程序的所有其他当事人一致同意，或 　　（2）法院准许。 　　上诉权亦不得违背第70条第2款和第3款的限制。 　　3. 法院仅在认为符合下列条件时准许上诉： 　　（1）问题的决定将实质性地影响一方或多方当事人的权利，

国 外 法 律	
《英国仲裁法》第 69 条	（2）问题是仲裁庭被请求作出决定的， （3）根据裁决书中认定的事实：①仲裁庭对问题的决定明显错误，或②问题具有普遍的公共重要性，仲裁庭对此作出的决定至少存在重大疑问，以及 （4）尽管当事人约定通过仲裁解决争议，但在任何情况下由法院对该问题进行判决是公正和适当的。 4. 根据本条向法院提出准许上诉的申请，应具明待决定的法律问题并应陈述应准许上诉的理由。 5. 除非法院认为有必要举行聆讯，其应在不开庭的情况下决定依本条提出的要求准许上诉的申请。 6. 针对本条项下法院给予或拒绝给予上诉准许决定的上诉应取得法院的准许。 7. 依本条提出的上诉中，法院可以裁决： （1）确认裁决； （2）修改裁决； （3）将裁决全部或部分发回仲裁庭按照法院的决定重审，或 （4）全部或部分撤销裁决。 除非法院认为将争议事项发回仲裁庭重审是不合适的，其不应行使全部或部分撤销裁决的权力。 8. 为继续上诉之目的，法院对依本条所作上诉的决定，应视为法院所作的判决。但未经法院准许，不得上诉，除非法院认为问题具有普遍重要性或有其他特殊原因应由上诉法院审理，此类准许也不应给予。
《英国仲裁法》第 70 条	1. 以下规定适用于根据第 67 条、第 68 条或第 69 条提出的申请或上诉。 2. 如申请人或上诉人未首先用尽下列救济则不得提出申请或上诉： （1）任何可资利用的仲裁上诉或复审程序，以及 （2）根据第 57 条（裁决更正及补充裁决）可资利用的追诉。 3. 申请或上诉必须自仲裁裁决作出之日起 28 天内提出，或如已经存在仲裁上诉或复审程序，则自申请人或上诉人接到该程序结果的通知之日起 28 天内提出。 4. 在申请或上诉中，法院如认为裁决存在下列事由，则可命仲裁庭具明裁决所依据的充分详细的理由： （1）未具明裁决理由，或 （2）未叙明仲裁庭的充分详细理由，使得法院不能适当审理当事人的申请或上诉。 5. 法院依前款作出命令后，如其认为适当，还可就因该命令引起的额外的仲裁费用作出进一步的指令。

国 外 法 律	
《英国仲裁法》第70条	6. 法院可命申请人或上诉人为申请或上诉费用提供担保，且可在当事人不遵从该命令时驳回申请或上诉。 　　如申请人或上诉人存在下列事由，则法院不应行使命令提供费用担保之权力：（1）通常居住地在联合王国境外的个人，或（2）依据联合王国以外国家法律设立或组建或主要经营控制地在联合王国之外的公司或团体。 　　7. 法院可以命令，在申请或上诉尚待决定期间，裁决项下的所有应付款项应提存法院或提供担保；法院且可在当事人不遵从该裁定时驳回申请或上诉。 　　8. 在符合与第6款和第7款项下命令具有相同或相似效力的条件时，法院可以准许当事人上诉。此规定不影响法院根据某些条件准许上诉的一般自由裁量权。
《英国仲裁法》第105条第1款、第2款	1. 本法中的"法院"系指高等法院或郡法院，以下有不同规定者除外。 　　2. 大法官可以命令形式作出规定： 　　（1）将本法项下某个程序移送高等法院或郡法院；或者 　　（2）列明本法项下某个程序只能在高等法院或郡法院开始或进行。
《荷兰民诉法（仲裁篇）》第1029条第1款	仲裁员应当以书面方式接受委任。
《荷兰民诉法（仲裁篇）》第1033条	1. 对仲裁员的公正性和独立性有合理怀疑时，可以申请仲裁员回避。 　　2. 一方当事人任命的仲裁员，该当事人只能以任命后知道的理由请求仲裁员回避。 　　3. 当事人同意任命的，不得请求由第三人或地区法院临时救济法官任命的仲裁员回避，但事后才知道回避理由的除外。
《荷兰民诉法（仲裁篇）》第1035条第2款	被请求回避的仲裁员没有在收到第1款通知后的2周内自行回避的，地区法院临时救济法官可以根据当事人申请，决定回避理由是否成立。此项申请应在收到被申请回避的仲裁员不自行回避的书面通知之日起2周内提出；如果没有这样的书面通知，则在仲裁员收到申请回避的通知之日起6周内提出。
《荷兰民诉法（仲裁篇）》第1036条第1款	仲裁程序应当按照当事人约定的方式进行，但不得侵害本标题下的强制性法律条款。在当事人未就仲裁程序作出约定的范围内，仲裁程序应当按照仲裁庭决定的方式进行，但不得侵害本标题下的条款。

国 外 法 律	
《荷兰民诉法（仲裁篇）》第1052条第1款	仲裁庭应当享有决定其自己管辖权的权力。
《荷兰民诉法（仲裁篇）》第1061b条	裁决上诉只有在当事人通过协议作此约定时方能适用。此类协议必须满足本篇第1020条和第1021条的要求，并且满足民诉法第十篇第116条和167条的要求。
《荷兰民诉法（仲裁篇）》第1064a条第1款	撤销裁决的申请应向仲裁地所在司法区的上诉法院提出。
《荷兰民诉法（仲裁篇）》第1065条第1款、第5款	1. 只有以下理由方可撤销裁决： （a）不存在有效的仲裁协议的； （b）仲裁庭的组成违反所适用之规定的； （c）仲裁庭未遵循其授权的； （d）裁决未根据1057条的规定签名或附具理由的； （e）裁决或其作出方式违反公共政策的。 …… 5. 如果撤销裁决是事由仅关涉裁决之一部分，那么裁决其他部分不得被撤销，只要裁决依其内容和意旨，被撤销部分并非不可分离。
《瑞典仲裁法》第2条	仲裁员可以就其裁判争端的管辖权作出决定。 如果仲裁员已经作出决定认为其有权审裁争端，那么反对该决定的任何当事人可以请求上诉法院审查该决定。该请求应在当事人被通知该决定之日起30天内提起。在等待法院决定的期间，仲裁员可以继续仲裁程序。 ……
《瑞典仲裁法》第34条	不能依据第36条抗辩的仲裁裁决，经一方当事人申请，基于下列情形之一的，被予全部或部分撤销： （1）超出当事人双方签订的有效仲裁协议规定的范围； （2）仲裁庭作出裁决超过当事人规定的期限； （3）仲裁员超越了其授权，导致可能影响裁决结果； （4）根据第47条规定，仲裁不应在瑞典进行的； （5）仲裁员的指定与双方当事人的协议或本法的规定相违背； （6）仲裁员因第7条或第8条规定的原因而未被授权审裁争端； （7）当事人无过失，但在程序进行中出现对案件结果产生影响的任何不当情况。

国 外 法 律	
《瑞典仲裁法》第 34 条	…… 　　当事人应在收到裁决书之日起 2 个月内或在有第 32 条规定的对裁决书进行更正、补充或解释的情况下，在收到裁决书的最终文本之日起 2 个月内提请撤销。超过上述规定的期限，当事人不得寻求新抗辩事由支持其主张。
《瑞典仲裁法》第 43 条	依据第 2 条第 2 段、第 33 条、第 34 条和第 36 条所请事项应由对仲裁地具有管辖权的法院审理。如果仲裁地未被决定或者未在裁决中阐明，则应交由斯韦亚上诉法院审理。 　　不得就上诉法院的决定提起上诉。但是，在上诉法院认定其决定事项对判例的形成具有重要意义并允许上诉的情况下，可以上诉至最高法院审理。 ……
仲 裁 规 则	
《ICSID 仲裁规则》（2006）第 4 条第 1 款	如果在秘书长发出登记通知后 90 天内或在当事方可能同意的其他期限内未组成仲裁庭，任何一方均可通过秘书长向行政理事会主席书面请求指定尚未获得指定的仲裁员，并且指定一名仲裁员作为首席仲裁员。
《ICSID 仲裁规则》（2006）第 9 条第 4 款、第 5 款	4. 除非该建议涉及仲裁庭多数成员，否则其他成员应在建议所涉仲裁员缺席的情况下迅速审议该建议并就其进行表决。如果参与表决的成员之意见等分，那么他们应通过秘书长，将该建议、建议所涉仲裁员的解释以及未能作出决定的情况迅速通知主席。 　　5. 当主席必须就取消仲裁员资格的建议作出决定时，他应尽其最大努力在收到该建议后 30 天内作出该决定。
《贸法会仲裁规则》（2013）第 12 条	1. 如果存在可能对任何仲裁员的公正性或独立性产生有正当理由怀疑的情况，均可要求该仲裁员回避。 　　2. 一方当事人只能根据其指定仲裁员之后才得知的理由，对其所指定的仲裁员要求回避。 　　3. 仲裁员不作为，或者仲裁员因法律上或事实上的原因无法履行其职责的，应适用第 13 条中规定的程序申请仲裁员回避。
《贸法会仲裁规则》（2013）第 17 条第 2 款	仲裁庭一经组成，在请各方当事人发表意见后，仲裁庭即应根据实际情况尽快确定仲裁临时时间表。任何期间，不论是本规则规定的还是当事人约定的，仲裁庭均可在请各方当事人发表意见后随时予以延长或缩短。

续表

仲 裁 规 则	
《贸法会仲裁规则》（2013）第18条第1款	各方当事人未事先约定仲裁地的，仲裁庭应根据案情确定仲裁地。裁决应视为在仲裁地作出。
《贸法会仲裁规则》（2013）第23条	1. 仲裁庭有权力对其自身管辖权作出裁定，包括对与仲裁协议的存在或效力有关的任何异议作出裁定。为此目的，构成合同一部分的仲裁条款，应视为独立于合同中其他条款的一项协议。仲裁庭作出合同无效的裁定，不应自动造成仲裁条款无效。 2. 对仲裁庭无管辖权的抗辩，至迟应在答辩书中提出，涉及反请求或为抵消目的而提出的请求的，至迟应在对反请求或对为抵消目的而提出的请求的答复中提出。一方当事人已指定或参与指定一名仲裁员，不妨碍其提出此种抗辩。对仲裁庭超出其职权范围的抗辩，应在所指称的超出仲裁庭职权范围的事项在仲裁程序期间出现后尽快提出。仲裁庭认为延迟是正当的，可在上述任一情形中准许延迟提出抗辩。 3. 对于第2款述及的抗辩，仲裁庭既可作为先决问题作出裁定，也可在实体裁决书中作出裁定。即使法院审理对其仲裁庭管辖权的任何异议待决，仲裁庭仍可继续进行仲裁程序并作出仲裁裁决。
《贸法会仲裁规则》（2013）第26条第1款、第2款、第3款、第4款	1. 经一方当事人请求，仲裁庭可准予临时措施。 2. 临时措施是仲裁庭在下达决定争议的终局裁决之前的任何时候下令一方当事人采取的任何临时性措施，比如且不限于：（a）争议未决之前维持或恢复现状；（b）采取行动防止，或者避免采取行动造成：（i）当前或即将发生的损害，或（ii）对仲裁过程本身的妨碍；（c）为其后使用资产执行仲裁裁决提供一种资产保全手段；或者（d）保全与解决争议可能有关的实质性证据。 3. 当事人请求采取根据第2款（a）项至（c）项采取临时措施，应使仲裁庭确信：（a）如果不下令采取此种措施，所造成的损害可能无法通过损害赔偿裁决加以充分补偿，而且此种损害大大超出如果准予采取此种措施可能给该措施所针对的一方当事人造成的损害；并且（b）请求方当事人有在仲裁请求实体上获胜的合理可能性。对此种可能性的判定，不得影响仲裁庭以后作出任何裁定的裁量权。 4. 对于根据第2款（d）项请求采取的临时措施，第3款（a）项和（b）项的要求只应在仲裁庭认为适当的范围内适用。

仲 裁 规 则	
《贸法会仲裁规则》（2013）第 29 条第 1 款、第 4 款	1. 经与各方当事人协商后，仲裁庭可指定独立专家一人或数人以书面形式就仲裁庭需决定的特定问题向仲裁庭提出报告。仲裁庭确定的专家职责范围应分送各方当事人。 …… 4. 仲裁庭应在收到专家报告时将报告副本分送各方当事人，并应给予各方当事人以书面形式提出其对该报告的意见的机会。当事人应有权查阅专家在其报告中引以为据的任何文件。
《贸法会仲裁规则》（2013）第 34 条第 2 款	所有仲裁裁决均应以书面形式作出，仲裁裁决是终局的，对各方当事人均具有拘束力。各方当事人应毫不延迟地履行所有仲裁裁决。
《ICC 仲裁规则》（2021）第 6 条第 3 款	如果仲裁请求的任何对方当事人未提交答辩书，或任何当事人对仲裁协议的存在、效力或范围，或对仲裁中提出的全部仲裁请求是否可以在单次仲裁中共同作出裁定，提出一项或多项抗辩，则仲裁程序应继续进行；对于任何管辖权问题，或各项请求是否可以在该次仲裁中作出共同裁定的问题，则应由仲裁庭直接决定，除非秘书长按照第 6 条第 4 款的规定，将有关事项提交仲裁院决定。
《ICC 仲裁规则》（2021）第 14 条第 3 款	仲裁院应对是否接受回避请求，以及必要情况下，在秘书处给予有关仲裁员、对方当事人和仲裁庭其他成员在适当期限内提出书面评论的机会后，同时对回避请求的实质问题作出决定。前述评论应当告知各当事人和仲裁员。
《ICC 仲裁规则》（2021）第 21 条第 1 款、第 2 款	1. 当事人有权自由约定仲裁庭处理案件实体问题所应适用的法律规则。当事人对此没有约定的，仲裁庭将决定适用其认为适当的法律规则。 2. 仲裁庭应考虑当事人之间的合同（如有）的规定以及任何有关的贸易惯例。
《ICC 仲裁规则》（2021）第 34 条	仲裁庭应在签署裁决书之前，将其草案提交仲裁院。仲裁院可以对裁决书的形式进行修改，并且在不影响仲裁庭自主决定权的前提下，提醒仲裁庭注意实体问题。裁决书形式未经仲裁院批准，仲裁庭不得作出裁决。

后 记

2012 年 7 月，我从中国政法大学国际法学院硕士毕业，供职于北京仲裁委员会，担任仲裁秘书。我参加工作后不久，举世瞩目的"南海仲裁案"发生了。虽然我国政府于 2014 年 12 月发布了立场文件，明确表达了我国不接受、不参与仲裁的立场，并详细阐述了仲裁庭对案件没有管辖权的理据。但是，该仲裁庭依然于 2015 年 10 月作出了《管辖权和可受理性裁决》，认定其对菲律宾大部分诉求享有管辖权，并未支持我国的管辖权主张。由于我研习国际法，又在仲裁机构从事仲裁实务工作，所以我对南海仲裁案格外关注，对我国因应该案的被动处境分外揪心。所以，我萌发了一个念头：既然自己有国际法学研究和仲裁实务工作的背景，那么，与其忧心我国处境，何不发挥所学，深入研究南海仲裁案，为我国立场与主张提供更多的智力支持呢？于是，我 2016 年辞去工作，重回中国政法大学，围绕南海仲裁案开启了攻读博士学位的征程。本书正是在我的博士学位论文基础上修改完成的。值此书稿付梓之际，我的内心百感交集。

首先，我要感谢导师黄进教授。与黄老师结缘于 2009 年。那年他履新中国政法大学，而我正好进入中国政法大学国际法学院攻读硕士学位，并有幸成为他指导的硕士研究生。硕士三年，我不仅切实感受到他在治学教学方面的经师才华，更是深深敬仰于他在为人为事方面的人师风范。所以，当决定攻读博士学位后，我毫无迟疑地报考了他指导的博士研究生，因为我尚未"做够"他的学生！

记得博士入学之初，我给导师去信，将自己在四年仲裁实践中的感悟进行汇报，并基于这些感悟向他表明了自己在攻读博士学位期间拟研究的主要问题。信中，我提出了一些"脑洞大开"的观点。比如，我当时对学界人为地将国际仲裁划分为国际商事仲裁、国际投资仲裁、国际公法仲裁，并分别针对它们开展研究提出了质疑。我认为这种做法虽然不无道理，但难免过于强调这些仲裁类别之间的差异而忽视了它们具有的共性，从而导致当遇到新型或冷门仲裁类别的实践时，难以从传统或热门仲裁类别中借鉴理论进行指导。所以，我当时提出应当宏观地看待仲裁，并从整体角度对仲裁展开系统研究的观点。此外，我在信中还提出了自己关于仲裁分类的一些臆想，并提出可否以仲裁权的本质为标准，将仲裁划分为基于私主体公民权行为（签订合同）而产生的"民权仲裁"和基于国家主权行为（缔结条约）而产生的"主权仲裁"。对于这些"奇思异想"，黄老师不仅没有因为观点非主流而对我有半点批判、否决之意，反而给予我充分的理解和支持，同时也指出关于"民权仲裁"和"主权仲裁"的分类需要仔细斟酌，毕竟现有的相关论证过少。正是得益于黄老师这种海纳百川的胸襟，我才敢于循着这些"奇思异想"研究下去，终于发表了"论宏观仲裁法学的构建"一文，并通过修正"民权仲裁"和"主权仲裁"的分类标准找到了博士学位论文的研究主题——条约仲裁。

除了虚怀若谷之外，黄老师在为人处事上的正直、廉洁、亲和、宽厚，更加令我钦佩。记得 2017 年 9 月，为欢迎新入师门的学生，黄老师委托我做安排，邀请他在中国政法大学指导的所有学生在被称为"法大第二食堂"的贵友酒家聚餐。为了避免学生付费，他特地提前几天就将餐费交于我，委托我餐后埋单。然而，聚餐当天，一位工作多年的师兄悄悄支付了餐费。我向黄老师汇报此事之后，他非常严肃地批评我没有完成他的委托，并要求我一定将餐费还给师兄。再记得 2018 年 10 月，刚从美国访学回校的我去看望黄老师，并给他带了小礼物。他非常高兴我平安归来，但坚决拒绝接受我的礼物，并再三告诫我在学期间不能向导师馈赠礼品。此外，他还多次提醒他所指导的学生，无论在私下还是公开场合，只能称其为"老师"或"黄老师"，绝不能称其为"校长"或"黄校长"；无论何时何地，绝不能炫耀自己是校长指导的学生，更不能因此获得任何特殊的待遇。这点点滴滴的小事，如同春风化雨一般，沁润我的思想和灵魂，让我时刻不忘规范自己的举止、端正自己的品行。黄老师的言传身教，值得我终生学习！

其次，我要感谢我的父母和爱人。我能顺利完成博士论文，离不开父母的关爱与支持。作为而立上下的男孩，我本应当努力工作，孝敬父母。但当我提出暂辞工作、回校读博的想法时，父母却表示完全赞同。求学之路，道阻且长。面对学业压力，我曾经失落、迷茫；异国遭遇挫折，我更感孤寂、无助。但父母总在身后为我鼓劲，劝我宽心，替我解忧，支撑我走完艰难困苦之旅。我能顺利完成书稿，还离不开爱人的理解与陪伴。我与她相识于博士学习末期，结发于重返工作之后。如今她已身怀六甲，但我工作时间内无暇陪伴她，工作之余还要挤占原本应当照顾她的时间修改书稿。幸得她通情达理、温婉贤淑，从未指责我、埋怨我，而是默默地陪伴、坚定地支持，让我无琐事之扰、无后顾之忧，方得以安心工作、专心修书。

最后，我要感谢我在美国匹兹堡大学法学院访学期间的指导老师 Ronald. A. Brand 教授，感谢北京仲裁委员会的许多领导、同事和仲裁员，感谢中国政法大学全面依法治国研究院和出版社的许多老师，感谢身边许多好同学、好朋友、好伙伴，他们或针对我的博士论文提供了诸多宝贵意见，或为本书的出版发行提供了诸多帮助，或在精神上一直支持我、鼓励我，使我受益良多。

我们这代年轻人，有幸生活在一个政治清明、法治昌明的时代，一个面临百年未有之大变局的时代，一个肩负民族复兴伟大使命的时代。在这个时代，国家需要人才、重视人才，人才也大有可为、理所当为。我们或许才不及先贤，能不及后秀，但利国家之情不可不有，忧天下之心不可不存。无论治学治世，但愿想国家之所想、急国家之所急。纵使才能不济，至少心向往之。

鲁　洋

2021 年 6 月于北京